Der Mann eines Mannes

Ian Hay

Writat

Diese Ausgabe erschien im Jahr 2023

ISBN: 9789359253695

Herausgegeben von
Writat
E-Mail: info@writat.com

Inhalt

KAPITEL I

Marinemanöver

Eine UNIVERSITÄTSHOCHSCHULE verändert ihren Gesichtsausdruck ungefähr so häufig wie die Sphinx und ungefähr so heftig wie ein Melassebrunnen.

Diese Bemerkung gilt insbesondere zwischen Frühstück und Mittagessen. Die Höfe mit ihren klösterlichen Kreuzgängen und unantastbaren Grünflächen sonnen sich in sonniger Gleichgültigkeit gegenüber der Welt da draußen. Ihre stattliche Exklusivität wird durch den flüchtigen Blick auf eine fliegende Gestalt in Mütze und Talar oder durch den Anblick einer Frau mittleren Alters mit diskretem und zurückhaltendem Aussehen, die mit einem Besen in der Hand respektvoll von einem Torbogen zum anderen gleitet, eher betont als gemindert und ein Blecheimer, oder – wehe dem Treiben, das eine Klausurzelle hinter ihren kunstvollen Musselinvorhängen verbergen kann ! – ein Krug mit dem Morgenbier eines Herren.

In einer Ecke, in der Nähe der Buttery-Tür, können Sie eine der College-Katzen erblicken, die scheinbar eine gründliche Morgentoilette mit einem praktischen Calisthenics-Kurs verbindet; und im Inneren des massiven Torbogens steht eine majestätische Gestalt mit hohem Hut, die anerkennende Amerikaner normalerweise für den Meister halten, in Wirklichkeit jedoch den weitaus belastenderen und verantwortungsvolleren Posten des Oberpförtners innehaben.

Die vielleicht größte Abweichung vom Normalzustand ist an einem Samstagmorgen zu beobachten. Dann wird die Szene durch die Vision einer gelegentlichen Wäscherin aufgehellt, die tapfer am Ende eines schweren Korbs wankt, zu welcher Zeit ihr Herr und Herr (der für diesen, seinen wöchentlichen Beitrag, vorübergehend seine Lieblingsstraßenecke verlassen und Sabbatkleidung angezogen hat). zur Arbeit der Welt) unterstützt den anderen schmollend.

Auch Studenten sind stärker vertreten als an anderen Tagen. An den meisten Morgen bleiben sie entweder drinnen, um zu arbeiten oder zu schlafen, oder sie verlassen das College ganz. Das „Herumlungern" vor Gericht wird von den Behörden nicht gefördert. Nicht, dass es dem Studenten etwas ausmacht; aber es wird ihn wahrscheinlich jedes Mal eine halbe Krone kosten, nicht weil er herumlungert, sondern weil er raucht.

Der Old Court des St. Benedict's College – es ist kaum nötig zu sagen, dass wir uns in Cambridge und nicht in Oxford befinden, sonst hätten wir

„Quad" sagen sollen – präsentiert uns bei dieser Gelegenheit ein sehr schönes Beispiel einer Samstagmorgenmenge . Das aufmerksame Auge des Dekans, der (wie Isebel) von einer oberen Kammer herabblickt , kann erkennen:

1. Drei Wäscherinnen mit ihrem Zubehör.

2. Ein kleiner Junge, der *die Granta überbringt* .

3. Ein einsamer, bebrillter Herr, wie er im Universitätskalender in stattlicher Umschreibung als „ein Eingeborener Asiens, nicht europäischer Abstammung" beschrieben wird (aber vom Rest der Gemeinschaft knapper als „Nigger" eingestuft), eilt herein Mütze und Talar, um sich einen guten Platz zu Füßen eines Gamaliel zu sichern, der noch nicht am College war.

4. Ein Küchenmann in weißer Jacke und Schürze, der auf dem Kopf ein Tablett mit Lachsmayonnaise, Koteletts in Sülze und einer besonderen Leckerei aus Cambridge trägt, die als „Grassy Corner Pudding" bekannt ist – eine furchterregende Mischung aus Schlagsahne und Pistazien.

5. Ein Buttery-Junge, der dicht hinter ihm hergeht, mit einem Korb voller Flaschen. Offensichtlich ist ein junger Herr dabei, Engel zu bewirten – was sein rechnungszahlender Papa jedoch ahnungslos angeht.

6. Vier junge Männer versammeln sich zu einer Gruppe in der Mitte des Hofes. Zwei davon sind in der aktuellen Studentenmode gekleidet – Tweedjacken mit Lederknöpfen, Westen der Urim- und Thummim-Variante, hochgekrempelte graue Flanellhosen, laute Seidensocken und schwere Highland-Shooting-Brogues. Der Dritte trägt etwas, das in den College-Vorschriften ganz naiv als „Sportkleidung" beschrieben wird. Pheidippides selbst hätte es schwer gefunden, in einem Kostüm bestehend aus geschlitzten Pumps, weißen Entenhosen und einem Blazer, der sich hervorragend dazu eignet, als Modell des Sonnenspektrums zu dienen, Heldentaten zu vollbringen.

Am Rande sei erwähnt, dass „Athletic Dress" im Sinne der College-Verordnung an sich kein Kostüm ist, in dem es möglich ist, sportliche Leistungen zu erbringen, sondern ein Kostüm, dessen Farbgebung mit dem allgemein geltenden *Sub-Fusc- Standard* kollidiert Hochschulgerichte bis 13 UHR ; solche, die in der Tat dazu neigen würden, das Auge abzulenken und den Fleiß derjenigen zu schwächen, die auf dem Weg zu Vorlesungen durch die Gerichtshöfe gehen. Folglich muss derjenige, der morgens sportlich sein möchte, entweder seine Kriegsbemalung irgendwo außerhalb des Colleges aufbewahren oder sich wie ein Bühnenverschwörer kleiden, wenn er von seinen Zimmern zum Fluss oder zu Fenners flitzt .

Der vierte Herr der Gesellschaft war zwar nicht prächtig gekleidet, aber so ansehnlich, dass die Annahme gerechtfertigt war, dass er kein Mitglied der Universität war.

Alle vier rauchten.

Der Dekan warf einen Blick in Richtung des Tors und stellte mit sardonischer Befriedigung fest, dass der wachsame Cerberus dort die Straftat zur Kenntnis nahm, und wandte sich wieder seiner Arbeit zu. Ungeachtet des voraussichtlichen Verlusts von einer halben Krone pro Stück tauschten die Studenten fröhliche Grüße aus.

„Hallo, Dishy -Washy!"

„Hallo, Gussie !"

„Hallo, Towzer !"

Es folgte eine unangenehme Pause, während die Herren Gussie und Towzer , sich der Anwesenheit eines Fremden, dem sie vorgestellt werden sollten, nervös bewusst waren, aufmerksam auf ihre Stiefel blickten und auf die Vorstellung warteten.

Dishy -Washy angesprochene Herr , ein kleiner junger Mann mit runzligen Gesichtszügen – sein Name war Dishart -Watson – räusperte sich.

„Stellen Sie meinen Bruder vor", sagte er heiser. „Mr. Poltimore – Mr. Angus!"

Die angezeigten Herren schüttelten dem Besucher die Hand, und Mr. Angus erkundigte sich nach einer geistigen Anstrengung:

„Kommst du vorbei, Head?"

Er kicherte abfällig, um zu zeigen, dass er das nicht wirklich so meinte.

„Das hoffe ich", sagte Dishy-Washys Bruder höflich. „Ich habe gehört, Sie haben eine ziemlich heiße Crew", fügte er hinzu.

„First Chop", sagte Mr. Poltimore . „Du bist gerade angekommen?"

„Ja, heute Morgen aus der Stadt runter."

„Oh! Wohnst du dort?"

"Ähm ja."

„Oxford-Mann", warf Dishy -Washy schnell ein. „Heruntergeschickt", fügte er entlastend hinzu.

Die anderen beiden nickten mitfühlend und das Gespräch verlief lebhafter.

„ *Wirst* du diese Kerle heute Abend erwischen, Dishy ?" fragte Mr. Angus ernsthaft.

„Weiß nicht", antwortete Dishy -Washy, der als Steuermann des Bootes St. Benedict eine Autoritäts- und Ansehensposition genoss, die im umgekehrten Verhältnis zu seinen Zollmaßen stand. „Duncombe ist ein ganz gutes kleines Ruder, aber von einem Mann, der neun Kilo wiegt, kann man nicht erwarten, dass er das Boot streichelt und es auch mitzieht. Natürlich, wenn wir etwas hätten, könnten wir es eine Sechs nennen! Was den alten Papageientaucher betrifft –"

„Vierzehn Stein Kutteln!" interpolierte Mr. Angus, der Herr im Sportdress. „Herr, hilf dem Boot!" fügte er bitter hinzu.

Am Rande sei erwähnt, dass die sportlichen Leistungen von Herrn Angus durch sein Kostüm eher überbewertet wurden. Sein Blazer war der eines College-Clubs mit zwölf Mitgliedern, dessen Zutritt ausschließlich Herren vorbehalten war, die eine Gallone Bier vom Fass trinken konnten, und dessen erste Regel besagte, dass jedes Mitglied, das sich die Mühe machte, einen *Abschluss* zu machen, ganz gleich, wie bescheiden es war Er sollte dem Verein eine Strafe von fünf Pfund zahlen.

„Trotzdem", sagte Towzer hoffnungsvoll, „gibt es immer Marrable ."

Alle – sogar der Herr, der aus Oxford hergeschickt worden war – freuten sich über diesen Gedanken.

"Von Gummi!" sagte der Steuermann mit plötzlicher Begeisterung, „er ist ein Wunder! Du hättest ihn gestern im Boot sehen sollen. Er ruderte ein Ruder, das einfach die gesamte Bugseite von selbst anhob; und außerdem trainierte er die ganze Zeit Stroke –" Er sagte ihm, wann er ausschwenken und wann er sich beschleunigen sollte, und stützte ihn im Allgemeinen auf; und obendrein fand er ab und zu Zeit, sich umzudrehen und den alten Six zu verfluchen. Ich sage Ihnen, er ist ein Wunder. Hast du gehört? über ihn letzte Nacht?"

„Ich habe etwas Garn gehört", sagte Angus. „Er ist hingegangen und hat die Eulen zerschlagen, nicht wahr?"

"Zerschlagen?" Dishys düstere Gesichtszüge weiteten sich zu einem fast wohlwollenden Lächeln. „Mein Junge, *hast* du heute Morgen Muggeridges Alabaster-Stirn gesehen?"

Herr Muggeridge war der Präsident des Weinclubs „The Owls".

"NEIN."

„Nun, letzte Nacht ging ich gegen halb elf hin, um nachzusehen, ob die ganze Mannschaft in ihren Betten lag. Als ich nach H, New Court kam, fand ich einen teuflischen Krach in Muggeridges Zimmern vor – direkt unter Duncombes , Du weisst."

„Ja. Weitermachen", sagten alle sehr interessiert.

„Es gab ein Treffen der Eulen", fuhr Dishy fort , „und sie hatten den Mut, es auf einer Treppe abzuhalten, wo tatsächlich zwei Männer der Crew – Duncombe und Eversley – versuchten, einzuschlafen."

"Was hast du gemacht?" erkundigte sich Poltimore .

„Ich bin reingegangen und habe sie daran erinnert. Ich dachte, sie hätten es vielleicht vergessen."

"Was haben sie gesagt?"

„Sie sagten mir, ich solle zu –"

„Guter Gott!" sagte das Publikum, das wirklich entsetzt darüber war, dass ein Nicht-Sportler eine solche Sprache gegenüber einem sportlichen Mann verwendet.

Die Owls waren eine Ansammlung eher ausschweifender junger Niemande, während Dishy eine Leander-Krawatte trug, die einem Mann in einer Ruderschule so etwas wie Ehrfurcht einräumt.

„Ich fand bald heraus, dass es sich um einen Job handelte", fuhr der Steuermann fort. „Sie hatten einen gewissen Groll gegen Duncombe und wollten ihn austricksen. Ich konnte hören, wie er auf den Boden seines Schlafzimmers hämmerte, um sie zum Trocknen zu bringen."

"Was hast du dann getan?"

„Ich habe ihnen genau erklärt, was ich von ihnen halte", antwortete der Steuermann schlicht.

„Was genau hast du gesagt?"

Dishy hat es ihnen erzählt. Sie schmatzten anerkennend und die nächste Frage folgte.

„Und was haben *sie* gemacht?"

„Nun, sie waren schon ein bisschen weg –"

„Betrunkene Feger!" bemerkte der tugendhafte Gussie , der einer rivalisierenden Institution angehörte.

„Ja. Sie waren ein bisschen weit weg", wiederholte der Steuermann mit der Miene von jemandem, der sich bemüht, einen ansonsten unerklärlichen Umstand zu erklären, „und sie – nun ja, sie haben mich tatsächlich rausgeschmissen. Es waren neun von ihnen", sagte er hinzugefügt, in der Art von jemandem, der nicht ganz sicher ist, ob seine Entschuldigung akzeptiert wird.

"Und dann?"

„Dann ging ich direkt in die Gemächer des alten Hughie" – es gab ein respektvolles Luftholen in der Gesellschaft: Die meisten im College pflegten den fraglichen Herrn als „ Marrable " zu bezeichnen – „und habe ihn geschwängert. Er war gerade dorthin gegangen." Bett."

"Was hat er getan?" kam die Frage in lebhafter Vorfreude auf das bevorstehende Konzert.

„Zieh ein paar Sachen über seinen Pyjama und kam mit."

Das Publikum seufzte begeistert.

"Was ist passiert?" sagte Poltimore .

„Nun, als wir ankamen, wurde es etwas lebhafter. Als wir gerade am Fuß der Treppe ankamen, wurden wir von Muggeridges Eiche begrüßt, die ein verspielter Kerl aus den Angeln gerissen und über das Geländer geworfen hatte. Wie auch immer, wir wich dem aus und rannte in den ersten Stock.

„Als wir den Raum betraten, hätte man eine Stecknadel fallen hören können. Ein oder zwei von ihnen sahen jedoch etwas grün aus, als sie sahen, was für eine gewaltige Leidenschaft Hughie hatte. Dennoch war Muggeridge nüchtern genug und versuchte, darüber zu reden Aus. Er stand auf und sagte: „Hallo, Marrable ! Das ist großartig! Ihr kommt gerade rechtzeitig, um morgen auf den Erfolg der Mannschaft anzustoßen. Wir sind hier alle Sportler. Kommt schon, Jungs – keine Fersenklopfer." !'

„Er stand da und schwenkte sein Glas, aber jeder konnte sehen, dass er in einer faulen Stimmung war.

„Hughie schloss die Tür hinter sich, lehnte sich dagegen und sagte: –

„'Muggeridge, ich kenne dich nicht besonders gut, aber ich weiß, dass du immer ein Wurm und ein Hingucker warst. Da kannst du nicht ganz anders, und ich persönlich habe nichts Besonderes dagegen, obwohl du das College gibst ein bisschen weg. Dennoch denke ich, dass das College das ertragen kann. Es steht Ihnen völlig frei, satt zu werden und sich auf jede erdenkliche Weise zu amüsieren, solange Sie und Ihre Freunde andere Menschen nicht stören. Aber wenn es darum geht Meine Mannschaft zu stören, die im Auftrag von Kriegern wie Ihnen und diesen Herren hier, deren liebster Feldsport wahrscheinlich Billard ist, die Schlachten des Colleges ausfechten muss – nun, das nenne ich einfach etwas *zu* dick!'

„Muggeridge wirkte die ganze Zeit ziemlich unbehaglich. Die anderen Kerle starrten ihn an und warteten offensichtlich auf einen Hinweis. Aber man konnte sehen, dass er ziemlich ratlos war, was als nächstes zu tun war. Doch beim nächsten Mal hielt der alte Hughie inne um Atem zu holen, sagte er: –

„Oh, raus!'

„Es war eine scheußliche Sache, das zu sagen. Hughie lächelte ihn an.

„„In Ordnung', sagte er, ‚aber ich muss dich ins Bett bringen, bevor ich gehe.'

„Bevor irgendjemand etwas tun konnte, war er auf der anderen Seite des Raumes und packte Muggeridge im Nacken und an einem Handgelenk, das er irgendwie um den Hintern drehte. Dann drehte er ihn um und trat ihn quer durch den Raum hinein.“ Sein Schlafzimmer. Er benutzte Muggeridges Kopf als eine Art Rammbock, um die Tür zu öffnen. Oh, es war das großartigste Schauspiel!“

ganzen Gruppe herrschte ein leiser Seufzer der Verzückung .

Muggeridge war ein prominentes Mitglied jener Gesellschaftsschicht, die Studenten und andere gesunde und freimütige Philister einfach und umfassend als „ Tishbites “ oder „ Tishes “ bezeichnen.

„Er hat ihn eingesperrt und die Tür verschlossen“, fuhr der Steuermann fort, „und dann hat er die anderen acht angegriffen. Das waren ziemlich durchschnittliche Würmer – kennen Sie sie?“

Es gab ein zustimmendes Murmeln, und Mr. Poltimore erklärte dem Herrn aus Oxford mit etwas verspäteter Geistesgegenwart eilig, dass die Gruppe von Helden, um die es ging, in keiner Weise repräsentativ für die Basis des Colleges sei.

den Tisch herum und sahen völlig gelähmt aus. (Tatsächlich waren es die meisten von ihnen.) Hughie ergriff den größten von ihnen – Skeffington – und sagte: –

„„Dieses Treffen ist vertagt, meine Herren. Um Ihnen zu zeigen, dass ich die Wahrheit spreche, werde ich das anwesende hochrangige Mitglied nach unten hieven!““

"Hat er?" fragte alle.

„Nein. Er hätte ihn getötet, wenn er es getan hätte. Er hob Skeff am Kragen und am Sitz seiner Taschen hoch und sagte zu mir: ‚Pass auf sie auf , Dishy !' Dann trug er Skeff die Treppe hinunter und schleuderte ihn mitten auf die Rasenfläche draußen.

"Gutes Ei!" murmelte Herr Angus.

„Haben die anderen nicht versucht abzuhauen?" fragte Towzer .

„Die Idee *wurde* diskutiert", antwortete der Steuermann hochmütig, „aber ich sagte ihnen, sie sollten still sitzen, sonst würden sie ihre dummen Köpfe zusammenschlagen."

„Hat er sie alle nach unten gekarrt?"

„Nein, es wäre eine zu zahme Arbeit gewesen, mit so einer Gruppe räudiger Kerle. Er kam einfach zurück und sagte: –

„,Jetzt, ihr elenden kleinen Scharfschützen, ich gebe euch fünfzehn Sekunden, um diese Räumlichkeiten zu verlassen. Der letzte Mann, der draußen ist, wird unten von mir persönlich betreut. Es tut mir leid, dass ich nur Hausschuhe anhabe.' Dennoch hat er dem ehrenwerten Hopton-Hattersley eine sehr gesunde Wurzel für all das beschert", schloss Dishy mit einem seraphischen Lächeln. „Danach kam der Portier mit den Komplimenten des Dekans, und die Stunde der Musik war schon vorbei, meine Herren; aber Hughie klopfte ihm auf die Schulter und sagte ihm, dass er zu spät zur Messe gekommen sei. Dann ging er kühl nach Hause ins Bett wie eine Gurke. Oh, er ist – Hallo, da ist er! Ich muss ihn fangen. Bis dann, ihr Männer! Wir sehen uns beim Mittagessen, Reggie."

Und Mr. Dishart -Watson, der vor Wichtigkeit wuchs, eilte davon, um eine Gestalt einzuholen, die aus einer entfernten Treppe in der südwestlichen Ecke des Hofes gesprungen war und auf das Tor zuschritt.

Weder in der Kleidung noch im Erscheinungsbild des Kapitäns des St. Benedict's-Bootes war eine studentische Lässigkeit zu erkennen. Er war ein kräftiger, sauberer junger Mann von etwa einundzwanzig Jahren; vielleicht etwas zu muskulös, um sich schnell bewegen zu können, aber mit seinem breiten Rücken und den sehnigen Lenden ein ideal gebauter Ruderer. Er war ein junger Mann mit ziemlich ernstem Gesichtsausdruck, mit klugen blauen Augen, die beim Lachen die Angewohnheit hatten, in seinem Kopf zu verschwinden, und einem Mund, in dem seine Freunde in denselben Momenten der Heiterkeit selbstbewusst behaupteten, man könne einen Brief aufgeben. Er war ein geborener Anführer von Männern und war, wie der anspruchsvolle Leser Mr. Dishart -Watsons Erzählung entnommen haben wird , immer noch stark von dem geprägt, was man als Gerechtigkeitsgrundsätze der öffentlichen Schule bezeichnen könnte. Er lehnte es entschieden ab, Dummköpfe gern oder auch nur resigniert zu dulden, hatte aber ein freundliches Nicken für ängstliche Studienanfänger und einen freundlichen Gruß an diejenigen Dons, die Studenten als integralen Bestandteil des College-Lebens und nicht nur als notwendiges Übel und Höflichkeit betrachteten Guten Tag für flatterhafte und anerkennende Bettmacher. Er vergaß nie die Gesichter oder Namen von denen, die über ihm oder unter ihm standen – das heißt Dons und College-Bedienstete; und darüber hinaus in seinem eigenen Lebensumfeld (einer Gesellschaft, in der Sie vielleicht die Existenz von niemandem erkennen , auch wenn er Ihnen täglich das Salz reicht oder Sie in der Vertrautheit eines Rugby-Duells unter seinen Arm nimmt, bis Sie es offiziell getan haben). wurde ihm vorgestellt), er gab nie vor, dies zu tun.

Während Mr. Dishy-Washy mit seinen kurzen Beinen versucht , ihn neben den schreitenden Olympioniken vor ihm zu bringen, wäre es vielleicht angebracht zu erklären, warum es für das Wohlergehen des St. Benedict's College so absolut wichtig war, dass acht junge Männer eine Nachtruhe genießen sollten ungehindert von den Feierlichkeiten auf den Etagen darunter.

Für diejenigen, die sich noch nie mit dieser Verfeinerung der Folter beschäftigt haben, die als „ Bumping"-Rennen bekannt ist, sei erwähnt, dass in Oxford und Cambridge die verschiedenen College-Besatzungen aufgrund der Enge ihrer Flüsse nicht nebeneinander, sondern miteinander wetteifern in einer langen Reihe, wobei jedes Boot von seinem Verfolger getrennt und durch einen gleich großen Raum verfolgt wird. Jede Mannschaft, der es gelingt, über die Strecke zu rudern, ohne vom Boot hinter ihr erfasst (oder „angestoßen" zu werden), soll „ihren Platz behalten" und startet in derselben Position für das Rennen am nächsten Tag. Gelingt es ihm jedoch, das vorausfahrende Boot zu berühren, soll es einen „Stoß" verursacht haben, und sowohl der Stoßfänger als auch der Stoßfänger gelangen mit aller Geschwindigkeit unter die Böschung und ermöglichen dem Rest der Prozession, vorbeizurasen. Am nächsten Tag wechseln Stoßfänger und Stoßfänger die Plätze, und die Sieger des Vortages versuchen, ihre Leistung auf Kosten des nächsten Bootes vor ihnen zu wiederholen. Die Besatzung an der „Quelle des Flusses" hat natürlich nichts zu fangen und kann sich daher darauf konzentrieren, sich von Nummer Zwei fernzuhalten, die aufgrund der dringenden Aufmerksamkeit von Nummer Drei normalerweise in unmittelbarer Nähe ist. Und so weiter.

Das Rennen findet an vier aufeinanderfolgenden Abenden in der Maiwoche statt, die so genannt wird, weil sie im Juni stattfindet. Es war nun Samstag, der letzte Tag der Rennen, und die Männer von St. Benedict's wussten , dass an diesem Abend eine enorme Anstrengung unternommen werden musste. Bisher hatten sie vergleichsweise problemlos zwei Unebenheiten gemacht. Von Platz vier aus gestartet, waren sie nun Zweite auf dem Fluss, und nur das All Saints -Boot stand zwischen ihnen und dem Hafen, in dem sie sein würden. Sie hatten letzte Nacht versucht, ihren Feind zu Fall zu bringen, aber es war ihnen nicht gelungen; Sie wollten es heute Abend noch einmal versuchen, aber die All Saints waren eine furchtbar starke

Mannschaft. Sie waren seit fünf Jahren Head und es waren vier Blues im Boot. Die öffentliche Meinung gab zu, dass die St. Benedict's in diesem Jahr ungefähr die schnellste Mannschaft auf dem Fluss waren, ging aber davon aus, dass eine erfahrene Truppe wie die All Saints lange genug davonsprinten könnte, um die Strecke zu überstehen.

„Es sei denn natürlich", sagten die Leute, „es sei denn, Marrable macht etwas ganz Besonderes."

Es war wunderbar, was die Welt im Allgemeinen von Marrable zu erwarten schien . Auch bei den ganz Kleinen zählt der Charakter etwas; und es gibt kein jüngeres Mitglied der Gesellschaft als den Studenten. Im Vergleich zu ihm ist der Oberstufenjunge ein Nestor.

In der Zwischenzeit war es unserem kleinen Freund Dishy , dem Steuermann, gelungen, seinen Kapitän zu überholen, als dieser große Mann in der Trinity Street in ein Hansom stieg.

„Wohin gehst du, Hughie?" er keuchte.

"Bahnhof."

"Menschen?"

"Ja."

„Nun, ich komme mit dir. Ich werde abhauen, bevor du sie triffst."

Dishy war einer der wenigen, die es wagten, Marrable auf diese Weise anzusprechen .

Die beiden ließen sich in der Kutsche nieder, und während das erfahrene Tier zwischen den Schächten die Trinity Street entlang bahnte, drängte es sich durch schlendernde Fußgänger hindurch, drängte sich an Karren von Landpfarrern vorbei , nahm Hunde locker in Kauf und schreckte ängstlich vor mitgefahrenen Motorrädern zurück Von hutlosen Jugendlichen in Hausschuhen diskutierten sie über Staatsangelegenheiten.

„Es gibt nur einen Weg, Dishy ", sagte Marrable . „Ich werde einen Schlaganfall bekommen."

Dishy nickte zustimmend.

„Das ist das Einzige, was man tun kann", sagte er. „Aber wer wird in der siebten Reihe antreten – Stroke?"

"Ja."

„Bugseite wird in Stücke gehen", sagte Dishy mit Überzeugung.

„Vielleicht. Aber wie die Dinge derzeit liegen, wird es Schlaganfall sein.“

„Das stimmt“, gab der Steuermann zu. „Lass uns jetzt sehen: Du wirst einen Schlaganfall bekommen, Duncombe sieben, Puffin sechs – es ist auf jeden Fall einen Versuch wert. Wir müssen uns unbedingt von den James-Leuten fernhalten, also können wir es genauso gut versuchen.“

„Gehen Sie jetzt weg“, sagte Marrable , „und gehen Sie herum und sagen Sie den Männern, sie sollen um vier am Bootshaus sein, und wir werden in der neuen Reihenfolge einen zehnminütigen Ausflug machen. Wenn Sie das erledigt haben, schneiden Sie ab.“ Runter zum Bootshaus und sag Jerry, er soll meine Trage und die von Duncombe austauschen.

Dishart - Watson in der heißen Sonne ; Aber Marrable war nicht der Mann, der sich oder seine Untergebenen verschonte, wenn es die Gelegenheit erforderte.

Der Steuermann stieg auf die Stufe des Bootes hinab und klammerte sich am Spritzbrett fest, während er seine letzten Anweisungen erhielt.

„Und sag es Jerry “, fügte er hinzu Marrable , „um ein neues Ruder auf der Schlagseite mit einer guten 15 cm langen Klinge herunterzuholen. Das von Duncombe wurde bis auf einen Zahnstocher rasiert.“

Dishy nickte fröhlich und setzte sich in den Verkehr.

„Der alte Mann meint es ernst. Wir gehen jetzt zum Kopf“, murmelte er mit schlichter Zuversicht vor sich hin. „In Ordnung, Sir, es ist ganz und gar meine Schuld. Entschuldigen Sie sich nicht !“

Und der Steuermann des St. Benedict's-Bootes ließ einen umgedrehten Motorradfahrer zurück, der ihn von hinten angefahren hatte, damit er den Verkehr staute und Verletzungen durch seine immer noch treu drehenden Pedale ertragen musste, und fuhr in flottem Tempo zurück zu seinem dortigen College um einer hart geprüften siebenköpfigen Truppe mitzuteilen, dass aufgrund eines Besetzungswechsels in der elften Stunde pünktlich um vier Uhr eine Generalprobe ihrer Abendvorstellung anberaumt worden war.

KAPITEL II

Stellt die Heldin dieser Erzählung vor

ES wissen sollten, haben gesagt: Wenn die schmerzhafteste Viertelstunde im Leben eines Mannes kommt, wenn er sich bis zum Heiratsantrag vermasselt, ist die entsprechende Zeitspanne im Leben einer Frau die unmittelbar vor ihrem ersten Abendessen. Party in ihrem eigenen Haus.

In Anbetracht der Unannehmlichkeiten dieser beiden züchtigenden, aber notwendigen Erfahrungen kann es für einen bloßen Mann verzeihlich sein, sich zu fragen, warum die zweite Erfahrung als ausschließliches Vorrecht des anderen Geschlechts gelten sollte. Es gibt kein krankhaft ängstlicheres Geschöpf unter der Sonne als den Studenten, der im Begriff ist, ein Staatsessen zu geben, das durch die Anwesenheit seiner Geliebten geschmückt wird.

Hughie Marrable lehnte sich mit gerunzelter Stirn in seinem Hansom zurück und überprüfte einige Hieroglyphen auf der Rückseite eines Umschlags.

„Mal sehen", murmelte er vor sich hin, „ *Gekleidete Krabben* . Da kann man nichts falsch machen. Ich habe dem Koch gesagt, er solle sie unbedingt in den silbernen Jakobsmuscheln mit dem College-Wappen hochschicken. Schließlich sind es die Garnituren, die wirklich ansprechen." zu einer Frau. Nicht das Essen , sondern die Art, wie man es serviert. Rum-Kreaturen!" fügte er in Klammern hinzu. „ *Garnelen in Aspik* . Das sieht sowieso immer gut aus, ist aber für den Preis nicht sehr sättigend. Ich erinnere mich, dass Kitty Devenish letztes Jahr sagte, es sehe einfach aus –"

Hughie unterbrach seinen Monolog ziemlich plötzlich und wäre wahrscheinlich ein wenig rot geworden, wenn sonst noch jemand in der Kutsche gewesen wäre. Miss Kitty Devenish war das, was Fahrradhändler als „ein Modell des letzten Jahres" bezeichnen, und Hughie fuhr gerade mit dem Auto, um jemand anderen zu treffen. Er machte weiter:-

„ *Koteletts à la Reform* . Ziemlich das Beste, was die Küchen hervorbringen, aber nicht so protzig, wie sie sein könnten. Dennoch, mit den alten Huish's Crown Derby-Tellern – es war anständig von dem alten Mann, sie zu leihen; ich hoffe bei Gott, Mrs. Gunn wird nichts Unüberlegtes mit ihnen machen – das sollten sie tun. *Grassy Corner Pudding* . Das sorgt immer für Aufregung, obwohl es faul schmeckt. *Obstsalat* ; *Creme brûlé* . Das ist sicher genug. *Makkaroni gratiniert* . Sie wird es nicht anfassen, aber es wird Onkel Jimmy und Jack Ames gefallen. Ich wünschte, ich könnte selbst welche haben! Egal; nur noch etwa sechs Stunden!"

Hughie schmatzte. Es ist schwer, zwischen den Fleischtöpfen zu sitzen und nicht davon zu essen. Sein Essen bei diesem Fest bestand aus kaltem Rindfleisch und trockenem Toast.

Er drehte den Umschlag um.

„Hm – trink. Ich gehe nicht davon aus, dass sie etwas hat, aber ich kann das nicht als selbstverständlich ansehen. Da ist eine Flasche Berncastler Doctor und etwas Beaune. Ich frage mich, ob es das Beste wäre, sie vor mir aufzumachen." Fragen Sie sie, was sie trinken wird, oder fragen Sie sie, was sie trinken wird, bevor ich sie öffne. Ich werde sie öffnen lassen , denke ich. Sie könnte sich weigern, wenn sie sehen würde, dass die Korken nicht gezogen sind. Jedenfalls wird Mrs. Ames es tun wahrscheinlich etwas nehmen. Aber, toller Scott! Ich muss doch zuerst Mrs. Ames fragen, nicht wahr? Das ist sowieso geklärt. Sie wird wahrscheinlich nehmen, was auch immer Mrs. Ames nimmt.

„Dann sind da noch die Tischdekorationen. Ich wünschte, ich könnte mich erinnern, ob es ein Mauerblümchen *war*, sagte sie. Ich glaube, das muss es gewesen sein, denn ich erinnere mich, dass ich einmal einen faulen Witz mit ihr darüber gemacht habe, wie man Ungleiches anzieht. Jedenfalls ist es das auch Jetzt ist es zu spät, es zu ändern. Ich habe mich für ein Mauerblümchen entschieden, und das Zimmer stinkt einfach danach.

„Dann die Sitze. Ich an der Spitze, mit Mrs. Ames auf der einen und ihr auf der anderen Seite. Onkel Jimmy am Ende, mit Ames zu seiner Linken und Dicky Lunn zwischen Mrs. Ames und Onkel Jimmy. Ja, Ames muss sitzen . " „Da weiß Gott, Dicky Lunn sollte in Sicherheit sein, aber man weiß nie, auf was für einen Mann ein Mädchen nicht Lust hat. Und schließlich ist Ames verheiratet", fügte der verliebte Jugendliche hinzu.

„Dann Mrs. Gunn. Ich glaube, ich habe ihr alles erzählt." Er zählte fieberhaft seine Ermahnungen an seinen Fingern ab. "Lassen Sie mich sehen,-

„ *Erstens* : gebrauchte Teller nicht auf den Boden stellen.

„ *Zweitens* : sich nicht an der Unterhaltung beteiligen.

„ *Drittens* : das wackelige Ding in ihrer Haube nicht ins Essen tauchen zu lassen.

„ *Viertens* : Dinge nicht anzuhauchen oder sie mit der Schürze zu polieren, außer außerhalb der Sichtweite.

„ *Fünftens* : Versuchen Sie auf keinen Fall, das Getränk weiterzugeben.

„ *Sechstens* : direkt nach dem Mittagessen weggehen und nicht mit Resten fressend in den Zigeunerraum ein- und ausgehen.

„Der Teekorb sollte in Ordnung sein. Vertrauen Sie da auf die Küche! Ich muss allerdings daran denken, eine Schachtel Pralinen hineinzustecken. Und ich glaube nicht, dass ich mich um das Abendessen kümmern muss, da sie Richards dorthin schicken werden." Warte. Wie dem auch sei, bis dahin werde ich mich aus dem Staub gemacht haben. Das wird etwas sein, besonders *wenn* –"

Hughie verfiel in Schweigen, und für einen Moment wich eine Vision erwiderter Liebe in seiner Vorstellung dem Schauspiel der benediktinischen Besatzung, die flussabwärts fuhr.

Seine Überlegungen wurden durch die Ankunft seiner Equipage am Bahnhof von Cambridge, einem Meisterwerk aus imposanter Architektur und praktischer Anordnung, unterbrochen. Der Bahnsteig war voller junger Männer, die meisten von ihnen in „ Sportkleidung", die auf den Londoner Zug warteten. Die Stirnen aller waren sorgfältig gerunzelt und zeigten aller Wahrscheinlichkeit nach die häusliche und verliebte Art, von der der arme Hughie besessen war.

Der Zug raste wie immer mit einem hochmütigen „Kann nicht an einem Loch anhalten"-Gesichtsausdruck in den Bahnhof, nur um an einigen Weichen scheppernd zu schleifen und an einem entfernten Punkt neben der Einsamkeit zu einem schändlichen und asthmatischen Stillstand zu kommen und endloser Bahnsteig, der zusammen mit einem Fahrkartenschalter und einem Bücherstand verhindert, dass der Bahnhof von Cambridge mit einem ziemlich veralteten Hafenschuppen verwechselt wird.

Da beobachtete Hughie im schnellen Lauf, wie seine Gäste aus einer Kutsche stiegen.

Zuerst kam eine Dame mit freundlichem Gesicht zwischen dreißig und vierzig Jahren, gefolgt von einem stämmigen und lockeren Ehemann. Als nächstes ein älterer Herr mit weißem Schnurrbart und cholerischen blauen Augen. Und schließlich erschien – hübsch, frisch und beunruhigend – der *Ursprung und Ursprung* der gesamten Expedition, auf deren Rechnung der Ablauf und die Vorfälle von Hughies Mittagsparty so geschickt geplant und so mühsam einstudiert worden waren – Miss Mildred Freshwater.

Die Gruppe begrüßte ihren Gastgeber charakteristisch. Sein Onkel ließ, noch während er ihm die Hand schüttelte, ein paar inbrünstige, vorausschauende Bemerkungen zum Thema Mittagessen fallen; Mr. Ames, ein ehemaliger College-Bootskapitän , verband seine Begrüßung mit einer besorgten Frage nach den Erfolgsaussichten des Clubs an diesem Abend; Die Augen von Mrs. Ames sagten deutlich: „Nun, ich habe sie *mitgebracht* , mein Junge; jetzt verkabeln Sie sie!" und als Miss Freshwater an die Reihe kam, schüttelte sie mit ungekünstelter Freude und *Kameradschaft die Hand* , was Hughie besser gepasst hätte, wenn auf ihrem Gesicht erkennbar gewesen wäre, was Yum-Yum einmal treffend als „eine Spur von Schüchternheit oder Schüchternheit" zusammenfasste. "

Dennoch war Hughie von der Vision vor ihm so entzückt, dass er eine kleine und schrumpfende Gestalt nicht bemerkte, die verschämt aus dem Zug gestiegen war und hinter Mrs. Ames' Röcken zurückblieb, als ob sie an ihrem Empfang zweifelte. Plötzlich löste es sich und stand vor Hughie in Form eines kleinen Mädchens mit kupferbraunem Haar und großen graublauen Augen.

„Joey!" schrie Hughie.

„Sie würde kommen!" erklärte sein Onkel im resignierten Tonfall eines starken Mannes, der seine Grenzen kennt.

Die angezeigte Dame trat an Hughies Seite, nahm seine Hand und rieb sich einschmeichelnd an ihm auf die unartikulierte, aber beredte Art, die stummen Tieren und kleinen Kindern eigen ist.

KAPITEL III

JIMMY MARRABLE

DAS MITTAGESSEN war im Großen und Ganzen ein Erfolg, obwohl Mrs. Gunns Verhalten alles übertraf, was Hughie befürchtet hatte.

Sie begann damit, dass sie die Damen etwa zehn Minuten lang in Hughies Schlafzimmer ihre Haare richten ließ, während sie ihnen eine detaillierte und abscheuliche Beschreibung ihrer jüngsten Beschwerde vortrug. Später startete sie eine spontane und unziemliche Kampagne – sie begann mit einem Geflüster in der Tür, steigerte sich lautstark zu etwas, das wie ein Duett zwischen einem Kakadu und einem Bluthund auf dem Treppenabsatz klang, und endete in einem unregelmäßigen Feuer persönlicher Anspielungen. die einer nach dem anderen über das Geländer fielen, wie der sanfte Tau des Himmels, auf den Kopf des sich zurückziehenden Feindes darunter – mit einem Küchenmann über einem Daumenabdruck auf einem Puddingteller.

Aber zum Glück für Hughie stimmte das Unternehmen stillschweigend zu, sie als eine Art komische Erleichterung zu betrachten; und als sie das Salatdressing zurückhielt, um es – im allerletzten Moment frustriert – ausdrücklich über die Süßigkeiten zu gießen; ja, selbst als sie sich plötzlich eine Haarnadel vom Kopf riss , um damit eine Wespe in den grasbewachsenen Eckpudding zu stechen, waren sich die Damen einig, dass sie „ein altes Haustier" war. Als Mrs. Ames so weit ging, ihr nach dem Mittagessen in den Zigeunerraum zu folgen und sich bei ihr für die Mühe zu bedanken, die sie auf sich genommen hatte, entspannte Mrs. Gunn, hin- und hergerissen zwischen äußerster Befriedigung und dem Wunsch, keine Zeit zu verlieren, sofort ihre Kräfte ; und Hughies prickelnde Ohren, als er den Kaffee herumreichte, hörten das unheilvolle und geheimnisvolle Fragment: „Nun, Mama, ich habe ihn sofort ins Bett gebracht und einen heißen Flanell über seinen ... gelegt", gerade als die Tür des Gips- Der Raum schwang mit einem gnädigen Knall zu.

Es war inzwischen schon nach zwei Uhr, und Hughie legte seinen Gästen auf einen allgemein geäußerten Wunsch hin ein detailliertes Programm für den Nachmittag vor. Er schlug zunächst vor, sie durch das College zu führen. Danach begab sich die Gruppe zum Ditton Paddock unter der Obhut von Herrn Richard Lunn – der, wie wir uns erinnern werden, von Hughie aufgrund seiner außergewöhnlichen Qualifikationen für den Posten als Kavalier ausgewählt worden war – in Begleitung eines großen Teekorbs. Der Inhalt, von dem er hoffte, dass er sie körperlich und geistig stärken würde, bis die Rennen mit der Zweiten Division gegen halb sechs begannen.

„Wie willst du uns nach Ditton bringen, Hughie?" fragte sein Onkel.

„Nun, es gibt eine Fliege, die fünf von euch aufnehmen kann, und ich dachte" – Hughie räusperte sich – „die andere könnte ich in einem Kanu hinunterbringen."

Es entstand eine kurze Pause, während die Gruppe, die einander mit unterschiedlich feierlichem Ausdruck ansah, mentale Probleme in Permutationen und Kombinationen löste. Da erkundigte sich der taktlose Ames :

„Welches wirst du im Kanu mitnehmen?"

„Oh, jedermann", sagte Hughie mit einer Stimme, die so deutlich wie möglich sagte: „Dummer alter Arsch!"

jedoch klar wurde , dass es keinen Sinn hatte, mit den Scharmützeln fortzufahren, nachdem Ihre Tarnung zerstört wurde, richtete er einen einladenden Blick auf Miss Freshwater, die neben ihm auf dem Sitz saß.

Sie drehte sich zu ihm um, bevor er etwas sagen konnte.

„Hughie", sagte sie leise, „nimm das Kind. Schau sie dir einfach an!"

Hughie schluckte gehorsam etwas und wandte sich mit großen Augen dem wehmütigen Bild auf dem Sofa zu.

„Wirst du kommen, Joey?" er erkundigte sich.

Die angesprochene Dame gab mit einem Schauer der Ekstase zu verstehen, dass die Antwort auf die Einladung bejahend sei.

„In der Zwischenzeit", sagte Mr. Marrable , „werde ich eine Zigarre rauchen, bevor ich diesen Raum verlasse. Und wenn Sie Hughie zehn Minuten lang verschonen, werde ich ihn hier behalten und ein kurzes Gespräch mit ihm führen." Ich muss heute Abend zurückgehen.

Der zuvorkommende Herr Lunn schlug vor, diese Zeit durch einen persönlich durchgeführten Ausflug in seine Räume im Erdgeschoss zu überbrücken, wo er der Firma mit großer Freude eine „ziemlich anständige" Sammlung von Türklopfern und Klingelgriffen, den Erwerb, ausstellen würde Ein besonderes Hobby von ihm war das *Vertu* -Handwerk (er war ein Jugendlicher mit kräftigem Handgelenk und schnellem Fuß).

Hughie blieb allein mit seinem Onkel zurück – dem einzigen Verwandten, den er auf der Welt hatte, und dem Mann, der für ihn fast achtzehn Jahre lang sowohl Vater als auch Mutter gewesen war.

Hughie war in Indien geboren. Seine Erinnerungen an seine Eltern waren äußerst vage, aber wenn er beide Augen schloss und mit den Händen fest darauf drückte, konnte er verschiedene Bilder einer schönen Dame hervorrufen, deren Arme mit glitzernden Spielzeugen geschmückt waren, die musikalisch klimperten, wenn sie sie schnitzte Hühnchen für Hughies Kindergartenessen. Er erinnerte sich besonders an diese Arme, denn ihr Besitzer hatte die angenehme Angewohnheit, zu ihm zu kommen, um ihm einen Gutenachtkuss zu geben, nachdem seine Ayah ihn ins Bett gebracht hatte. Bei diesen Gelegenheiten waren sie immer nackt; und Hughie erinnerte sich noch genau daran, wie viel bequemer sie sich damals fühlten als am nächsten Morgen bei Tiffin, als sie in Ärmeln steckten, die manchmal kratzten.

An seinen Vater erinnerte er sich weniger, außer dass er ein sehr großer Mensch war, der wunderschöne scharlachrote Gewänder trug. Auch Dinge an seinen Fersen, die Klick machten. Er hatte auch eine große Stimme, dieser Mann, und er vergnügte sich damit, Hughie beizubringen, steif aufrecht zu stehen, wann immer er rief: „Meiden!“

Hughie erinnerte sich auch an eine Reise auf einem großen Schiff, bei der die Passagiere großen Spaß an ihm hatten und eine faszinierende Person in einem blauen Trikot (das leider kratzte) ihm zahlreiche Schnurbälle überreichte, die herrlich nach Teer rochen, aber immer in den Indianer fielen Ozean oder ein anderer unzugänglicher Ort.

Dann erinnerte er sich, wie er mit seinen Eltern in einem großen Bungalow auf einem Gelände voller Rasenflächen und Blumenbeeten angekommen war, wo ihn eine Person, die er später Onkel Jimmy nennen lernte, ernst begrüßte und ihn bat, eine Zeit lang seine Gastfreundschaft anzunehmen. Danach – ziemlich bald – erinnerte er sich daran, dass er sich von seinen Eltern verabschiedet hatte, oder besser gesagt, dass seine Eltern sich von ihm verabschiedet hatten. Der große Mann schüttelte ihm lange und feierlich die Hand, was sehr weh tat, Hughie aber tief beeindruckte, und die Arme der schönen Dame – auch mit dicken Ärmeln! – schmiegten sich um Hughies Hals, bis er glaubte, er würde ersticken. Aber er blieb die ganze Zeit steif und „meiden“, weil seine Eltern über irgendetwas völlig unzufrieden zu sein schienen und er ihnen gefallen wollte. Seitdem hatte er nie mehr die Arme einer Frau um seinen Hals gehabt.

Gärtnerei “ nannte . Der Name des Bungalows, den er von den meisten Leuten erfuhr, mit denen er in Kontakt kam, war „The ‚All“, obwohl es einige gab, die ihn „Manors“ nannten, und Onkel Jimmy, der offenbar auch mehr als einen Namen besaß , wurde von Hughies Freunden im Dorf ausnahmslos als „Ole Peppery“ bezeichnet.

Kurz nach der Abreise seiner Eltern hörte Hughie ein Gespräch zwischen seinem Onkel und Mrs. Capper, der Dame, die den Haushalt führte, was ihn ziemlich verwirrte.

„Verstehe, Capper, ich werde es nicht haben", sagte sein Onkel.

„Überlegen Sie, was die Leute sagen werden, Sir", drängte Mrs. Capper respektvoll, aber eindringlich.

„Es ist mir egal", Capper hustete hier diskret, „was die Leute sagen. Der Junge wird nicht mit Krepp und Leichenwagenfedern geschmückt sein, um Ihnen oder einer anderen alten Frau eine Freude zu machen."

„Leichenwagenfedern wären nicht unbedingt erforderlich, Sir", sagte der wörtliche Capper. „Aber ich denke, das Kind sollte einen kleinen schwarzen Anzug haben."

„Das Kind wird in seinen üblichen Lumpen herumlaufen", antwortete Old Peppery mit Donnerstimme; „Und wenn ich dich oder irgendjemand anderen dabei erwische, wie du ihn mit Gerüchten über Krebswürmer oder Höllenfeuer oder ähnliches vollstopfst , sage ich dir direkt, dass es Vater und Mutter eines Streits geben wird."

„Ja, Sir", sagte Capper sanftmütig. „Und ich möchte, Sir", fügte sie im gleichen gleichmäßigen Ton hinzu, „eine Warnung auszusprechen."

Daraufhin stapfte Onkel Jimmy die Treppe hinunter in die Halle, und Hughie fragte sich, was wohl wohl die Warnung gewesen sein mochte, die Mrs. Capper auszusprechen wünschte. Es muss ein gewichtiges Thema gewesen sein, denn sie hielt es in den nächsten zehn Jahren immer wieder vor, lange nachdem Hughies wachsende Intelligenz seine Bedeutung entdeckt hatte. Aber ihre Äußerungen erhielten von ihrem Arbeitgeber ungefähr genauso viel Aufmerksamkeit wie die von Cassandra von ihrem.

Das unmittelbare Ergebnis des oben aufgezeichneten Gesprächs war jedoch, dass Mrs. Capper keinen Versuch unternahm, Hughie mit Krepp oder Leichenwagenfedern zu schmücken; und später, als er alt genug war, um die Bedeutung des Todes zu verstehen, erzählte ihm sein Onkel, wie seine Eltern in einer stürmischen Nacht gemeinsam zu ihrem Gott gegangen waren – „das glücklichste Schicksal, alter Mann, das Mann und Frau treffen kann". im Golf von Biskaya, zusammen mit jeder anderen Seele an Bord des Truppenschiffs Helianthus, und dass Hughie von nun an bereit sein muss, den kaputten alten Puffer vor sich als seinen Vater und seine Mutter zu betrachten.

Vereinbarung ernsthaft akzeptiert und mehr als siebzehn Jahre lang hatten er und sein Onkel einander wie Vater und Sohn behandelt.

Jimmy Marrable war ein wenig exzentrisch – aber das sind die meisten alten Junggesellen – und wie viele exzentrische Männer war er ziemlich stolz auf seine Eigenheiten. Vielmehr hat er sie eher kultiviert. Eine seiner verblüffendsten Eigenschaften war die Angewohnheit, laut zu denken. Er tauchte unerwartet aus einem braunen Arbeitszimmer auf und kommentierte mit verblüffender Plötzlichkeit und absoluter Offenheit das Aussehen und die Manieren der Menschen um ihn herum. Es wurde glaubwürdig berichtet, dass er einmal eine ziemlich lebhafte und redselige Dame zum Abendessen eingeladen hatte und nachdem er sie eine Zeit lang mit einer starren Aufmerksamkeit betrachtet hatte, die die gute Seele zu der Annahme verleitet hatte, dass er an ihren Lippen hing, bemerkte er zu sich selbst, mit erschreckender Deutlichkeit, während einer Gesprächspause: „Guinea-Set – Außenseiter an der Spitze – Guttapercha-Befestigungen – ich wundere mich, dass sie nicht in ihre Suppe fallen!" und setzte seine Mahlzeit fort, ohne sich offensichtlich bewusst zu sein, dass er etwas Ungewöhnliches gesagt hatte.

Auch in anderen Dingen war er exzentrisch. Als Hughie in den Ferien von der Schule zurückkehrte, stellte er fest, dass es während seiner Abwesenheit Zuwachs in der Familie gegeben hatte.

Schon das Gesicht von Mrs. Capper im Flur verriet ihm, dass etwas nicht stimmte. Seine Besitzerin teilte Hughie mit, dass man zwar bereit sein sollte, das Leben so zu nehmen, wie man es vorfand, und dass „Leben und Leben lassen" von Kindesbeinen an ihr Motto gewesen sei, dass ihr Gleichgewicht seit dem, was passiert sei, der Gnade der ersten aggressiv gesinnten Feder ausgeliefert sei kam vorbei, und was die Leute in der Nachbarschaft sagen würden, wagte sie nicht zu denken.

Sie rannte weiter. Hughie wartete geduldig und brachte dann die Fakten ans Licht.

Vor ein paar Wochen war der Meister von einem längeren Aufenthalt in London zurückgekehrt und hatte zwei Kinder mitgebracht. Er hatte angekündigt, dass die beiden künftig als ständige Bewohner der Anstalt gelten würden. Abgesehen von der Tatsache, dass das eine Göre blond und ein Junge und das andere dunkelhäutig und ein Mädchen war und dass Mrs. Capper beim Anblick gewarnt hatte, konnte Hughie nichts herausfinden und wartete gelassen darauf, dass sein Onkel von der Schießerei nach Hause kam.

Jimmy Marrable ankam, war er nicht kommunikativ. Er gab lediglich an, dass die kleinen Teufel die Kinder eines alten Freundes namens Gaymer seien, der plötzlich gestorben sei und sie ihm als Vormund überlassen habe.

„Und Hughie, mein Sohn", schloss er, „wenn du nicht willst, dass dir der Kopf abgebissen wird, wirst du in diesem Fall davon absehen, deiner Neigung nachzuhängen, nach dem Warum zu fragen und den Dingen auf den Grund zu gehen. Ich bin nicht besonders zufrieden." Ich habe sie an meinen Händen gefunden , aber hier sind sie, und damit ist Schluss. Das Mädchen ist fünf – zehn Jahre jünger als du – und der Junge acht. Sie heißt Joan, und sein idiotischer Name ist Lancelot Wellesley. Ich frage mich, ob sie es sind Ich habe ihn nicht Galahad Napoleon getauft! Kommen Sie nach oben und sehen Sie sie sich an.

All dies geschah vor sieben Jahren. Während dieser Zeit war Lancelot Wellesley Gaymer erwachsen genug geworden, um eine öffentliche Schule zu besuchen, und folglich war Miss Joan Gaymer in der Gesellschaft des neugierigen alten Herrn zurückgelassen worden, den sie bald Unker nennen lernte Zimmy . Von ihren Verwandten wird es im Moment genügen zu erwähnen, dass es schwierig sein wird, ein seltsamer gemischtes und hingebungsvolleres Paar zu finden.

Jimmy Marrable lehnte sich auf der Fensterbank zurück und rauchte seine Zigarre. Sein Neffe, der neidisch auf den blauen Rauch blickte, lag ausgestreckt in einem Sessel.

„Hughie", sagte der ältere Mann plötzlich, „wie alt bist du? Einundzwanzig, nicht wahr?"

"Ja."

„Und gehst du nächste Woche endgültig unter?"

"Ja." Hughie seufzte.

"Erhielt einen Abschluss?"

„Sag es dir am Dienstag."

"Sag es mir jetzt."

„Nun – ja, das sollte ich mir vorstellen."

"Was in?"

„Mechanik stinkt – Ingenieurswesen. Zweite Klasse, wenn ich Glück habe."

„Ähm. Hast du irgendwelche Laster?"

„Nicht speziell."

"Trinken?"

"NEIN."

„Kein Abstinenzler ?" sagte Jimmy Marrable besorgt.

"NEIN."

„Das ist gut. Warst du jemals betrunken?"

"Ja."

„Schlecht, meine ich. Ich spreche nicht von der Hochstimmung beim Abendessen."

"Nur einmal."

"Wann?"

„Mein erstes Semester."

"Wozu?"

„Um zu sehen, wie es war."

„Perfekter Fortschritt", kommentierte Jimmy Marrable . „Welche Eindrücke hatten Sie von dem Experiment?"

„Ich habe keine", sagte Hughie offen. „Ich bin erst am nächsten Morgen mit angezogenen Stiefeln im Bett aufgewacht."

„Wer hat dich dorthin gebracht?"

„Sieben weitere Teufel."

„Und Sie haben das Experiment nicht wiederholt?"

„Nein. Das ist nicht nötig. Ich kenne jetzt mein Fassungsvermögen für ein Glas."

„Dann wissen Sie etwas wirklich Wissenswertes", bemerkte Jimmy Marrable aufrichtig. „Was werden Sie nun mit sich selbst anfangen? Warum gehen Sie nicht hin und sehen sich die Welt ein wenig an ? *Das wird Ihnen gefallen, wissen Sie. Das liegt Ihnen im Blut. Darum halte ich es für klug, nicht in den Militärdienst eintreten zu wollen. Wenn es Krieg gibt* , kann man sich immer irgendwo einmischen , und das Kasernenleben in Friedenszeiten würde einem das Herz zersetzen Herz aus Leibeskräften. Mit fünfundzwanzig hätte es deinen Vater fast umgebracht. Deshalb wechselte er, ging an die Grenze und beendete seine Tage als Kommandeur eines Goorkha- Regiments. Leben aus erster Hand; das ist es, wovon wir Marrables leben! I Ich selbst habe im Alter zwischen zwanzig und dreiunddreißig noch nie einen Fuß in dieses Land gesetzt. Ich würde wieder mit dir kommen, wenn Anno Domini – und die Zangen – nicht gewesen wären. Aber du wirst viele alte Freunde von mir hier finden Sie sind nicht alle Leute, denen ich Empfehlungsschreiben geben könnte – einige von ihnen sprechen kein Englisch und andere können nicht lesen und schreiben; aber sie zeigen Ihnen die Grundlagen besser als jeder Kurier. Befolgen Sie meinen Rat und gehen Sie. England ist kein Ort für einen jungen Mann mit Geld und ohne besonderen Beruf, bis er über dreißig ist und bereit ist zu heiraten. Willst du gehen, Hughie?"

Hughies Gesichtsausdruck zeigte, dass er den Punkt eher widerstrebend betrachtete . Sein Onkel fuhr fort:

„Geld in Ordnung, nehme ich an? Du hast achthundert im Jahr, jetzt bist du volljährig. Hast du irgendwelche Schulden, was? Ich werde dir helfen.“

„Keine nennenswerten. Trotzdem vielen Dank.“

„Nun, warum nicht gehen?“

„Am liebsten würde ich gehen“, sagte Hughie langsam, „aber –“

"Also?"

„Ich weiß nicht – das heißt –“

„ *Das tue ich* “, sagte Jimmy Marrable mit der charakteristischen Offenheit. „Sie kämpfen zwischen einem Instinkt, der Ihnen sagt, dass Sie das Vernünftige tun sollen, und dem überwältigenden Wunsch, etwas völlig Dummes zu tun.“

Hughie wurde sehr rot.

Sein Onkel fuhr fort:

„Du willst dieses Mädchen heiraten.“

Hughie flammte auf.

„Das tue ich“, sagte er ziemlich trotzig.

Die Zigarre glühte ungestört.

„Glauben Sie, dass das Leben Ihnen kein größeres Glück zu bieten hat?“

„Da bin ich mir sicher“, sagte Hughie mit der Miene, als würde er eine einfache Wahrheit sagen.

„Und du bist einundzwanzig?“

„Ja – es“, mit weniger Feuer.

Jimmy Marrable rauchte ein paar Minuten lang nachdenklich.

„Ich bin ein alter Junggeselle“, sagte er schließlich, „und von alten Junggesellen wird erwartet, dass sie nichts von Liebesaffären wissen. Die Wahrheit ist natürlich, dass sie viel mehr wissen als alle anderen.“

Obiter-Dikta gewöhnt .

"Warum?" fragte er pflichtbewusst.

„Nun, aus dem gleichen Grund, aus dem ein gebrochener Draufgänger viel mehr über den Soldatendienst weiß als ein ordnungsgemäß eingeschriebener Gefreiter. Er hat vielfältigere Erfahrungen gemacht. Je länger ein Mann Junggeselle bleibt, desto mehr lernt er über Frauen; und das Je mehr er über Frauen lernt, desto besser wird er in der Welt zurechtkommen. Wenn er also jung heiratet , reduziert er seine Erfolgsaussichten im Leben auf ein Minimum. Das Traurige an der ganzen Sache ist, dass er, vorausgesetzt, er bekommt das Welches Mädchen er will, ist ihm egal. Das ist übrigens der Grund, warum fast alle berühmtesten Männer der Geschichte entweder unglücklich oder gar nicht verheiratet waren. Glück hat keine Geschichte. Glücklich verheiratete Männer sind nie ehrgeizig . Sie müssen sich nicht abmühen und keuchen, nachdem …“

„Das ist nicht nötig“, sagte Hughie. „Ein Mann rennt einer Straßenbahn nicht weiter hinterher, nachdem er sie erwischt hat.“

„Das wirft die Frage auf, Hughie. Es setzt voraus, dass alles verfügbare Glück der Welt in einem bestimmten Straßenbahnwagen enthalten ist. Außerdem sind die Straßenbahnwagen, die Sie meinen, für Männer über dreißig gedacht. Die Jungen sollten laufen.“

Hughie merkte , dass ihm das Gespräch zu subtil wurde, und verfiel wieder in schlichtes Hin und Her.

„Dann meinst du, kein Mann sollte vor dreißig heiraten?“ er sagte.

„Nichts dergleichen! Es hängt vom Mann ab. Ob er ein stabiler, anständiger, durchschnittlicher Mensch ist, der ein Hauptbuch als Bibel und einen Bürohocker als Trittstein zum Gipfel des Universums betrachtet, und besitzt kein besonderes Gespür für das raue und turbulente Leben. Je früher er heiratet und sich als zufriedener alter Kinderwagenschieber niederlässt, desto besser für ihn und die Nation. Gehören Sie zu dieser Sorte, Hughie?“

„Nein-oo“, sagte Hughie widerstrebend. „Aber ich könnte es lernen“, fügte er hoffnungsvoll hinzu. „Ich bin ein ziemlich anpassungsfähiger Kerl.“

Jimmy Marrable warf seinen Zigarrenstummel aus dem Fenster und setzte sich auf.

„Hör zu, Hughie“, sagte er, „und ich sage dir, was du *wirklich* bist. Du bist der Sohn einer Mutter, die aus ihrem Schlafzimmerfenster geklettert ist (und sich durch ein Regenrohr hinuntergelassen hat, was ich nicht wollte). Sie vertraute einem Affen an), um mit dem Mann , den sie liebte, durchzubrennen. Ihr Vater war der Kommandeur eines so starken Eingeborenenregiments, wie ich es je gekannt habe. Ihr Großvater war ein Entdecker. Ich war selbst ein ziemlicher Spinner . Ungefähr einer von drei Verwandten von Ihnen stirbt in seinem Bett. Sie stammen aus einer Familie, die lieber hingeht und sich die Dinge selbst ansieht, als in der Zeitung darüber zu lesen, und die sich beträchtliche Kenntnisse in der Kunst angeeignet hat, mit Männern umzugehen Der Prozess. Das sind eher seltene Vermögenswerte. Wenn Sie im zarten Alter von einundzwanzig Jahren eine Frau ins Schlepptau nehmen, wird es eine Katastrophe geben. Entweder Sie sitzen zu Hause und fressen sich die Seele aus dem Leib, oder Sie gehen ins Ausland und gehen sie soll ihr Essen auswärts essen. Spreche ich vernünftig?"

Hughie seufzte wie ein Ofen.

„Ja, verwirr dich!" er sagte.

„Wirst du mir dann versprechen, nicht überstürzt zu heiraten?"

„Vielleicht wartet sie auf mich", überlegte Hughie.

"Wie alt ist sie?"

„Einundzwanzig, wie ich."

„Hm", bemerkte Jimmy Marrable trocken. „Das bedeutet, dass sie praktisch zehn Jahre älter ist als du. Aber vielleicht wird sie das. Schweine könnten fliegen. Aber versprichst du mir, die Sache sehr sorgfältig zu überdenken, bevor ich mich entscheide, nicht ins Ausland zu gehen?"

„Ja", sagte Hughie.

„Da dies der Fall ist", fuhr sein Onkel energisch fort, „möchte ich dir ein oder zwei Dinge sagen. Wenn du gehst, werde ich dich vielleicht nie wieder sehen."

„Ich sage", sagte Hughie alarmiert, „an Ihrer Gesundheit ist nichts auszusetzen, nicht wahr, alter Mann?"

„Sei gesegnet, nein! Aber sobald ein Marrable in die Wildnis zieht, kann Methusalem selbst nicht damit rechnen, lange genug zu leben, um ihn wiederzusehen. Also werde ich mit dir reden, solange ich dich habe. Ich nutze diese Gelegenheit Ich bin in der Nähe der Stadt, um meinen Anwalt aufzusuchen und mein Testament zu machen. Ich bin fit genug, aber ich werde dieses Jahr fünfzig; und in diesem Alter sollte ein Mann über sein Eigentum verfügen. Ich kann Ihnen genauso gut sagen, dass ich Sie verlassen habe nichts. Genervt?"

"Nicht im geringsten."

„Und ich habe Master Lance nichts hinterlassen."

Hughie sah darüber ein wenig überrascht aus.

„Ich habe vor, ihn vor meinem Ableben wieder auf die Beine zu stellen", erklärte Jimmy Marrable . „Tatsächlich sofort. Das ist zum Teil der Grund, warum ich in die Stadt gehe. Ich investiere eine Summe für ihn, die ihm für den Rest seines Lebens ungefähr zweihundert Dollar pro Jahr einbringen sollte. Er ist jetzt fast sechzehn, und er Er muss sein Einkommen selbst verwalten, seine Schulrechnungen bezahlen und alles. Genau wie ich es von dir verlangt habe. Es gibt nichts Schöneres, als einem Jungen beizubringen, mit Geld umzugehen, wenn er jung ist. Dann dreht er sich nicht durch, wenn er plötzlich reinkommt eine Menge davon. Ich werde ihm nicht mehr geben, weil es ihn an der Arbeit hindern würde. Zweihundert nicht. Eine Schnecke würde vielleicht ganz zufrieden damit leben , aber Lancelot Wellesley Gaymer ist ein anmaßender junger Feger, und er Ich werde daran arbeiten, die Mittel zu bekommen, um für Aufsehen zu sorgen. Die zweihundert werden ihn am Laufen halten, bis er auf die Beine kommt.

Jimmy Marrable hielt inne und musterte seinen Neffen ziemlich gereizt.

„Nun", fragte er schließlich, „haben Sie zu diesem Gespräch nichts beizutragen?"

„Ich kann nicht sagen, dass ich bisher große Chancen hatte", antwortete der respektlose Hughie.

„Willst du nicht wissen, was ich mit dem Rest meines Geldes mache? Das ist eine Frage, die viele Leute beschäftigt. Willst du dich nicht an der Inquisition beteiligen?"

„Das kann ich nicht sagen. Das geht mich nichts an."

Sein Onkel musterte ihn neugierig.

„Du bist deinem Vater höllisch ähnlich, Hughie", sagte er. „Nun, ich überlasse es Joey."

„Guter Plan", sagte Hughie.

"Das denkst du?"

"Eher!"

„Davon gibt es eine Menge", fuhr sein Onkel nachdenklich fort. „Einiges davon hängt auch ziemlich seltsam zusammen. Meine Testamentsvollstrecker werden eine kleine Aufgabe haben."

Er musterte den teilnahmslosen Hughie noch einmal.

„Möchten Sie nicht wissen, wer meine Testamentsvollstrecker sind?" erkundigte er sich ziemlich wütend.

„Nein", sagte Hughie, der im Moment in andere Gedanken versunken war. „Das geht mich nichts an", wiederholte er.

„Hughie", sagte Jimmy Marrable , „du bist wieder der arme Arthur. Er war manchmal ein verflucht nerviger Kerl", fügte er explosionsartig hinzu.

Ein fröhliches Stimmengewirr auf der Treppe kündigte die Rückkehr des sicher aussehenden Mr. Lunn und seiner Gruppe an. Sie strömten herein, fasziniert von den Türklopfern dieses Herrn (dessen Gesichter übrigens von Kritikern im Grundstudium meist nicht ungünstig mit dem ihres Besitzers verglichen wurden) und erklärten, dass sie nun bereit seien, sich gebührend beeindrucken zu lassen welche Merkmale des College Hughie ihnen gerne vorführen möchte.

Eine Tour durch ein College gleicht der anderen; und deshalb müssen wir unseren Freunden nicht die gewundenen Treppen hinauf und hinunter oder in Kapellen und Bibliotheken hinein und hinaus folgen, während sie auf die Ruhestätten berühmter Verstorbener herabblicken oder zu den vergänglichen Wohnstätten der unwürdigen Lebenden aufblicken.

Die Expedition war (für das aufmerksame Auge von Mrs. Ames) vor allem wegen der Bemühungen ihres Leiters bemerkenswert, sich in angemessener Gesellschaft zu verlieren – ein Unterfangen, das ausnahmslos durch das entschlossene Verhalten dieser kleinen, aber entschlossenen Heldenverehrerin, Miss Joan, zunichte gemacht wurde Gaymer. Bei einer Gelegenheit blieben Hughie und Miss Freshwater jedoch für einen Moment zusammen. Die Gruppe war damit fertig, die Aussicht vom Dach der College-Kapelle aus zu überblicken, und tappte sich mühsam im Gänsemarsch eine Wendeltreppe hinunter. An der Spitze blieben nur noch Hughie, Miss Freshwater und die allgegenwärtige Miss Gaymer.

„Du bist der Nächste, Joey", sagte Hughie; „Dann Miss Freshwater, dann ich."

Die angesprochene Dame stürzte sich gehorsam in den düsteren Abgrund zu ihren Füßen. Mit offener Eifersucht bemerkte sie, dass die anderen beiden ihr nicht sofort folgten und daher auf halber Höhe im Glockenturm auf sie warteten.

Plötzlich hörte sie ihre Schritte herabkommen; und Miss Freshwaters Stimme sagte: –

„Ich wollte dir als Erstes davon erzählen, Hughie, weil du und ich schon immer so gute Freunde waren. Niemand sonst weiß es bisher."

Es herrschte Stille, die nur durch Hughies Schritte unterbrochen wurde, der offensichtlich eine schwierige Wendung bewältigte. Dann fuhr Miss Freshwaters Stimme ein wenig wehmütig fort:

„Wirst du mir nicht gratulieren?“

Und Hughies Stimme, die in der hallenden Dunkelheit seltsam Grabesklang klang, antwortete: –

„Eher! Ich – ich – hoffe, dass du sehr glücklich sein wirst. Denk an diesen Schritt.“

Miss Gaymer fragte sich, worum es ging.

Hughie fand noch vor Tagesende Gelegenheit, ein weiteres kurzes Gespräch mit seinem Onkel zu führen, in dessen Verlauf er seine Meinung über die Vorteile einer unmittelbaren und ausgedehnten Auslandsreise zum Ausdruck brachte, die diesen Gegner früher Ehen vollkommen zufrieden in die Stadt zurückführte Geisteshaltung.

„In der Hauptstadt jeder britischen Kolonie sollte eine Statue aufgestellt werden“, sagte Jimmy Marrable zu seiner Zigarre und lehnte sich nachdenklich in seinem Eisenbahnwaggon zurück. *Errichtet von einer dankbaren Kolonie gegenüber ihrem wichtigsten Auswanderungsagenten – dem Mädchen zu Hause, das jemand anderen geheiratet hat* .

Dann seufzte er vor sich hin – ziemlich verloren, hätte eine Frau gesagt.

KAPITEL IV

EINE ZWEITSTUDIE

„ Das Publikum wird im Namen von Miss Joan Gaymer um Nachsicht gebeten, die aufgrund des plötzlichen Unwohlseins von Miss Mildred Freshwater sehr kurzfristig die Rolle dieser Dame übernommen hat. "

Ein PAAR Stunden später war Hughie, der für einen so großen Löwen ganz sanft brüllte, damit beschäftigt, ein kanadisches Kanu nach Ditton Corner zu paddeln.

In dem Kanu befand sich ein Passagier, der mit weiblicher Gleichgültigkeit gegenüber den unflexiblen Gesetzen der Wissenschaft versuchte, das Fortkommen des Kanus zu unterstützen, indem er in die falsche Richtung paddelte. Ihr kleiner Körper war, auf bequeme Kissen gestützt, im Bug des Schiffes eingeklemmt, und ihr weißes Kleid und ihre schmalen schwarzen Beine waren durch einen Ersatzblazer von Hughie vor den Folgen ihrer eigenen Navigationsbemühungen geschützt. Ihr Hut lag auf dem Boden des Kanus, halbvoll mit Kirschen, und ihr langes Haar wehte und schimmerte in der Nachmittagssonne. Fräulein Joan Gaymer würde eines Tages eine Schönheit sein , aber vorerst wurde ihr taktvoll jegliches Wissen darüber vorenthalten. Um ihrer Gerechtigkeit gerecht zu werden, hätte die Aussicht sie nur wenig interessiert. Wie die meisten kleinen Mädchen von elf Jahren sehnte sie sich derzeit nicht so sehr danach, einem kleinen Jungen möglichst ähnlich zu sein. Lieber hätte sie ein Vogelnest erobert als zwanzig Herzen, und Auftritte galten ihr als Schande, vorausgesetzt, sie konnte sich in einem Katharinenrad -Wettbewerb behaupten.

Sie waren eher ein stilles Paar. Joan war von einer unbeschreiblichen Zufriedenheit erfüllt. Sie trug ein neues Kleid; Sie war unter fast ausschließlich männlicher Eskorte – wenn wir den wohlwollenden Despotismus von Mrs. Ames außer Acht lassen – von zu Hause, als Krankenschwester und als Gouvernante geflohen, um einer Reihe rein erwachsener Veranstaltungen beizuwohnen; Und um das Ganze zu krönen, war sie allein im Kanu, einen hellblauen Blazer über ihren Knien ausgebreitet, mit jemandem, der ihrer kleinen Erfahrung nach den Kopf und den Gipfel von allem darstellte, was ein Mann sein sollte – nein, könnte –.

„Ich gehe davon aus", bemerkte sie in einem plötzlichen Jubelausbruch, als das Kanu an zwei prächtig gekleideten jungen Leuten vorbeiglitt, die am Ufer saßen, „dass es diesen beiden ziemlich leid tut, dass sie nicht bei uns in diesem Kanu sind." "

Die erwähnten Damen standen auf und gingen mit einiger Überlegung landeinwärts. Hughie antwortete nicht. Er runzelte die Stirn und wirkte irgendwie abwesend.

„Hughie", verkündete Miss Gaymer vorwurfsvoll, „Sie sehen mich sehr böse an."

Sie hatte eine merkwürdig schroffe und heisere kleine Stimme und litt außerdem unter der Unfähigkeit, die schwer fassbaren Konsonanten *r* und *l* *auszusprechen* . Sie sagte also nicht „sehr verärgert", sondern „ ve'y. " c'oss ", in einem tiefen Bass.

Hughie stand auf.

„Tut mir leid, Joey!" er sagte; "Ich dachte."

„ Geheimnisse ?" fragte Miss Gaymer, die gleichzeitig ganz von der Weiblichkeit begeistert war.

"NEIN."

„Oh", – ziemlich enttäuscht. „Dann geht es um Ihr altes Boot?"

„Ja", sagte Hughie wahrheitswidrig. „Verstehst du ganz, wie wir Rennen fahren?"

„Ich *denke* schon", sagte das Kind. „Dein Boot ist Zweites und möchte mit dem Boot vorne zusammenstoßen – ist es das?"

"Ja."

„Nun, mach es einfach, wenn du an uns vorbeikommst, ja?"

„Ich werde es versuchen", sagte Hughie und seine Stimmung begann aufzuheitern. „Aber es kann länger dauern. Über die Eisenbahnbrücke sollte ich nachdenken."

„Und nach dem Rennen bringst *du* mich wieder nach Hause?" fragte die Dame besorgt.

„Das geht leider nicht. Das Rennen endet meilenweit von Ditton entfernt, wo Sie sein werden; und ich sollte nicht in der Lage sein, rechtzeitig zurückzukommen. Fahren Sie besser mit den anderen nach Hause."

„Wann werde ich dich dann wiedersehen?" fragte Miss Gaymer, die nicht in dem Alter war, mit der Tendenz ihrer jungfräulichen Zuneigung zurückhaltend zu sein.

„Gegen sieben Uhr. Ihr kommt alle zum Essen in meine Zimmer."

"Oh!" rief sein Begleiter aufgeregt aus. „Wie lange kann ich sitzen?"

„Fragen Sie Mrs. Ames", antwortete der diplomatische Hughie.

„Bis *zehn* ?" riskierte Joey mit der Miene von jemandem, der eine niederländische Auktion einleitet.

mich nicht , alte Dame."

„Angenommen", schlug Miss Gaymer listig vor, „dass Sie sagen würden , Sie möchten, dass ich aufsitze und Ihnen Gesellschaft leiste?"

Hughie lachte. „Ich fürchte, das würde nicht funktionieren. Ich muss gegen neun zum Bump Supper ausgehen."

"Was ist das?"

„Ein College-Abendessen zu Ehren der Männer, die gerudert haben."

„Ich mag Abendessen", sagte Miss Gaymer zögernd.

Hughie lächelte. „Ich glaube nicht, dass dir das gefallen würde, Joey", sagte er.

„Warum? Haben sie keine Sixpence oder Fingerhüte im T'ifle ?" sagte Miss Gaymer, in deren kindlichem Kopf das Wort „Abendessen" lediglich eine Vision von klebrigen Kindern hervorrief, die Papierkappen aus Crackern trugen und sich unter Aufsicht von Erwachsenen aufblähten.

„Ich glaube nicht, dass sie irgendeine Kleinigkeit *haben* . "

„Absolut episch !" kommentierte Miss Gaymer hitzig. (Ich glaube, es wurde bereits erwähnt, dass sie einen Großteil ihrer Zeit in der Gesellschaft von Jimmy Marrable verbrachte .) „Ices?"

„Lass mich sehen. Ja – manchmal."

"Ah!" gurrte Joey mit einem fröhlichen kleinen Seufzer. „ *Kann* ich nicht kommen?"

„Keine Angst, Madam. Bump Suppers sind nur für Herren."

„Das würde mir gefallen", sagte die Dame offen.

„Und sie sind ziemlich laut. Du könntest Angst bekommen."

„Nicht, wenn ich neben dir säße", war die zärtliche Antwort.

Joeys Sorge um seine Gesellschaft verstärkte Hughies Stimmungstief. Bewunderung und Selbstvertrauen sind sehr erstrebenswerte Anerkennungen; Aber wenn sie aus allen Richtungen kommen, außer aus der richtigen, wird die Begehrlichkeit dieser Seite nur noch verstärkt. Arme menschliche Natur! Hughie seufzte erneut auf eine Weise, die das gesamte Kanu zum Vibrieren brachte. Miss Gaymer drehte plötzlich das Gespräch.

„Worüber hat diese Person mit dir gesprochen, Hughie?“ sie erkundigte sich.

"WHO?"

„Diese Person, die mit uns in den T'ain gekommen ist . Fräulein …“ Joeys Mund verzog sich zu einem hoffnungslosen Knäuel.

"Frisches Wasser?" sagte Hughie und wurde rot.

Co'ege geführt hast, blieben du und sie oben auf der Kapelle zurück, während der Rest von uns herunterkam. Als ich auf dich wartete, hörte ich sie sagen: ‚Du.‘ „Sind die Ersten, die davon erfahren, Hughie.“ Um was zu hören?“

Hughie sah wirklich verstört aus.

„Ich weiß noch nicht, ob sie es wissen lassen möchte, Joey“, sagte er.

Miss Gaymer nahm einen Gesichtsausdruck an, bei dem sie wusste, dass die meisten Herren ihres Bekanntenkreises, von Onkel Jimmy bis zum Kutscher zu Hause, machtlos waren.

„Hughie, Schatz, du wirst es *mir sagen* , nicht wahr?“ Sie sagte.

Hughie, der aus der Not eine Tugend machte, stimmte zu.

„Nun, versprich mir, dass du es niemandem erzählst “ , sagte er.

„In Ordnung“, stimmte Miss Gaymer angenehm fasziniert zu.

„Sie wird heiraten“, sagte Hughie mit einer Stimme, die er so sachlich wie möglich zu klingen versuchte . Es war kein sehr erfolgreicher Versuch. Mit einundzwanzig schmerzten diese Dinge genauso sehr, wenn auch nicht so nachhaltig, wie im späteren Leben.

„Ich bin sehr „ Freut mich , das zu hören“, bemerkte Miss Gaymer gelassen.

Hughie blickte eher neugierig auf das kleine, gerötete Gesicht vor ihm.

„Warum, Joey?“ er hat gefragt.

"Egal!" antwortete Miss Gaymer primitiv.

Danach verstummte das Gespräch, denn sie näherten sich der Rennbahn, und Boote aller Größen und Ausstattungen drängten sich um sie herum. Da war der stattliche Familienauftritt, mit einem akademischen und kurzsichtigen Familienvater am Steuer und seinen zahlreichen Nachkommen an den Rudern, die wie Van Tromps Besen über die Wasseroberfläche der umliegenden Boote fegten. Es gab die typische Argosy der Maiwoche, bestehend aus der Mutter und den Schwestern eines Ruderers, die der Obhut von zwei oder drei verliebten, aber unnautischen Cricketspielern überlassen wurden, während ihre Verwandten in der zweiten Liga tapfere Wundertaten vollbrachten. Es gab auch ein besonders lästiges selbstgebautes Motorboot, das flussaufwärts und flussabwärts von Grantchester bis Ely als „The Stinkpot" bekannt war und etwa die Größe eines Sargs hatte und derzeit (im wahrsten Sinne des Wortes) bewohnt war. von seinem Designer, Erbauer und Eigentümer; der, sicher in sein Fahrzeug gepackt, mit den Füßen in einem Haufen kleiner Kohlen, dem Ende des Kessels in der Magengrube und den in Fieberhitze arbeitenden Motoren zwischen seinen Beinen, die Aufgaben eines Heizers, eines Ingenieurs und eines Steuermann und schließlich (mit bemerkenswertem Erfolg) Leiter der Rammoperationen.

Trotz der Hilfe seines Passagiers lenkte Hughie sein Kanu durch diese verschiedenen Hindernisse mit unfehlbarer Präzision und erreichte schließlich alle, die neben den Pfählen in Ditton standen . Es bereitete ihm keine Schwierigkeiten, Vorkehrungen für die Rückfahrt des Kanus zu treffen, denn ein Herr aus seinem Bekanntenkreis bat um die Erlaubnis, das Kanu nach Hause steuern zu dürfen, und führte als Grund den inneren Druck in seinem eigenen Boot an. Hughie gewährte den Segen bereitwillig und fragte sich in seinem Herzen nur, welcher der drei schmachtenden Jungfrauen, die um die Teekanne seines Freundes gepflanzt waren, er die Befreiung zu verdanken hatte.

Sie fanden die Fliege in einer guten Position in der Nähe des Wassers, während der Rest der Gruppe Tee trank, und fragten sich demütig, wann die Helden, die in verschiedenen nervösen Haltungen die Landschaft übersäten, sich von ihrem prächtigen Schmuck befreien und zur Sache kommen würden. Hughie setzte Joan neben einem Berg Brötchen und einem Teebrunnen ab, und nachdem er seine Hoffnung zum Ausdruck gebracht hatte, dass es allen gut ginge, verkündete er, dass die Zweite Division jetzt jeden Moment abmarschieren müsse.

Diese Aussage beinhaltete eine Reihe von Fragen zu den technischen Aspekten des Ruderns, die Herr Lunn, ein Musterbeispiel an Nützlichkeit, zugegebenermaßen nicht beantworten konnte, und die daher bis zu Hughies Ankunft zurückgestellt worden waren.

Hughies eher zurückhaltende Nachahmung von Sir Oracle und seine komplizierte Erklärung des genauen Unterschieds zwischen Eimern und Wannen (die von den umstehenden Teegesellschaften mit respektvollem Interesse angehört wurde) wurden plötzlich von einer leisen, aber eindringlichen Stimme unterbrochen, die ihn beschwor, den Wasserhahn aufzudrehen aus und sehe für einen Moment hübsch aus.

Es ertönte Gelächter, und Hughie drehte sich um und stellte fest, dass einer dieser privilegierten und allzu eingefleischten Begleiter des modernen

Sportlers, ein Fotograf, (mit Hilfe eines Megaphons) seinen Ruf für humorvolle Offensivität aufrechterhielt Kostenpflichtig, auf dem Treidelpfad gegenüber.

Danach paddelte die Zweite Division zum Start, gekleidet in Farben , die Konkurrenten wie König Salomo und die Lilien des Feldes in die beschönigende, aber demütigende Kategorie verbannt hätten, die durch die Formel „Hoch gelobt" angezeigt wird. Bald darauf kehrten sie zurück, immer beunruhigender und immer unbekleideter, und ruderten auf die Minute genau vierzig. Eine Crew führte direkt am Ditton Corner eine „Galerie"-Beule durch, zur Freude der darauf versammelten Galaxie aus Schönheit und Mode. Die zusammengestoßene Mannschaft machte das Beste aus einer unrühmlichen Situation, indem sie in die Pfähle rannte und den Bug des Bootes nach oben drückte, das plötzlich nachgab und über dem Kopf des apoplektischen Herrn, der den Bug ruderte, eine Wachpostenhaltung einnahm. Das gute Schiff selbst sank unaufhörlich, alle Besatzungsmitglieder gingen mit ihr unter wie eine Oktette von Casabiancas . Daraufhin verwandelte sich der Applaus für die Sieger in Mitleidsrufe für die Besiegten. Als sich jedoch alle Beteiligten ohne Schwierigkeiten aus dem Wrack befreiten und zufrieden zum Ufer paddelten, ließ die Panik nach und der Rest der Prozession raste ohne weitere Zwischenfälle vorbei.

Als letztes Boot, abgelegen, unbefreundet, melancholisch, langsam, begleitet von einem farbigen Herrn, der eine Tischglocke läutete, und einem bebrillten Don, der nebenher trottete und skandierte: „Gut gerudert, Nicht-College-Studenten!" knarrte düster vorbei, Hughie stand auf und schüttelte sich.

„Jetzt sind wir dran", sagte er. „Bis dann, alle zusammen!"

„Viel Glück, Hughie!" sagte Frau Ames. "Ihre Gesundheit!"

Sie schwenkte ihre Tasse und trank dann einen Schluck Tee.

Die Gruppe ertönte im Chor guter Wünsche, und ein oder zwei benachbarte Enthusiasten riefen „Benedikt!" Das schwoll zu einem Brüllen an, als Hughie, rot errötend, sich mit den Ellbogen aus der Koppel drängte und Kurs auf eine Fähre steuerte, die hundert Meter die Long Reach hinunterführte. Die Stimmung in der Bevölkerung, die gerne einen Haken hat, an dem sie ihre Vorlieben aufhängen kann, war stark zugunsten von Hughie und seinem praktisch im Alleingang unternommenen Versuch , den Stolz der All Saints- Männer mit ihren vier Blues und fünf Jahren als Headship zu demütigen.

Dennoch, obwohl das Herz manchen Mannes – insbesondere eines jungen Mannes – bei einer solchen Hommage verzeihlicherweise geschwollen wäre, scherten sich Hughie aus diesen Dingen kaum. Die

Berühmtheit der Sportzeitung und der Ansichtskarten reizte ihn überhaupt nicht. Er war fest entschlossen, sein Boot zum Flussufer zu bringen, nicht wegen des Ruhms, den ihm dieser Erfolg bringen würde, sondern aus dem ganz einfachen und ausreichenden Grund, weil er trotz vier Blues beschlossen hatte, es schon vorher dort zu lassen er ging zu Boden. Der Stolz eines Cambridge-Mannes auf sein College ist eine sehr reale Sache. Ein Oxford-Mann wird Ihnen sagen, dass er ein Oxford-Mann ist. Ein Mann aus Cambridge wird sagen: „Ich war an diesem und jenem College in Cambridge." Welches Gefühl das edlere ist, muss hier nicht entschieden werden, aber die Tatsache bleibt bestehen.

Es gab jedoch einen Wermutstropfen. Inmitten der Bekundungen des guten Willens, die von Hughies eigener Partei ausgingen, war eine Stimme stumm gewesen. Die Unterlassung war völlig unbeabsichtigt, denn Miss Mildred Freshwaters Kopf war im Moment von Hughies Abreise auf der Suche nach Löffeln in einem Korb vergraben worden. Aber für den armen Hughie, der trotz all seiner Stärke in Bezug auf seine Zuneigung nicht vernünftiger war als andere und schwächere Brüder, verlor der Umstand den Applaus um den einzigen mildernden Aspekt, den er sonst für ihn gehabt hätte.

Als er am Ufer entlang zu der Stelle ging, wo die Fähre wartete, hörte er hinter sich das Klappern von Füßen. Eine kleine, heiße und ziemlich schmutzige Hand wurde in seine gedrückt, und Miss Gaymer bemerkte:

„Ich komme mit dir bis zu diesem Boot, Hughie. Darf ich?"

„Alles klar, Joey", antwortete er.

Sie hatten nur noch ein paar Meter vor sich. Miss Gaymer blickte in das besorgte Gesicht ihres Idols.

„Was ist los, Hughie!" sie erkundigte sich.

„Joey, ich habe den Buckel."

Miss Gaymer drückte liebevoll seinen Arm.

„Macht nichts, ich werde dich heiraten, wenn ich groß bin", verkündete sie ziemlich atemlos.

Hughie verspürte ein wenig Ehrfurcht, wie es ein Mann immer tun muss, wenn er erkennt, dass eine Frau, egal wie alt oder jung, ihn liebt. Er lächelte auf die schlanke Gestalt neben ihm herab.

„Du bist ein guter Typ, Joey", sagte er. "Eine der besten!"

Fräulein Gaymer kehrte zufrieden zu ihrem Tee zurück, vollkommen belohnt für die Mühe, die sie mit der Aufopferung ihrer jungfräulichen Zurückhaltung verbunden hatte.

KAPITEL V

DIE FREUDE AM KAMPF

HUGHIE stieg aus der Fähre und betrat den Treidelpfad, der voller junger Männer war, die zu den Anlegestellen der Boote eilten, und jungen Frauen, die am gegenüberliegenden Ufer viel besser gearbeitet hätten.

Der pünktliche Hughie suchte nach einer freundlichen Hecke oder einem anderen Schutz, hinter dem er würdevoll aus den weißen Flanellhosen schlüpfen konnte, die während des Nachmittags die extreme Kürze seiner Rudershorts verdeckt hatten, als ihm auf die Schulter geklopft wurde. Er drehte sich um und sah sich einem kräftigen, glattrasierten Mann gegenüber, dessen Augen hinter der runden Brille fröhlich funkelten. Er sah aus wie das, was er war: ein Landpfarrer vom besten Typ, stämmig, humorvoll und klug, mit unverkennbaren Spuren des Schulmeisters an sich.

„Ich bitte um Verzeihung, Sir", sagte er mit einer ziemlich altmodischen Verbeugung, „aber sind Sie Mr. Marrable ?"

Hughie gab die Tatsache zu.

„Nun, ich möchte nur sagen, dass ich hoffe, dass du heute Abend zum Kopf gehst. Du sollst dich selbst rudern , wie ich gehört habe."

"Ja."

„Ganz richtig, ganz richtig! Es ist eine verzweifelte Sache, die Crew zwischen den Rennen zu wechseln, aber es ist unsere einzige Chance. Mit dem Mann, den du letzte Nacht hattest, hättest du sie nie erwischen können. Er ist mutig, aber er kann keine Crew auswählen." Steh auf und nimm sie mit. Warst du draußen in der neuen Ordnung?"

„Ja. Wir hatten vor ein paar Stunden eine kurze Spritztour."

„Befriedigend?"

„Ja, sehr fair."

„Das ist ausgezeichnet. Jetzt werden wir ein Rennen sehen!"

Der Sprecher drehte sich um und ging neben Hughie in Richtung Eisenbahnbrücke. Hughie fragte sich, wer er sein könnte.

„Ich nehme an, Sie sind ein altes Mitglied des Kollegiums, Sir", sagte er.

„Ja. Konnte allerdings seit fünfzehn Jahren nicht mehr hochkommen."

„Vielleicht in der Mannschaft?" fuhr Hughie fort und betrachtete die mächtige Brust und Schultern seines Begleiters – sie war in fünfzehn Jahren ein wenig nach unten gerutscht.

„Ja" – eher schüchtern.

„Das dachte ich mir. Ungefähr in welchem Jahr?"

Der Fremde erzählte es ihm.

Hughies Interesse wuchs.

„Sie müssen zu D'Arcys Mannschaft gehört haben", sagte er , „der große D'Arcy. Mein Vater kannte ihn gut. *Warst* du?"

"Ähm ja."

"Mein Wort!" Hughies Augen strahlten bei der Erwähnung des Namens, der, irgendwo am Ufer zwischen Putney Bridge und Henley ausgesprochen, junge Ruderer immer noch zu respektvollen Träumen entfernter Nachahmung und Trainer mittleren Alters zu Fluten unzuverlässiger Erinnerungen weckt. „Er muss zu seiner Zeit ein Wunder gewesen sein. Kannten Sie ihn gut? Was für ein Kerl war er?"

„Nun – sehen Sie – ich *bin* D'Arcy", antwortete der Fremde entschuldigend.

Danach gab er Hughie Ratschläge für das bevorstehende Rennen.

„Ich habe die Crew der All Saints jetzt drei Nächte lang beobachtet", sagte er. „Sie sind ein schönes Paar und wunderbar zusammen; aber ich bin der Meinung, dass sie nicht von Dauer sein werden."

„Sie sind etwas zu selbstsicher", sagte Hughie. „Zu viele Blues im Boot."

"Wie viele?"

„Vier. Sieben, Sechs, Fünf und Verbeugung."

„Gut! Sie leiden wahrscheinlich unter der Illusion, dass ein Boot mit vier Blauen darin viermal so gut ist wie ein Boot mit einem Blauen darin. Folglich haben sie nicht sehr hart trainiert, insbesondere die beiden dicken Männer in der Mitte das Boot. Was ist mit ihrem Schlaganfall?

„Hübsch, aber im Notfall ein Mistkerl."

„Schon wieder gut! Na ja, diese Kerle sind während der Rennen kein einziges Mal verlängert worden, denn gestern Abend hast du ihnen überhaupt keinen Lauf gegeben. Du bist am Start zusammengebrochen und hast dich nie ganz erholt. Allerdings wird das All Saints etwas Falsches bescheren." Selbstvertrauen, und das ist genau das, was wir wollen. Was schlagen Sie nun heute Abend vor? Sich gleich von Anfang an auf ihre Fersen zu stürzen?"

„Nicht gut", sagte Hughie. „Sie sind zu alt für dieses Spiel. Außerdem möchte meine Mannschaft sich sehr sorgfältig an einen schnellen Schlag heranarbeiten. Ich kann Six bei nichts über vierunddreißig nicht trauen. Er wird das den ganzen Tag weiter rudern; aber wenn ich Wenn man auf sechsunddreißig oder sieben beschleunigt , wird er nervös, und bei vierzig ist er nach etwa einer Minute völlig fertig. Nein, wir müssen sie einfach zermürben."

„Ganz richtig", sagte D'Arcy. „Wenn Sie in der Nähe der Eisenbahnbrücke sind, sollten Sie es einfach tun."

„Die Schwierigkeit besteht darin", sagte Hughie reumütig, „dass die Mannschaft nur für etwa einen Spurt gut ist. Es ist ein guter Spurt, muss ich sagen, aber wenn er fehlschlägt , sind wir am Ende. Sie können nie wieder auf einen gleichmäßigen Takt abbremsen – vor allem Six. Es muss also einfach im richtigen Moment gemacht werden. Die Schwierigkeit besteht darin, zu wissen, wann."

„Haben Sie einen zuverlässigen Steuermann?"

"Erste Klasse."

„Kann er es dir nicht sagen?"

„Es ist zu viel Streit im Gange", sagte Hughie. „Das ganze College wird heute Abend auf dem Treidelpfad sein."

Der Reverend Montague D'Arcy steckte seine Hand in die Gesäßtasche seines geistlichen Gehrocks und holte daraus einen großgemusterten Dienstrevolver hervor.

„Schau her", sagte er. „Sie könnten diese tödliche Waffe am Tag des Jüngsten Gerichts selbst hören. Sind Sie bereit, sich Zeit für mich zu nehmen?"

„Eher! Vielen Dank, Sir." Es gab keinen Zweifel an der Aufrichtigkeit von Hughies Dankbarkeit.

„Nun", fuhr der Geistliche energisch fort, „ich werde an der Eisenbahnbrücke warten, auf der Barnwell-Seite, weg vom Treidelpfad. Wenn Sie sich schon einmal auf den Weg gemacht haben, werden Sie mich nicht wollen. Schön und gut. Aber ich tue es nicht." Ich glaube nicht, dass du es geschafft *hast* , und ich rate dir auch nicht, es zu versuchen. In der ersten Hälfte des Kurses werden dir diese All Saints- Männer Schlag für Schlag ebenbürtig sein, und wenn du deinen Schwergewichtigen auf Sechs antreibst, wird er wahrscheinlich verlieren Sein Kopf. Wenn Sie unter der Eisenbahnbrücke hindurchgehen, beschleunigen Sie leicht – allerdings nicht mehr als zwei Schläge pro Minute. Ich habe sechs Schüsse in diesem Revolver. Wenn Sie zwei davon hören, bedeutet das, dass Sie sich in Sprungweite befinden und müssen Seien Sie bereit für den Schub. Wenn Sie die restlichen vier in schneller Folge hören, müssen Sie einfach ausschwenken und das letzte Quäntchen Ihres Blutes, Ihrer Knochen, Körper und Seelen hineinstecken. Und wenn Sie sie erwischen", schloss der ehrwürdige Herr , „Bei Gott! Ich tanze den Cachuca am Ufer!"

Zu diesem Zeitpunkt hatten sie die Stelle erreicht, an der ihr Rennpanzer – zweiundsechzig Fuß dünnes Zedernholz – auf sie wartete. Der Rest der bereits versammelten Mannschaft stand in einer Haltung tiefer Niedergeschlagenheit oder erzwungener Heiterkeit herum, die offenbar die einzigen Verhaltensalternativen darstellt, die Männern offen stehen, die unter dem leiden, was ausdrücklich „ die Nadel" genannt wird. Einige pfiffen, andere gähnten und alle fragten sich, warum um alles in der Welt Männer das Rudern als Zeitvertreib ansahen.

Hughie versammelte seine Argonauten zu einem Knoten, und auf seine Bitte hin legte Reverend Montague D'Arcy ihnen den Plan für den Feldzug vor. Dann schiffte sich die Mannschaft ein, und der stämmige Geistliche half dem ergrauten College-Bootsmann – der einzigen anwesenden Person, deren Nerven von der vorherrschenden Spannung unbeeinträchtigt zu sein schienen –, ihr Boot vom Ufer wegzuschieben, und schickte sie als Vorbereitung zu einem halbminütigen Sprint zu ihrem langen Paddel die Strecke hinunter zum Startpunkt des Rennens.

Einem malerischen, aber eigenartigen Brauch entsprechend trugen sie in ihren Strohhüten Ringelblumen- und Kornblumensträuße – die College-Farben – als Zeichen dafür , dass sie in den vergangenen Nächten Beulen erreicht hatten; und so geschmückt paddelten sie majestätisch die Long Reach hinunter, fühlten sich äußerst tapfer und sahen ein wenig lächerlich aus, um einen Vergleich (in dem sie von Anfang an hoffnungslos unterlegen waren) mit der Kopfbedeckung der versammelten Messe im Ditton Paddock herauszufordern.

Die Methode, ein holpriges Rennen zu beenden, ist die Verfeinerung der Grausamkeit.

Sobald jedes Boot seinen Startpunkt erreicht, steigen die Besatzungen aus und stehen trübsinnig da, lauschen den letzten Ermahnungen der Trainer oder beäugen nervös die Mannschaft hinter ihnen. Plötzlich feuert ein unangenehm lautes Artilleriegeschütz, das auf halber Höhe der langen Bootsreihe steht, mit Brüllen los. Dies wird als „erster Schuss" bezeichnet und bedeutet hauptsächlich, dass es in drei Minuten einen weiteren gibt.

Trauernd entledigt sich die Mannschaft einiger weiterer Gegenstände ihrer ohnehin spärlichen Garderobe, die sie auf die Schultern des schwitzenden Dieners stapelt, dessen Pflicht es ist, sie zum Zielposten zu befördern, und kriecht einer nach dem anderen auf ihre Plätze im Schiff Boot. Schließlich rollt sich der Steuermann auf seinem Sitz zusammen und nimmt beide Ruderleinen in die linke Hand, während er die rechte frei lässt, um das Ende des letzten Glieds des Bootes mit festem *Boden* , seiner Startkette, zu greifen. Dann ertönt der zweite Schuss , und die Mannschaft schaudert und weiß, dass sie in genau sechzig Sekunden starten muss.

Das in der letzten Minute beobachtete Ritual ist äußerst kompliziert und hängt direkt mit dem Nervensystem des Trainers zusammen, der mit einer Stoppuhr in der Hand am Ufer tanzt, um die Dienste des College-Bootsmanns, der daneben steht, zeitlich festzulegen mit einem langen Bootshaken, der bereit ist, das Schiff in die Mitte des Stroms zu treiben.

„Fünfzehn Sekunden sind vergangen", sagt der Trainer. „Schieb sie raus, Ben."

Ben willigt ein, mit einer verrückten, aber klugen Überlegung. Wenn das Boot zu schnell hinausgeschoben wird, wird die Startkette gespannt und zieht das Heck des Bootes nach innen zum Ufer, genau dann, wenn die Nase des Bootes gerade flussaufwärts zeigen sollte. Doch diese elementare Wahrheit kommt der rasenden Oktette im Boot nicht in den Sinn. Die Waffe wird losgehen, und die Ruderblätter der Bugseite liegen noch immer auf dem Treidelpfad. Sie *wissen* es.

„Dreißig Sekunden sind vergangen", sagt der Trainer. „Paddeln Sie vorsichtig weiter, Bow and Two."

Sein Ziel ist es, die Länge der Kette voll auszunutzen, aber Bow und Two wissen es besser. Sie sind davon überzeugt, dass er lediglich möchte, dass sie benachteiligt werden, wenn die Waffe abgefeuert wird. Sie paddeln jedoch wie gewünscht weiter, mit einer gelähmten Verstohlenheit , die an Musikstühle erinnert.

„Nur noch fünfzehn Sekunden", sagt der Trainer. „Bist du hetero, Cox? Noch zehn Sekunden –"

Ah! Wie üblich hat sich die Kette gespannt und das Heck des Bootes wird wieder nach innen gezogen.

„Paddel weiter, Zwei !" schreit der Steuermann.

Two wirft ein paar hektische Seitenhiebe; der Derwisch mit der Wache, begleitet von einem unregelmäßigen und ungenauen Chor am ganzen Ufer, skandiert „Fünf, vier, drei, zwei –"; aus der Waffe ertönt ein furchtbares Brüllen; der Steuermann lässt die Kette fallen; Der Bootsmann lässt die

Spitze seines Bootshakens (der unter uns den Löwenanteil dazu beigetragen hat, den Kopf des Schiffes gerade zu halten) von Fives Rigger gleiten; und sie sind weg.

Ganz unauffällig machte sich die Benediktinermannschaft auf den Weg. Ihr Trainer ruderte tatsächlich im All Saints- Boot – und es wäre schwierig, ein glühenderes Zeugnis für die hervorragende Sportlichkeit des englischen Ruderns zu finden –, weshalb die Startoperationen klugerweise dem College-Bootsmann überlassen wurden, der das Amt ausgeübt hatte so etwas wie ein halbes Jahrhundert. Der Flug der Zeit wurde von Hughie selbst mit der Uhr aufgezeichnet, die auf seiner Trage neben seinem rechten Fuß hing. Der erfahrene Mr. Dishart -Watson hielt diese allzu oft fatal intimen Bekanntschaften, die Ruderleinen und die Startkette, taktvoll auseinander, und das St. Benedict's-Boot kam mit einem Start in Fahrt , der es bis auf eine Länge von All Saints brachte in der ersten halben Minute.

Danach zogen ihre Gegner davon. Wie D'Arcy gesagt hatte, handelte es sich um eine erfahrene Mannschaft, und nichts weniger als bloße Überlegenheit würde sie zermürben. Die beiden Boote bogen um die Grassy Corner herum und fuhren in etwa ihrem Abstand voneinander in die Plough Reach ein. All Saints ruderten den schnelleren Schlag.

Hughie, der seinen Wert konstant bei zweiunddreißig hielt, war zufrieden, dass die Männer hinter ihm gut zusammen waren. Nummer Sieben, klein, aber mutig, war auf der Bugseite ein wunderschönes Beispiel für gleichmäßigen Schwung und elegantes Finish. Sechs – Mr. Puffin – ruderte mit einem großen Schwert. Wenn man ihn jetzt betrachtet, würde man sich fragen, warum er nicht in die Universitätsmannschaft aufgenommen wurde. Wenn Sie sehen würden, wie er versucht, auf die Minute genau zu rudern, würden Sie sich wundern, dass er überhaupt zu einer Mannschaft gehört.

Fünf sah nicht glücklich aus. Er lag zu weit zurück und zerrte am Ziel. Ihm erschien das Boot schwerer als sonst, denn er begann gerade den Unterschied zwischen der Unterstützung der Bemühungen von Hughie Marrable und denen von Mr. Duncombe zu erkennen . Trotzdem war er mutig dabei. Four, ein sorgfältiger Mensch, ermutigte sich auf eine ganz eigene Art und Weise. Nach jedem Schlag, als er sich aufsetzte und nach vorne schwang, stieß er mit *leiser Stimme* eine kleine Bemerkung aus, wie zum Beispiel: „Oh, gut *gerudert* , Vier! – Bleib dabei, Vier! – Benutze deine *Beine* , alter Mann!" Das ist besser! – Das ist eine *Schönheit* ! – Oh, gut *gerudert* , Vier!" Und so weiter. Woher er den nötigen Atem für diese Übungen hatte, wusste niemand; Aber manche Leute besitzen diese kleinen Besonderheiten und ärgern sich dadurch nicht. Bow war ein weiteres Beispiel. Er war ein munterer, aber exzentrischer Mensch und pflegte während des gesamten

Rennens ein kleines Liedchen des Augenblicks – oder möglicherweise eine Hymne – vor sich hin zu singen, beginnend mit dem ersten Schlag und endend genau, wenn möglich, mit dem letzten. Es war bekannt, dass er beim Streicheln eines Bootes eine unglaubliche Geschwindigkeit erreichte, einfach weil er befürchtete, dass das Lied enden würde, bevor er den Kurs beendet hatte, ein Zufall, den er als äußerst unglücklich ansah. Andererseits wurde er ziemlich deprimiert, wenn er mitten in einem Vers aufhören musste, und er war durchaus in der Lage, *einen Rallentando zu rudern, wenn er seine beiden Schlussfolgerungen* synchronisieren wollte .

Aber nur wenige Menschen haben die Zeit oder Lust für diese Ablenkungen, während sie auf einer 16-Zoll-Rutsche hin und her schaukelten, während der Rest der Besatzung in grimmigem Schweigen herumschaukelte und einsteckte.

Die beiden Boote schossen in das tosende Durcheinander von Ditton Corner. Unter einem Wirbelsturm aus Geschrei und schwenkenden Taschentüchern sausten sie an der Reihe von Pfählen und angebundenen Kähnen vorbei. Hughie, der sein Privileg als Stroke zu Unrecht ausübte, ließ seinen Blick für einen Moment nach rechts wandern. Er erhaschte einen flüchtigen Blick auf das rote und aufgeregte Gesicht von Miss Gaymer, als ein Mann sie in der Menge hochhielt. Dann gab das Boot einen leichten Ruck und Joey wurde erneut verschluckt. Hughie fühlte sich schuldbewusst für den Ruck verantwortlich, und als er sich daran erinnerte, dass er seinen Blick in die richtige Richtung richtete – direkt über die rechte Schulter des Steuermanns –, schwang er lange und stetig wieder hinaus.

„Sind wir schon hetero?" er schnappte nach Luft Dishy .

„Ja – nur."

„Sag ihnen , sie sollen sich ein bisschen melden."

Mr. Watson gehorchte, mit Tönen, die den Tumult am Ufer weit übertrafen und sogar in die harmonische Seele von Bow eindrangen, der gerade mit einer schwierigen Kadenz zu kämpfen hatte.

„Sechs gute!" sagte Hughie und wandte das nächste Mal sein Gesicht dem Steuermann zu.

„Nun, ihr Männer, sechs Gute!" wiederholte Dishy . „ *Eins! Zwei!* Fünf, du bist zu spät! *Drei! Vier! Fünf!* Verbeuge dich, ergreife es! *Sechs!* Oh, gut gerudert!"

Von der Bank her ertönte ein erfreutes Gebrüll. Die Benedictine-Crew war nach der Unruhe um Ditton wieder zusammen.

"Wie weit?" signalisierte Hughies Lippen.

„Länge – anderthalb", antwortete Cox. „Weniger", fügte er hinzu und spähte nach vorne.

Sie waren jetzt auf halber Höhe des Long Reach. In ein oder zwei Minuten würden sie an der Eisenbahnbrücke sein, hinter der stark beanspruchte Boote im Volksmund als sicher gelten.

„Sag ihnen – geh – beschleunig dich", gurgelte Hughie, „wenn möglich."

Cox nickte eher zweifelnd und Hughie biss die Zähne zusammen. Wenn dieser verfluchte Lärm am Ufer nur für fünf Sekunden aufhören würde, hätte Dishy die Chance, der Crew Gehör zu verschaffen. So wie es war, machte die immer größer werdende Menschenmenge, die wie ein Schneeball neue Anhänger zusammenrollte, dieses Kunststück fast unmöglich.

Aber der Steuermann war ein erfahrener und einfallsreicher Mann. Gerade als das Boot unter der Eisenbahnbrücke hindurchfuhr, herrschte für einen Moment Stille, da die Besatzung durch einige dazwischen liegende Holzbalken von ihren Anhängern abgeschnitten war. Dishy nutzte die Gelegenheit.

„Seien Sie bereit, schneller zu werden", schrie er. „Jetzt! Oh, gut gemacht!"

Die Besatzung hatte ihn gehört, und mehr noch: Sie hatte ihm gehorcht. Stroke im All Saints-Boot erkannte plötzlich , dass der entgegenkommende Feind auf fünfunddreißig oder sechs beschleunigt hatte und dass der Abstand zwischen den beiden Booten auf etwas weniger als eine Länge geschrumpft war. Er sprintete seinerseits los, und seine Männer sprinteten mit ihm, aber ihre Schlaglänge wurde proportional kürzer, und das Tempo des Bootes beschleunigte sich nicht. St. Benedict's behielt seinen Vorteil.

„Eine halbe Länge", sagte Dishy als Antwort auf eine qualvolle Frage aus Hughies rechter Augenbraue.

Plötzlich hallten über dem Tumult zwei Revolverschüsse wider. Ein beleibter Geistlicher raste mit rauchender Waffe in der Hand am rechten Ufer des Flusses entlang, das praktisch menschenleer war und wie ein Choctaw schrie. Dishys Stimme steigerte sich zu einem Schrei.

„Vorsicht – seien Sie bereit! *Nur* zwei Meter!"

Und nun spürte der musikalische Herr, der vorn ruderte, wie das Boot unter ihm unsicher angehoben wurde. Eine Welle rollte über das

Segeltuchdeck hinter ihm, und er spürte einen Wasserspritzer auf seinem Rücken.

„Wäscht uns ab!" war sein Kommentar. „Ehre, Ehre! Ein weiterer Vers wird es tun. Nun denn, alle zusammen –

„ *Was wäre, wenn die würzigen Brisen sanft über Ceylon wehen –*"

Knall! Knall! Knall! Knall!

Der große Dienstrevolver ertönte. Der Bug des Benediktinerbootes, das halb in einer kochenden Flut versunken war, sprang plötzlich bis auf einen Meter an das All Saints -Ruder heran.

„ *Jetzt* , ihr Männer!" Mr. Dishart -Watsons runzliges, düsteres Gesicht schrumpfte plötzlich und beunruhigend zu einem bloßen Rand um seinen Mund zusammen. „Nur noch *zehn* ! *Eins – zwei –* "

Wie der heilige Franziskus von Assisi „machte er aus seinem ganzen Körper eine Zunge." Er zählte die Schläge in einem Tonfall, der all das aufmunternde und besorgniserregende Gebrüll übertönte, das von der inzwischen hoffnungslos durcheinander geratenen Menge von Benediktiner- und Allerheiligenmännern ausging, die neben ihm tobte. Hughie Marrable beschleunigte und beschleunigte, und seine Mannschaft reagierte entschlossen. Immer schneller wuchs der Schlag, und immer beharrlicher pflügte sich der Bug des Benediktinerbootes durch die trüben Wellen, die das zuckende Ruder vorn ausstieß. Noch nie waren sie so gereist. Six ruderte wie ein Besessener. Vier hatte aufgehört, sich selbst Mut zu machen, und verstopfte automatisch mit geöffneter Brust und geschlossenen Augen. Bow sang vielleicht oder auch nicht: Er ruderte auf jeden Fall. Es gab eine Welt des Rollens und Planschens, denn der Steuermann der All Saints manipulierte sein Ruder sehr geschickt , und immer wieder wurde die aggressive Nase des Benediktinerbootes von einer rollenden, stoßenden Welle zurückgeschleudert. Doch die Benediktiner waren nicht aufzuhalten.

Plötzlich stieß Dishy ein letztes, katastrophales Gebrüll aus.

„Ihr überschneidet euch!"

Sie waren fast bei Charon's Grind. Der schlanke Körper des Steuermanns versteifte sich in seinem kleinen Sitz, und Hughie sah, wie er sich stark vorbeugte und an der rechten Ruderleine festhielt.

„ Die letzten drei Schläge! Nun, ihr Teufel ! Plug ! Plug !

Es gab ein Ruck und einen Stoß.

„Geschafft ! – , *Verbeugt sich vor Holz und Stein* "", keuchte Bow.

Die acht Männer ließen ihre Ruder los, stürzten sich auf ihre Tragen und lauschten mit platzenden Köpfen und Herzen dem Lärm, der am Ufer tobte.

Es war ein schöner, verwirrter Moment.

Im Boot selbst versuchte Cox vergeblich , Stroke die Hand zu schütteln, der zusammengekrümmt über seinem Ruder lag, den Kopf direkt auf dem Boden des Bootes, und alles außer der gesegneten Tatsache vergessend, dass er nicht mehr rudern musste. Das Bewusstsein, dass er seine Mannschaft zum Oberlauf des Flusses gebracht hatte, musste erst noch kommen. Am anderen Ende krächzte Bow, den Kopf zwischen die Knie geklemmt, halb hysterisch vor sich hin: „Zwei Takte zu früh, Hughie! Oh, meine Tante, wir sind Kopf geworden! Zwei Takte zu früh!"

Auf dem Treidelpfad schrieen alle und schüttelten sich mit wahlloser *Gutmütigkeit die Hand* – dies war einer dieser Anlässe, bei denen selbst die Reihen der Toskana kaum umhin konnten , zu jubeln – und mit einer Ausnahme schien jeder eine Glocke zu läuten oder zu blasen eine Trompete. Die Ausnahme bildeten drei junge Herren, von denen zwei einen riesigen chinesischen Gong zwischen sich aufgehängt hielten, während ein dritter unaufhörlich mit einem Holzhammer auf denselben schlug und laut den Namen Marrable rief . Zu seinen Ehren muss hier festgehalten werden , dass der Schläger auf seiner Stirn einen riesigen und stark gefärbten blauen Fleck trug , der auf einen plötzlichen Kontakt beispielsweise mit einer Schlafzimmertür hindeutete.

Am gegenüberliegenden Flussufer tanzte ein beleibter, offenbar wahnsinniger Priester mittleren Alters Cachuca .

BUCHEN SIE ZWEI
FORTITER IN RE

KAPITEL VI

RITTER-ERRANTRY *À LA MODE*

WENN alle guten Amerikaner nach ihrem Tod nach Paris gehen, kann man mit Sicherheit vorhersagen, dass alle schlechten Amerikaner bis nach Coney Island verschleppt werden.

So viel lässt sich aus der Regelmäßigkeit und dem Eifer ableiten, mit dem sich die Toughs, Hoboes, Bowery Boys und andere ängstliche Wildvögel des New Yorker Proletariats, begleitet von den entsprechenden Weibchen dieser Art, jeden Sabbat mit der Straßenbahn oder dem Dampfer dorthin begeben dieser Ort des alten Friedens (der übrigens allem Anschein nach keine Insel ist und keine Konies beherbergt).

Nehmen Sie Margate, Douglas und Blackpool und stapeln Sie sie zu einem unordentlichen Haufen. fügen Sie ein Dutzend Fun-Cities aus Olympia und ein halbes Dutzend Weltausstellungen aus der Agricultural Hall hinzu; fügen Sie einige der weniger angesehenen Merkmale von Earl's Court und Neuilly Fair hinzu; eine Rennstrecke einfacherer Art einschließen; umhüllen Sie das Ganze mit Holz und bevölkern Sie es mit blassen Herren in gestreiften Trikots und Damen, die ausschließlich auf Namen wie Hattie, Sadie und Mamie hören und offenbar mit einer ausschließlichen Diät aus Erdnüssen und Muschelsuppe aufgewachsen sind; dafür zu sorgen, dass die gesamte Menge ordnungsgemäß kontrolliert und diszipliniert wird, und zwar durch eine Polizeitruppe, die, wenn es den Anschein gibt, ausschließlich aus kriminellen Klassen rekrutiert wurde; und Sie werden kaum ahnen können, was Coney Island leisten kann, wenn es an einem schönen Sonntag im Sommer versucht.

Das dachte Hughie Marrable. Er wanderte nun seit neun Jahren um die Welt; Aber nicht einmal eine frühere Bekanntschaft mit den Devil Dancers von Ceylon, den unheiligen Festen von Port Said oder den Raffinessen einer zentralafrikanischen Hexenjagd (mit vollständiger Tom-Tom-Begleitung) hatten ihn darauf vorbereitet. Dennoch war es ein wesentlicher Bestandteil des Lebens, und das Leben war das, wofür er England verlassen hatte.

Er war vor zwei Tagen aus San Francisco in New York angekommen. Man darf sich aber nicht vorstellen, dass er durch einen Grand-Trunk-Ocean-to-Ocean-Limited oder eine andere Verfeinerung einer abgeschwächten Moderne dorthin gebracht worden wäre. Seine transkontinentale Reise hatte nur drei Jahre gedauert. Seit dem Tag, an dem er auf einem Trampfrachter von Yokohama aus durch das Golden Gate dampfte, arbeitete er sich in einfachen Etappen nach Osten vor und sammelte (wie Jimmy Marrable es angewiesen hatte) Erfahrungen mit der Art und Weise, wie die andere Hälfte der Welt lebt . Nebenbei mixte er hinter einer Bar in Nevada Cocktails; lernte, einen Revolver abzufeuern, ohne ihn aus der Tasche zu nehmen; begleitete als Hilfsbremser einen Güterzug über die Rocky Mountains – seine Aufgaben beschränkten sich hauptsächlich darauf, mit einem Kupplungsbolzen bereitzustehen, um die Unternehmungen der Herren von der Straße zu unterbinden, die vorhatten, ohne Fahrkarten zu reisen; und einmal hatte er in einem Südstaat das Privileg gehabt, dem erhabenen Schauspiel beizuwohnen, das die hellste Nation der Erde gelegentlich den Vertretern einer älteren Zivilisation bietet – dem Lynchmord an einem Neger.

In ein paar Tagen würde Hughie an Bord der mächtigen Apulia nach England segeln. Es kam nicht oft vor, dass er in solch protzigem Luxus reiste: Der primitive Mensch in ihm neigte zu etwas Feuchtem und Gefährlichem an Bord eines Segelschiffs oder einer Kohlengrube; aber er wusste zufällig, dass die Apulia beabsichtigte, diese Reise auf dem Meer aufzuzeichnen; und da der dritte Ingenieur zufällig ein Freund von ihm war, hatte Hughie beschlossen, dass viereinhalb Tage und Nächte zwischen den summenden Turbinen und den Geistern, die sie kontrollierten, zum Preis eines teuer gepolsterten Zustands billig sein würden. Zimmer viele Decks darüber, in dem er sein Gepäck abstellte und gelegentlich schlief.

Trotzdem hatte er erst an diesem Morgen einen bedauernden Blick auf einen ramponierten kleinen Trampdampfer geworfen, der an einem Kai in Hoboken mit Ladung beladen wurde – er sollte, wie ihm ein Stauer sagte, in etwa zwei Tagen nach Europa auslaufen .

Morgen sollte er von einem alten Bekannten von P. und O. zum Segeln im New Yorker Hafen mitgenommen werden, den er am Morgen in seinem Stadtbüro treu „aufgesucht" hatte, wie er es vor zwei Jahren versprochen hatte. Am Abend sollte er auf Einladung eines amerikanischen Schauspielers, dem er einst in Kalkutta behilflich gewesen war, im Lambs' Club speisen, dem New Yorker Äquivalent des Garrick and Green Room, mit einer Prise Eccentric hineingeworfen, – und am nächsten Tag sollte er Atlantic City eine Stippvisite abstatten.

In der Zwischenzeit verbrachte er ein paar freie Stunden auf Coney Island. Er hatte den Inselbewohnern beim Baden zugesehen, war Zeuge einer Vorführung hoch – um nicht zu sagen epileptischer – animierter Bilder geworden, hatte eine halbe Stunde in einem offenen *Café verbracht* , in dem eine Schar müde aussehender Mädchen in kurzen Röcken herumtänzelte mechanische Hingabe im hinteren Teil der kleinen Bühne, die den Refrain eines Liedchens rief, das eine keuchende Dame (die aussah wie die Mutter aller Chormädchen) vorne sang; und hatte eine dringende Einladung des

Besitzers eines Anatomischen Museums abgelehnt, hineinzugehen und „für einen Cent den Wert eines Dollars zu bekommen".

Schließlich begab er sich in ein kleines Theater, wo sich vor einem dicht gedrängten und schwer atmenden Publikum ein Melodram mit deutlich britischem Flair (durch ein paar eindeutig lokale Einwürfe für den Gaumen von Coney Island gewürzt) entfaltete.

Dem Zustand der Atmosphäre nach zu urteilen, war die Unterhaltung bereits seit einiger Zeit im Gange. Als Hughie seinen Platz einnahm, öffnete sich der Vorhang für eine mondbeschienene Militärszene. In Mäntel gehüllte Gestalten saßen um ein Lagerfeuer auf der rechten Seite des Publikums. Die einzige klar erkennbare Figur war die Heldin, die, gekleidet wie eine Krankenhauskrankenschwester und eindeutig mit roten Kreuzen versehen, distanziert an einer Erektion nähte, die so aussah ein Sarkophag, der aber in Klarschrift mit der Aufschrift „ Ambulence " versehen war . Ein Wachposten, den Hughie seinem Gang nach (zu Recht) für den Comic-Mann hielt, ging hinten auf und ab.

Plötzlich wurde die Wache abgelöst, mit vielen Begrüßungen, die in keinem Kriegsministerium unbekannt waren, und der aus dem Dienst entlassene Comic-Mann wurde aufgefordert, „das liebe alte Lied, das man zu Hause singen muss " zu singen. Da das kalte Licht des Mondes vorübergehend durch helles Tageslicht ersetzt worden war, um dem Gesichtsausdruck des Sängers volles Spiel zu verleihen, gehorchte er; Warum jedoch irgendjemand , der ihn das Lied schon einmal singen gehört hatte, ihn hätte bitten sollen, es noch einmal zu singen, überstieg Hughies Verständnis. Als nächstes wurde ein Trommlerjunge (weiblich) von der Truppe gerufen, und nach großem Widerwillen , der durch ihre spätere Leistung völlig gerechtfertigt war, stimmte er ein patriotisches Liedchen an, in dem die einzigen erkennbaren Reime „Black Watch" waren. und „Scotch".

Diese Feierlichkeiten brachten den Helden auf die Bühne. Er war in geistlicher Kleidung und einem Kavalleriehelm gekleidet; und indem er sich neben die Heldin auf den Sarkophag setzte, machte er, ohne auf die Anwesenheit der gesamten Wache zu achten, die nicht mehr als fünf Fuß entfernt um das Feuer drängte, ihr einen Heiratsantrag. Er zitierte aus irgendeinem Grund die Heilige Schrift und erpresste eine zurückhaltende Bestätigung von der Dame, die kurz vor dem Comic-Mann stand, der sich offensichtlich darüber beklagt hatte, dass der Erfolg des Stücks durch solche Dinge gefährdet werden sollte , den Suppenkessel umwarf und so ein Zeichen gab neue Wendung des Verfahrens.

Während dieser ganzen Zeit war Hughie sich einer wachsenden Neugier bewusst geworden, was die Identität des einzigen Mitglieds der Freudenparty am Feuer anbelangte, das bisher keinen Beitrag zur

Unterhaltung geleistet hatte. Er hatte den düsteren Verdacht, dass er der Bösewicht sei, obwohl es schwer zu verstehen war, was der Bösewicht in einer solchen Phase des Stücks – es ging um den dritten Akt – unerkannt tun sollte. Das Rätsel wurde jedoch nun von einem französischen *Vivandière* geklärt – zu diesem Zeitpunkt war klar, dass die Szene auf der Krim stattfand –, der den Geheimnisvollen mit dem Akzent von Stratford- atte -Bowe zu einem Gesang und einem Tanz aufrief . Da keine Antwort erfolgte, erhob sich die gesamte Truppe (überstürzt, aber völlig richtig, wie sich herausstellte) und brandmarkte den Fremden als Russen und Spion. Für seine Anwesenheit waren sie selbst verantwortlich , denn offenbar war er ziemlich promiskuitiv auf sie zugelaufen und hatte sich der Gruppe angeschlossen; und niemand hatte bisher daran gedacht, ihn zu fragen, wer er sei, oder ihn auch nur anzusprechen.

Das Publikum richtete sich nun erwartungsvoll auf. Aber anstatt den Spion gefangen zu nehmen und ihn sofort zu erschießen, verließen die Wachen eilig die RUE – möglicherweise um ihre großen Waffen zu holen oder einen Polizisten zu finden. Diese beklagenswerten Taktiken erhielten nicht den Lohn, den sie verdienten, denn anstatt L. so schnell er konnte davonzurennen, blieb der Bösewicht auf der Bühne stehen, um dem Publikum zu sagen, dass er zurückgekommen sei, um es noch einmal mit dem Helden zu versuchen. (Gott weiß, wie viele er hatte!) In diesem Moment erschien der Held bereitwillig, und ein Teil des Publikums (dessen Zahl im Laufe des Stücks immer größer zu werden schien) des Publikums rief dem Bösewicht zu, er solle eingreifen und es *jetzt tun* . Aber bedeutungsvolles „ Abhauen “ kündigte die Rückkehr der Freudenparty an, und der Bösewicht, der feststellte, dass er seinen völlig gerechtfertigten Plan nicht ohne erhebliche Gefahr für seine eigene Person ausführen konnte und sich tatsächlich selbst in einer besonders schwierigen Lage befand, legte plötzlich Berufung ein (mit beträchtlicher „Nervheit“, wie es Hughie schien) zum Helden als Kleriker, um ihn zu retten. Der Held (der offensichtlich sowohl ein Narr als auch ein Langweiler war) gehorchte sofort. „Sie müssen meine Identität annehmen“, bemerkte er. Im Handumdrehen hatten sie ihre Mäntel ausgetauscht , und der Bösewicht war nun nach allen Gesetzen des Melodramas vollständig als Held verkleidet. Er rannte von L. weg, gerade als eine perfekte Lawine von Menschen, die immer treuer und zunehmender in den Kulissen gestanden hatten, auf die Bühne R. strömte und sich fast bemühte , ihre Gewehre in die Brust des Helden zu stoßen. Doch gerade als eine nervöse Frau im Publikum, die Angst vor dem plötzlichen Abfeuern von Schusswaffen hatte, krampfhaft Hughies linken Ellbogen packte, stürmte die Heldin aus dem Nichts weiter und stellte sich vor den Helden – anscheinend war sie die einzige Person auf der Bühne, die ihn erkannte er – sprach diese aufregenden, aber mysteriösen Worte: „Sie wissen nicht, weit weg dort Red Kerawss !“

Vorhang, unter tosendem Applaus.

Nach einer lobenswert kurzen Pause öffnete sich der Vorhang für den nächsten Akt. Der Held wurde nun schlafend entdeckt (unter Umständen, die jedem nachdenklichen Zuhörer als äußerst kompromittierende Umstände für einen Geistlichen erschienen sein dürften) im Cottage einer beleibten Dame in einem sehr kurzen Rock und pelzbesetzten Stiefeln; wen, aus der Tatsache, dass ihr Eröffnungsmonolog mit den Worten begann: „Har, vell !" Das Publikum hielt es zu Recht für einen Russen. Es stellte sich bald heraus, dass diese Dame von einer heimlichen Leidenschaft für den Helden verzehrt wurde. Tatsächlich verkündete sie es in so schrillem Tonfall, dass es überraschend war , dass sein Objekt nicht aufwachte.

Diese Szene mündete bald in einer Reihe entschlossener Bemühungen des Bösewichts, die Existenz des Helden zu beenden – ein Unterfangen, bei dem er zu diesem Zeitpunkt die uneingeschränkte Unterstützung des größten Teils des Publikums genoss. Sein erster Versuch wurde vom Comic-Mann vereitelt, der mit dem Lied „Keep the baby warm, Mother!" hereinkam. gerade als er in Schlagdistanz zum unweckbaren Helden gekrochen war. Der unglückliche Mann murmelte Flüche und verkündete seine Absicht, sich „in den Wald" zurückzuziehen, bis sich eine weitere Gelegenheit bot. Aber er hatte kein Glück. Gerade als der Comic-Mann einen humorvollen Ausflug durch das Fenster vollführte, kam die beleibte Dame – die meisten anderen Charaktere nannten sie übrigens „Tinker": möglicherweise hieß sie Katinka – durch die Tür herein, erfüllt von Vorahnungen von dem, was sie „ loove " nannte. Ihr weiteres Vorgehen hätte sicherlich nur mit dem Vorwand des emotionalen Wahnsinns geduldet werden können. Sie holte den Helden kurzerhand aus dem Bett – glücklicherweise war er in seinen Stiefeln dorthin gegangen – und schickte ihn auf eine durchsichtige wilde Verfolgungsjagd zu den „Schützengräben". Dann ging sie selbst ins Bett, und als der Bösewicht aus „dem Wald" zurückkroch und sein Messer im Rampenlicht schwang, wurde dem Publikum eine Art aktuelle Interpretation von „Rotkäppchen" geboten Ein Teil des Wolfes wird von gestützt Katinka und das von Rotkäppchen durch den inzwischen hoffnungslos demoralisierten Bösewicht, der erneut mit der Mündung eines Revolvers im Rücken zu seinem Versteck im Baum zurückgejagt wurde.

Im nächsten und letzten Akt unternahm der Bösewicht eine überragende Anstrengung. Er begann damit, den Trommlerjungen zu töten – vermutlich, um seine Hand im Zaum zu halten –, durchsuchte dann aber die Taschen seines Opfers auf der Suche nach bestimmten „ Depeschen ", die dieser jugendliche Held durch die russischen Linien zu befördern gewagt hatte – wohin zum Himmel weiß! – der unglückliche Mann entdeckte ein Medaillon, das ihm sofort die überraschende, aber dennoch beunruhigende Nachricht offenbarte, dass er seinen eigenen Sohn getötet hatte. Sein

Kummer war erbärmlich anzusehen, und als der Held kam und anfing, ihn mit weiteren Auszügen aus der Heiligen Schrift zu untermalen, kam das Publikum eines Mannes zu dem Schluss, dass, wenn der Bösewicht es dieses Mal schaffen würde, keine Jury ihn verurteilen würde, sondern dass er es tun würde höchstens gebunden werden. Er ging das Geschäft auf jeden Fall mit mehr Mut als sonst an. Er wartete, bis der Held mit dem Rampenlicht in seinen Augen gut in „Secondly" gestartet war, und holte noch einmal das glitzernde Messer hervor. Plötzlich stürmte die allgegenwärtige Katinka weiter und schoss dem Bösewicht auf die unsportlichste Art aus einer Entfernung von etwa fünfzehn Zentimetern ins Kreuz. Er fiel tot über den Körper seines Sohnes (was diesem Wunderkind sehr wehgetan haben muss). Alle anderen Charaktere schlichen sich von den Flügeln her und bildeten ein großes Schlussbild: Der Held, ungeheuerlich bis zuletzt und in einer Glasmalerei-Haltung mit der Krankenschwester des Krankenhauses verbunden, sprach eine Art Segensspruch aus, als der Vorhang fiel.

„Erinnert Sie das nicht an das Drama, wie es früher den Studenten in der alten Scheune in Cambridge aufgetischt wurde?" bemerkte eine Stimme.

Hughie wandte sich dem Sprecher zu. Er fand neben sich einen etwa dreißigjährigen Mann mit einem blonden Schnurrbart, der einen schwachen, aber liebenswürdigen Mund und ein fliehendes Kinn halb verbarg. Er trug die dicke blaue Küstenkleidung eines Seemanns, wirkte aber für einen AB zu schlank und für einen Feuerwehrmann zu sauber.

„Decksmann", sagte Hughie zu sich selbst. „Gentleman einmal – nein, immer noch!"

"Hallo!" er antwortete. „Sie scheinen mich zu kennen. Verzeihen Sie mir, wenn ich Sie kennen sollte, aber ich kann Sie im Moment nicht reparieren. Das ist auch seltsam, denn ich vergesse nicht oft ein Gesicht."

„Ich war zu Ihrer Zeit in Cambridge", sagte der Mann.

„Nicht Benedicts?"

„Nein – Trinity. Letztendlich wurde ich heruntergeschickt. Aber ich kannte dich gut vom Sehen. Ich habe dich oft im Boot gesehen und so weiter. Du bist Marrable , nicht wahr?"

„Ja. Waren Sie ein Ruderer?"

„Nein. Ich habe mit dem Drag and Ride in Cottenham gejagt – damals." Er warf einen philosophischen Blick auf seine derzeitige Kleidung.

„Kommen Sie und essen Sie etwas", sagte Hughie.

Der Mann interessierte ihn. Er könnte natürlich nur ein aufstrebender Küstenhai sein, oder er könnte das sein, was er aussah – ein gutherziger, wohlgeborener Verschwender – ein unverbesserlicher, aber zufriedener Versager. Wie auch immer, fünf Minuten bei einem geselligen Glas würden die Frage wahrscheinlich klären.

„Ich frage mich, ob es möglich ist, in diesem von Muscheln übersäten Loch ein anständiges britisches Getränk zu bekommen", fuhr Hughie fort.

„Das, was einem Produkt des Britischen Empire am nächsten kommt", sagte der Mann, „ist kanadischer Whisky; und ich persönlich würde lieber Salpetersäure trinken. Wir bleiben besser beim Lagerbier. Kommen Sie mit: Ich kenne das." Seile."

Bald darauf befanden sie sich in einem deutschen Bierlokal, wo ein röchelnder Germane für ihre Bedürfnisse sorgte.

„Übrigens", sagte der Mann, „ich bin Ihnen gegenüber im Vorteil. Mein Name ist Allerton. Tut mir leid, dass ich es vergessen habe!"

„Danke", sagte Hughie ziemlich lahm. „Lebst du gerade hier draußen?"

„Nein", sagte Allerton schlicht. „Ich bin Decksmann auf einem Trampdampfer." Er sprach leicht und frei, wie ein Gentleman zum anderen. Ihm war auf den ersten Blick klar geworden , dass er sich nicht zum Opfer beleidigender Neugier oder unangebrachter Nächstenliebe machen lassen würde. „Sie liegt in Hoboken und kommt am Dienstag nach Bordeaux."

„Französisches Boot?"

„Nein. Amerikanischer Besitz, unter britischer Flagge, ebenfalls im Besitz eines ziemlich kompetenten Schurken. Auf dieser Reise haben wir eine Ladung kalifornischen Weins dabei. Wir haben ihn letzte Woche von einer Segelbark mitgenommen, die ihn um das Horn von Horn gebracht hatte. Sie wollte sofort wieder von vorne anfangen, habe es uns also günstig übergeben.

„Und du gehst nach Bordeaux? Wofür will dein kluger Besitzer Kohlen nach Newcastle bringen?"

„Denn alles, was aus Newcastle kommt, *ist* mit Kohle gekennzeichnet, ob es Kohle ist oder nicht. Mit anderen Worten, dieses Gift wird von uns nach Bordeaux gebracht, in Flaschen abgefüllt und versiegelt und als feiner Vintage-Burgunder nach England verschifft. John Bull wird es trinken." und ich fühle mich nicht schlechter. Mir wurde gesagt, dass es sich um einen bezahlten Handel handelt.

„Ich wünschte, ich würde mit deinem Boot fahren", sagte Hughie ziemlich bedauernd. „Ich bin von der Apulia gebucht."

„Nun, achten Sie an Ihrem zweiten Ausflugstag auf den Orinoco."

„Die Orinoco? Ich erinnere mich, sie heute in Hoboken gesehen zu haben und wünschte, ich könnte die Reise mit ihr machen."

„Ich bezweifle, dass Sie der gleichen Meinung wären, nachdem Sie versucht haben, mit Mr. James Gates, unserem ersten ‚Greaser', Schlussfolgerungen zu ziehen", antwortete Allerton. „Trotzdem weiß ich es nicht", fuhr er fort und betrachtete nachdenklich Hughies muskulöse Gestalt. „Ich glaube nicht, dass er dir die Angst vor dem Tod auf die Art und Weise einflößen konnte, wie er es bei den meisten von uns tut. Ich wage zu behaupten, dass du im Laufe deiner Zeit ein bisschen umhergekommen bist, nur mit größerem Erfolg als ich. Vielleicht warst du..." Ich wurde nicht mit Löchern in *allen* Taschen geboren.

„Ich sage", sagte Hughie ziemlich schüchtern, „ es ist schwierig , einem Mann, der niedergeschlagen ist, einen Gefallen zu erweisen, ohne ihn zu beleidigen", „wollen Sie mit mir essen? Oder ein Abendessen, da es spät wird?"

„Ich werde entzückt sein", sagte der Decksmann. „Soll ich Ihnen einen Ort zeigen? Ich kenne hier in der Nähe ein recht gemütliches Lokal."

Hughie sagte: „Righto!" und bald fanden sie sich an dem von Allerton gewählten Ort der Unterhaltung wieder. Der größte Teil des Raumes war mit kleinen Tischen besetzt, an denen verschiedene Paare aßen und tranken. An einem Ende befand sich eine Plattform, auf der zeitweise eine Art Varieté-Unterhaltung stattfand.

Auf dem Boden am Fuß der Plattform stand ein Klavier. Am Klavier saß ein Mädchen, das die Interpreten begleitete und die Lücken im Spiel überbrückte Programm mit Auswahlen aus den weniger zurückhaltenden Werken der American Masters of Music. Unweit der Bühne leitete ein ungesund aussehender Jugendlicher eine Bar. Die Atmosphäre war irgendwo zwischen der eines Raucherkonzerts und der Baker Street Station zu Zeiten der alten U-Bahn.

Allertons lässige Lässigkeit hielt an, bis ihm ein lächelnder Blackamoor den ersten Gang vorsetzte, und dann, mit einer halb entschuldigenden Bemerkung gegenüber seinem Gastgeber über seine letzte Mahlzeit, verfiel er auf eine Art und Weise auf das Essen, die ihm sehr deutlich vor Augen führte Nach Hughies Intelligenz ist es der Unterschied zwischen einem Amateur-Gelegenheitsspieler wie ihm, der genug Geld in der Tasche hat, um zu spielen, wenn er genug vom Spiel hat, und dem echten Artikel. Er hatte keinen Hunger, da er tatsächlich schon vor ein paar Stunden zu Abend gegessen hatte; aber er tat sein Bestes, indem er taktvoll herumpickte, um die Tatsache vor seinem Gast zu verbergen. Doch selbst nachdem er etwas Wein bestellt und den Korken ordnungsgemäß inspiziert hatte, hatte er noch viel Zeit, sich umzusehen.

Jetzt begann er seine Aufmerksamkeit auf das Mädchen am Klavier zu richten. Sie saß ganz in seiner Nähe, und Hughie, immer respektvoll und dankbar, wenn es um ein hübsches Gesicht ging , – obwohl seine Wanderungen ihn mehr denn je zu einem Meister der Menschen gemacht hatten, hatten sie wenig dazu beigetragen, seine angeborene Haltung des ruhigen, entschlossenen und gelegentlich völlig unverdiente Ehrfurcht vor Frauen – hatte Zeit, die unamerikanische Frische ihrer Farbe , die Regelmäßigkeit ihres Profils und die Hübschheit ihrer Haare zu bemerken. Er bemerkte auch, dass der Fuß, der auf dem Pedal des Klaviers ruhte, klein und wohlgeformt war. Sie war schlicht gekleidet, trug einen dunkelblauen Serge-Rock und eine weiße Seidenbluse – oder „Hemdbluse", um die geheimnisvolle lokale Bezeichnung zu verwenden – mit kurzen Ärmeln. Sie hatte runde Arme und gute Hände.

Hughie fragte sich, was sie an einem Ort wie diesem tat, und empfand, wie ein junger Mann, ein gewisses Unglück für sie; Doch als sie bemerkte, dass sie einen Ehering trug, verspürte sie ein wahrhaft britisches Gefühl der Erleichterung (gemischt mit leichter Enttäuschung). Er wurde sentimental. Wer war ihr Ehemann? er fragte sich. Er hoffte, dass es nicht der Besitzer des Lokals war – ein schmieriges Individuum mit semitischem Aussehen, das zwischen der Bekanntgabe der „Turniere" und der Aufmerksamkeit der Gäste auf die außergewöhnlichen Möglichkeiten der Bar gelegentlich die Muße fand, hinüberzugehen Sie gehen durch den Raum und klopfen dem Mädchen liebevoll auf die Schulter, während sie ihr Anweisungen zur Musik geben – und auch nicht der skorbutische junge Mann hinter der Bar.

Seine Meditationen wurden von Allerton unterbrochen.

„ Marrable , Augen nach vorne! Und füll dein Glas auf. Hänge es auf, trink fair!"

Hughie drehte sich um und betrachtete seinen Gast. Der größte Teil einer Magnumflasche giftigen Champagners war in der Kehle dieses Herrn verschwunden. Sein Auge hatte sich aufgehellt und funkelte nun scherzhaft, als er zuerst Hughie und dann das Mädchen am Klavier musterte.

„ *Une petite pièce de tout droit* – eh, was?" bemerkte er.

Hughie, der langsam zu verstehen begann, warum sein Begleiter jetzt Decks abwischte, statt über die Landflächen seiner Vorfahren zu herrschen, nickte kurz.

Allerton bemerkte die vorübergehende Distanzierung seines Gastgebers und beugte sich mit einer Miene der Reue über den Tisch.

„Ich fürchte", sagte er entschuldigend, „dass ich höllisch satt werde. Sie sehen, wie es mir geht, nicht wahr? Thash – Deshalb bin ich hier. Es ist schade. Und das Schlimmste daran ist", fügte er in einem plötzlichen Anflug von Offenheit hinzu, „dass ich viel satt werden werde. Es ist lange her, seit ich das gegessen habe." ." Er berührte sein Glas. „Auf dem Orinoco wird es nicht serviert. Macht es Ihnen – ähm – etwas aus?"

Hughie, der ein seltsames Mitgefühl verspürte, lächelte beruhigend und bestellte eine weitere Flasche. Wenn Allerton im Begriff war, sich zu betrinken, sollte er sich in gewisser Weise einmal wie ein Gentleman betrinken.

Dann wandte er sich wieder dem Klavier zu.

Es hatte eine Entwicklung gegeben. Das Mädchen spielte mechanisch eine der Kompositionen dieses zarten Webers subtiler Harmonien, Herrn John Philip Sousa; aber sie las nicht ihre Noten. Ihre Augenlider waren entschlossen gesenkt, als wolle sie vermeiden, etwas zu sehen. Die Vernunft löste sich in einem Herrn auf, der sich über die Vorderseite des Klaviers beugte, verliebt auf den Musiker herabblickte und mit überraschendem Erfolg versuchte , sich über eine der charakteristischsten Bemühungen des Komponisten hinweg Gehör zu verschaffen.

Hughie musterte ihn von oben bis unten. Er war ein großer Mann, kräftig gebaut, mit eng zusammenstehenden kleinen Schweineaugen und einem schwerfälligen und bösartig aussehenden Unterkiefer. War *er* ihr Ehemann? fragte sich der zutiefst interessierte Hughie. Nein: Er war zu offensichtlich bestrebt, sich sympathisch zu machen.

„ Marrable , mein Sohn", warf plötzlich der gesellige, aber aufmerksame Allerton ein, „du bist ausgeschlossen! Es hat keinen Sinn, gegen diesen Kunden zu bieten. Wissen Sie, wer er ist?"

"Kein wer?"

„Das", antwortete der Decksmann mit einer Miene von beinahe Besitzstolz, „ist Noddy Kinahan ."

„Oh! Und wer mag er sein?"

„Mensch! (Tut mir leid! Irgendwie versteht man diese miesen Yankee-Gesichtsausdrücke.) Ich meine, ich bin überrascht, dass Sie noch nie von ihm gehört haben. Er ist hier ein ziemlich großer Mann . Eigentlich, um es explizit zu sagen – explizit", sagte Mr. Allerton erreichte schnell das Stadium der Trunkenheit, das nicht zu übersehen ist, sondern die Vorsehung mit unnötig harten Worten in Versuchung führen muss: „Er ist mein Arbeitgeber."

"Irgendetwas anderes."

„Eine Art politischer Chef. *Unter anderem* – das ist gut! Ich bin froh, dass ich mich daran erinnert habe. Reimt sich *unter anderem auf Australien, nicht wahr?* Irgendwann werden wir einen Limerick darüber erfinden – mal sehen, wo ich war." ? Oh, ja – ja, ich meine – *unter anderem* besitzt er den Orinoco und etwa ein Dutzend weitere schimmelige alte Särge; und er kommt auch sehr gut damit zurecht! Er kauft sie billig, und – aber entschuldigen Sie jetzt weitere Details, Alter Mann. Um die Wahrheit zu sagen, ich bin so am Arsch, dass ich Angst habe, etwas zu sagen, was ich in ruhigeren Momenten später bereuen werde. Eine Zigarre? Ich danke dir. Du bist ein weißer Mann, Marrable . Kinn, Kinn !"

Nach diesem Anflug von Diskretion widmete sich Herr Allerton wieder der gemeinsamen Verehrung von Bacchus und Vesta. Die Schwierigkeit, die er empfand, das brennende Ende der Zigarre aus seinem Mund zu halten, nahm mit fortschreitendem Abend zu, ließ aber seine Fröhlichkeit unbeeinträchtigt. Sein Zustand war nicht so sehr auf die Fülle seiner Getränke zurückzuführen, sondern auf die oberflächliche Bereitschaft, sich darauf einzustellen; und der eigenwillige Hughie dachte, als er das schwache Kinn und die fliehende Stirn auf der anderen Seite des Tisches betrachtete , nicht ganz ohne Neid über die seltsame Ungleichheit dieses Naturgesetzes nach, das vorschreibt, dass das, was für einen Menschen ein Zahn ist, auch ein Zahn sein soll hautartig für einen anderen und ein Anästhetikum für einen dritten.

Die Erinnerung an das Mädchen am Klavier weckte ihn aus diesen Grübeleien und er drehte sich um, um zu sehen, was jetzt geschah.

Mr. Noddy Kinahan kam von einem Ausflug zur Bar zurück und trug eine Flasche Champagner und ein langes Glas. Diese Accessoires der Geselligkeit legte er auf die Oberseite des Klaviers, machte sich auf den Weg zu einer zweiten Reise und kehrte kurz darauf mit einem Weinglas voll Brandy zurück. Das Mädchen, obwohl sie wahrscheinlich mehr seiner Bewegungen beobachtete, als ihre tief herabhängenden Wimpern zuzulassen scheinen, machte kein Zeichen, sondern spielte die Ragtime-Melodie mit einer mechanischen Präzision weiter, die dazu führte, dass die Trommel auf der Oberseite des Klaviers auf a trat lebhafte und selbstbegleitende Maßnahme um seinen behäbigeren und schwergewichtigeren Begleiter.

Als nächstes goss sich Herr Kinahan ein Glas Champagner ein und versetzte die schäumende Flüssigkeit großzügig mit Brandy. Dann machte er eine einschmeichelnde Geste in Richtung des schrumpfenden Mädchens und schluckte die Mischung mit jedem Anschein von Vergnügen herunter.

„Königspflock!" kommentierte Hughie vor sich hin. „Ich frage mich, wie viel er *davon* ertragen kann? Ich würde ihn jedoch gegen Freund Allerton unterstützen, wenn es käme – Hallo! Der Hund! Das muss aufhören!"

Er stand halb auf. Nachdem Herr Kinahan seine gegenwärtigen Bedürfnisse befriedigt hatte, hatte er das Glas mit Champagner aufgefüllt, den Rest des Brandys hinzugefügt und bot nun den Trank in demselben Gefäß an, das er gerade mit seinen eigenen erhabenen Lippen geehrt hatte Mädchen am Klavier.

Das Mädchen wurde rot und schüttelte den Kopf, spielte aber weiter.

Noddy Kinahan war es nicht gewohnt, umsonst Gefälligkeiten zu erweisen. Er ging um das Klavier herum, packte das Mädchen mit seinem linken Arm fest bei den Schultern und hielt ihr das brutzelnde Glas an die Lippen. Sie stieß einen erstickten Schrei aus, hörte auf zu spielen und kämpfte verzweifelt darum, das Glas mit den Händen zu ergreifen.

Jetzt hatte Hughie Marrable ein gesundes Vorurteil dafür, sich um seine eigenen Angelegenheiten zu kümmern. Szenen dieser Art hatte er schon zuvor gesehen, und er wusste, dass das Mädchen am Klavier, wenn man Ort und Gesellschaft berücksichtigte, wahrscheinlich nicht ungewöhnlich war, Erfrischungen von Herren anzunehmen, selbst wenn der Herr halb betrunken und die Hände schmutzig war. und die Erfrischung (nach Abzug eines großzügigen Rabatts für verschüttete Flüssigkeiten) ist stark genug, um jede gewöhnliche Frau innerhalb von zehn Minuten jeglicher Kontrolle über ihre eigenen Handlungen oder ihr eigenes Verhalten zu berauben . Darüber hinaus hatte Hughie eine wahrhaft britische Horrorszene. *Aber -*

Er war überrascht, als er spürte, wie er von seinem Stuhl sprang und zum Klavier gesprungen war. Seine Überraschung war jedoch nichts im Vergleich zu der, die Mr. Noddy Kinahan einen Moment später erlebte , als es ihm gelungen war, die Arme des sich verzweifelt widersetzenden Mädchens an die Seite zu drücken, und der nun versuchte , ihre Lippen mit dem Rand des Bechers aufzudrücken . Aber es kommt auch dann zu Ausrutschern, wenn die Tasse den Rand erreicht hat. Gerade als der Erfolg Herrn Kinahans gastfreundlichen Bemühungen die Krone aufzusetzen schien , schoss eine große, sehnige Hand über seine rechte Schulter und riss das Glas weg, das es unter das Klavier warf. Gleichzeitig schüttelte ihn eine unsichtbare Kraft im Hintergrund, bis seine Zähne klapperten, und dann begann er, indem er seinen Kopf auf die Höhe der Tastatur senkte, mit der Spitze von Mr. Kinahans roter und fleischiger Nase eine lebhafte, wenn auch stakkatoartige Melodie darauf zu spielen.

Diese Vorgänge wurden durch den Korpus des Klaviers, bei dem es sich um einen „Pfosten" der Cottage-Variante handelte, mehr oder weniger vor der Öffentlichkeit verborgen. Doch als die „Washington Post" plötzlich aufhörte und stattdessen etwas zu hören war, das wie „The Cat's Polka" klang, gespielt von einem Baby mit seinen Füßen, eilte der Besitzer des Etablissements durch den Raum. Er kam gerade rechtzeitig an, um dem

Abschluss einer üppigen chromatischen Skala von etwa vier Oktaven beizuwohnen, die unter der Anleitung von Hughie Marrables schwerer Hand und von Mr. Kinahans etwas abgenutztem Nasenorgan ausgeführt wurde.

Der instrumentale Teil der Unterhaltung endete nun zugunsten einer Gesangseinlage. Hughie ließ Mr. Noddy Kinahans Kragen los und trat einen Schritt zurück, um auf einen Ansturm zu warten. Er war zuversichtlich, dass er seinem stämmigen Gegner mit einem freien Boden und ohne Einmischung eine Lektion in Manieren erteilen konnte, die er nie vergessen würde.

Aber Herr Kinahan , der sich in hohen politischen Positionen bewegte, hatte nicht die Angewohnheit, seine eigene Drecksarbeit zu erledigen. Er beschimpfte seinen Gegner zwar mit Worten, von denen ein Experte nicht umhin hätte zugeben müssen, dass sie meisterhaft waren, aber für den gelassenen Hughie war klar, dass er dies hauptsächlich tat, um seinen Mut zu bewahren und „sein Gesicht zu wahren". In seinen Schweinsaugen lag ein schlauer, berechnender Ausdruck, der nicht ganz zu der hemmungslosen *Unbekümmertheit* seiner Äußerungen passte, und Hughie begann zu begreifen , dass es tiefere Vergeltungspläne als bloße Körperverletzung und Körperverletzung gibt.

Ein- oder zweimal drehte sich Herr Kinahan , um Luft zu holen, um und blickte über die Schulter zu der neugierigen Menge, die sich hinter ihm versammelte. Plötzlich bemerkte Hughie ein paar „Raufbolde" mit dem kompromisslosesten Schurkenauftritt, die gemächlich aus einer Ecke neben der Tür kamen, wo sie gegessen hatten . Sie behielten Kinahan im Auge , als ob sie einen Befehl erhalten würden. Offensichtlich unternahm dieser große Mann seine Spaziergänge im Ausland nie ohne seine Schakale.

Die Dinge begannen ernst zu werden. Der hebräische Wirt, halb verrückt vor Schreck über die unnötige Werbung, die der Aufruhr seinem Lokal machte — eine Werbung, die bei einem Zustrom neugieriger Schaulustiger eine erfreuliche Resonanz fand —, flehte die Leute verzweifelt an, wegzugehen. Das Mädchen, das (wie immer!) die Ursache allen Ärgers war, saß immer noch auf dem Notenhocker und zitterte wie ein flatternder Vogel, während Hughie, der sich leicht befangen fühlte, über ihr stand. In der Mitte saß Mr. Allerton, der sich der vergänglichen und bedeutungslosen Unruhe um ihn herum herrlich nicht bewusst war, zufrieden vor zwei leeren Flaschen und versuchte mit unberechenbaren Fingern, das Revers seiner blauen Erbsenjacke mit einer versilberten Gabel zu schmücken (das Eigentum). des Etablissements), auf dem er eine nickende Banane pantomimischer Ausmaße aufgespießt hatte.

jemand, der dicht hinter ihm stand , ihn beiläufig ansprach .

„Sag mal, Johnny Bull, du verschwindest am besten sofort von hier. Hüpf! Diese beiden harten Kerle von Noddy werden dich nicht anrühren, bis sie die Nachricht bekommen, aber wenn sie es tun, wird es dir leid tun. Verschwinde hier.", neben der Bühne. Es führt zur Hintertür."

Nachdem er sich diesen zweifellos guten Ratschlag gegeben hatte, nahm der kränklich aussehende junge Herr hinter der Bar die Champagnerflasche und das zerbrochene Glas und schlenderte zurück zu seiner Operationsbasis.

Hughie erkannte die Weisheit seiner Worte und bemerkte voreilig, dass man niemals einen Barkeeper mit fleckigem Gesicht nach seinem Aussehen beurteilen sollte. Er gab widerwillig seinen halb geplanten Plan auf, Noddy Kinahan in die Arme seiner beiden finsteren Unterstützer zu werfen und dann steckten sie alle ihre Köpfe zusammen und wandten sich der kleinen Tür hinter ihm zu. Plötzlich erblickte er das Klaviermädchen. Er hielt inne und musterte sie nachdenklich.

„Du solltest besser mit mir kommen", sagte er.

Wortlos erhob sich das Mädchen und ging vor ihm zur Tür. Hughie öffnete es für sie, und beide gingen hindurch und eilten durch einen schmalen Gang, der direkt in die Gasse im hinteren Teil des Lokals führte.

Als sie draußen waren, nahm Hughie den Arm des Mädchens und rannte los, ohne innezuhalten, bis sie die hell erleuchtete Küste erreichten. Er hatte die Vorstellung, dass eine belebte und überfüllte Durchgangsstraße heilsamer sein würde als verlassene und schlecht beleuchtete Nebenstraßen.

Nachdem sie sich von ihrer letzten Umgebung gelöst hatten, verlangsamten die beiden ihr Tempo, und Hughie musterte seinen Schützling mit komischer Verwirrung.

dir machen ?" er erkundigte sich.

„Bring mich nach Hause", sagte das Mädchen schluchzend.

Ihr Mut und ihre Standhaftigkeit, die sie mit trockenen Augen über den schlimmsten Teil des Konflikts gebracht hatten, hatten nun ihre übliche Pause eingelegt, und sie ließ sich ganz angemessen ein paar reaktionäre und tröstende Tränen gefallen.

"Wo wohnst du?" fragte Hughie.

„Brooklyn."

„Das ist eine Sache für eine Straßenbahn. Kommen Sie mit."

Er nahm ihren Arm wieder, dieses Mal eher schüchtern – sein altes männliches Selbstbewusstsein kehrte zurück – und eilte zu dem, was die

Coney Islander „ Deepo " nennen. Hier machten sie es sich in der Ecke eines ziemlich leeren Wagens bequem und begannen ihre zwanzig Meilen lange Fahrt *über* Sheepshead Bay und andere köstliche Orte bis zur Brooklyn Bridge.

Sobald das Auto startete, wandte sich Hughie seinem Begleiter zu.

„Schau her", sagte er unverblümt. „Ich erkenne eine Dame, wenn ich eine treffe. Was hast du überhaupt an diesem Ort gemacht? Du bist auch Engländerin."

„Ja. Ich kann es dir nicht verübeln, dass du dich wunderst. Ich sage es dir. Ich komme aus London. Mein Vater war ein kleiner Schulmeister in Sydenham. Er – er hatte Pech und starb vor drei Jahren, und ich wurde allein zurückgelassen auf der Welt, mit kaum zwei Sixpences, die ich aneinander reiben musste. Gerade als die Dinge für mich nicht allzu vielversprechend aussahen, lernte ich einen der besten Männer kennen und heiratete ihn" – sie errötete stolz – „einen der besten Männer, die es je gab – Dennis Maclear. Er ist Elektroingenieur." . Wir kamen zusammen hierher, um unser Vermögen zu machen, und ließen uns in New York nieder. Nach einem langen Kampf fingen wir an, einigermaßen gut zurechtzukommen, als Dennis eines Tages seinen linken Arm und sein linkes Bein in einer Art Zahnradanordnung quetschte, und Seit drei Monaten schafft er es nicht einmal, ohne Hilfe aus dem Bett zu kommen. Pech gehabt, nicht wahr? Ihm geht es langsam besser, und eines Tages, sagt der Arzt, wird er wieder in der Lage sein, sich zurechtzufinden. Aber – Nun ja, Ersparnisse halten nicht ewig , wissen Sie; also habe ich –"

„Ich verstehe", sagte Hughie; „Der Unterhalt des Betriebes ist inzwischen auf Sie übergegangen?"

„Ja. Klavierspielen ist so ziemlich die einzige Fähigkeit, die ich besitze. Eine Freundin von mir erzählte mir, dass sie ihr Quartier beim alten Bercotti aufgeben würde , und fragte, ob es mir gefallen würde. Sie würde es den meisten Mädchen nicht empfehlen, sie." sagte, aber vielleicht würde es mir ja passen, verheiratet zu sein. Ich nahm es an; aber wie Sie gesehen haben, war meine Verheiratung doch kein ausreichender Schutz."

Sie schauderte, denn sie war noch sehr jung und stark geschüttelt; aber bald lächelte sie tapfer.

"Was hast du bekommen?" fragte Hughie.

„Dollar pro Nacht."

"Es ist nicht viel."

„Es ist besser als zu verhungern", sagte die praktische kleine Mrs. Maclear.

„Und was wirst du als nächstes tun?"

„Ich gehe nicht noch einmal zum alten Bercotti zurück – das ist platt."

„Können Sie noch einen Liegeplatz bekommen?"

„Nun, wenn es in diesem einfachen und vertrauensvollen Land jemanden gibt, der bereit ist, eine junge Frau von schäbig-vornehmem Aussehen als Begleiterin oder Lehrerin einzustellen, die keine einzige Seele als Referenz nennen kann und keinen Charakter hat von ihrem früheren Arbeitgeber vorzuzeigen – das dürfte einfach sein!" sagte das Mädchen.

Hughie betrachtete sie nachdenklich.

„Du nimmst es gut auf. Ich bewundere deinen Mut", sagte er.

„Eine verheiratete Frau, die einen Mann behalten muss, hat keine Zeit, sich um Mut zu kümmern", antwortete Mrs. Maclear; „Sie *muss einfach* Dinge tun. Außerdem kann jeder Mut der Welt eine Frau nicht retten, wenn es um Noddy Kinahan geht. Wenn du nicht gewesen wärst – würde es dir übrigens etwas ausmachen, mir deinen Namen zu sagen? Du Kenne meine.

Hughie sagte es ihr. Dann verließen sie die Straßenbahn – *Englisch* , elektrische Straßenbahn – und machten sich auf den Weg in eine Straße in Brooklyn. Das Mädchen bog an einer Tür ein und blieb am Fuß einer Treppe stehen.

„Wollen Sie nicht vorbeikommen und meinen Mann besuchen, Mr. Marrable ?" Sie sagte. „Es sind zehn Stockwerke hoch, und wir rennen nicht zu einem Aufzug; aber ich weiß, Dennis würde sich gerne selbst bei Ihnen bedanken."

Hughie hatte eigentlich ablehnen wollen – er hasste es genauso sehr, gedankt zu werden wie die meisten sachlichen Menschen –, aber ein Blitz ungewöhnlicher Einsicht offenbarte ihm die Tatsache, dass der wahre Zweck der Einladung nicht darin bestand, ihn dem Ehemann vorzustellen Aber um dieser stolzen kleinen Dame die Möglichkeit zu geben, ihm ihren Mann vorzustellen, fühlte er sich beruhigt und ließ sich zum Maclear-Horst tragen. Hier rang ein riesiger und impulsiver Sohn von Kerry, hager und hohläugig, weil er lange im Bett gelegen hatte, seine Hand auf eine Art und Weise, die ihn froh machte, dass er kein widerspenstiges Endstadium war, zu welcher Zeit Mrs. Maclear in einer Art Up- Die aktuelle Version des Liedes von Miriam beschrieb Hughies glorreichen Triumph über Noddy Kinahan und legte besonderen Wert auf die ekstatische Zeit, in der Mr. Kinahan auf Anweisung von Hughie die Rolle eines menschlichen Pianola gespielt hatte.

zwei oder drei Monaten leben würde . Der Mann war praktisch immer noch ein Krüppel – er muss schwer verstümmelt gewesen sein – und es ist harte Arbeit, in einem Land um Zeit zu kämpfen, dessen Motto sowohl in Bezug auf Menschen als auch auf andere Maschinen lautet: „Niemals reparieren! Verschrotten und ersetzen." !"

Hughie hatte das Problem zu seiner Zufriedenheit gelöst, als er die Brooklyn Bridge überquerte.

Für den Rest des Heimwegs dachte er an andere Dinge. Ein Junggeselle, so ungesellig er auch sein mag, ist im Herzen ein sentimentales Tier, und während seines Spaziergangs dachte Hughie vor seinem geistigen Auge über das Bild nach, das er hinterlassen hatte, als er gute Nacht sagte – das Bild von „einem gemütlichen kleinen Königreich um zehn". „Ein paar Treppen", bewohnt von einer kleinen Zweiergemeinschaft, unabhängig und autark, unerschrocken angesichts grimmiger Not und völliger Freundschaftslosigkeit – und trotz seiner eigenen Gesundheit und seines Reichtums verspürte er plötzlich ein Gefühl des Neides der verkrüppelte und mittellose Dennis Maclear.

„Ich nehme an", überlegte er, „es spielt keine Rolle, *wie* schlimm die Zeit auf dieser Welt ist, solange man sie in der richtigen Gesellschaft hat." Dann fügte er hinzu, offenbar als eine Art Konsequenz: „Bei Gott, wenn ich nächste Woche nach Hause komme, bleibe ich *dort*!"

Aber so sorgfältig (oder nachlässig) wir auf unserer Lebensreise auch mit der Ruderpinne umgehen, es sind die kleinen, gelegentlichen Strömungen und unerwarteten Seitenwinde, die uns den Kurs wirklich vorgeben. Als Hughie an diesem Abend ins Bett rollte, dachte er ziemlich bedauernd darüber nach, dass der Vorfall an diesem Abend für immer abgeschlossen war. Er hatte sich jedenfalls definitiv von den Maclears getrennt , und zwar aus dem ganz einfachen Grund, weil er ihnen gerade einhundert Ein-Dollar-Scheine als vorübergehende Leihgabe geschickt hatte, bis ihr „Schiff" eintraf, wobei er sorgfältig darauf verzichtete, dies zu erwähnen sein eigenes sollte in vierundzwanzig Stunden ausgehen, und er gab keine Adresse für die Rückzahlung an.

Aber trotz alledem hatte der Vorfall definitiv seinen Kurs für ihn geändert oder war zumindest dazu bestimmt, ihn auf einen anderen Weg zu schicken.

Kapitel VII

DER ALTERNATIVE WEG

IHRE glühendsten Bewunderer – und sie waren nie sehr zahlreich gewesen – hätten die Orinoco kaum als ein schnelles oder modernes Schiff bezeichnen können. Bei normalem Wetter schaffte sie eine durchschnittliche Geschwindigkeit von acht Knoten (außer wenn der Chefingenieur nicht nüchtern war; dann hatte sie bekanntermaßen bis zu elf Knoten erreicht), und sieben anstrengende Jahre bei Nordatlantikwetter und im Winter hatte sie erträglich hinter sich und Sommer gleichermaßen. Aber sie war keine Fliegerin.

Sie hatte das Meer nicht immer auf Geheiß von Herrn Noddy Kinahan , ihrem jetzigen Besitzer, gepflügt. Tatsächlich stammt sie aus den frühen Sechzigern. Sie wurde am Clyde gebaut, als die Menschen es noch nicht so eilig hatten wie heute, für einen stabilen und zuverlässigen Dienst über den Ärmelkanal zwischen Schottland und Irland. und die junge Dame mit Krinoline , die errötend die Taufzeremonie vollzogen hatte, während der brandneue Dampfer durch die Gleise glitt, hatte ihr den Namen Gareloch gegeben .

Nach fünfzehn Jahren ehrlichen Hin und Her zwischen Kish und Cloch wurde die kleine Gareloch für zu langsam befunden und an den Besitzer einer Reihe von Küstendampfern verkauft, die zwischen Cardiff und London verkehrten. In dieser Funktion, mit einem andersfarbigen Schornstein und einer leicht verfallenen Innenausstattung, hatte sie neun Jahre lang als Annie S. Holmes gedient. Danach bemerkte zufällig ein aufdringlicher Herr von der Handelskammer den Zustand ihrer Kessel und lehnte es ohne Zögern ab, ihr Zertifikat zu erneuern, bis verschiedene Dinge erledigt seien, die ihr jetziger Besitzer nicht zu tun pflegte. Folglich lag sie sechs Monate lang verrostet im Southampton Water, bis ein kluger Schotte, der eine Art Dr. Barnardo-Heim für Dampfer betrieb, die von ihren ursprünglichen Besitzern verlassen worden waren, einsprang und sie für etwa ein Pfund kaufte pro Tonne; und nachdem er sie mit einigen praktischen Heizkesseln ausgestattet hatte, die er bei einem Verkauf erstanden hatte, und ihren Treibstoffverbrauch durch Verkleinerung der Rostfläche kontrolliert hatte, ließ sie sie auf bescheidene, aber lohnende Weise als Schweineboot zwischen Limerick und Glasgow wieder in Fahrt kommen. Während dieser Zeit ihrer Karriere war sie als „Blush Rose" bekannt – und roch wahrscheinlich genauso süß.

Der Seefahrer Dr. Barnardo verkaufte sie drei Jahre später (mit Gewinn) an einen Herrn, der ein Schiff für einige zwielichtige und mysteriöse Operationen inmitten bestimmter Inseln im Südpazifik brauchte. Die Art der

Beschäftigung der armen Blush Rose lässt sich aus der Tatsache ableiten, dass sie innerhalb von drei Monaten die ohnehin schon tropischen Regionen zu heiß machte, um sie zu beherbergen; und mit ihrem aufgemalten Namen, einem reparierten Schussloch in ihrer Theke und ein paar perlmuttfarbenen Austernschalen, die hier und da in den trüben Nischen ihres Laderaums hervorschauten , wurde sie in Buenos Ayres für ein Lied zu einem spanischen Lied niedergeschlagen. Amerikaner, der sie für die Erfüllung einiger eher privater Verträge, die er mit einem zentralamerikanischen Staat geschlossen hatte, für eine Lieferung von Kleinwaffen und Munition mit sofortiger Wirkung verlangte – Bedingungen, Nachnahme und ohne Fragen. Ihr Kapitän war bei dieser Gelegenheit ein Schotte aus dem Tiefland mit anrüchigem Charakter, aber inhärenter Frömmigkeit, der sich bemühte , einem schändlichen Unternehmen eine eher falsche Heiligkeit zu verleihen, indem er sein namenloses Schiff Jedburgh Abbey taufte. Aber leider! Die Abtei von Jedburgh wurde ein Jahr später von der Regierung der Vereinigten Staaten beschlagnahmt, und nachdem sie eine höchst unkanonische Ladung ausgespuckt hatte, wurde sie in einer niederländischen Auktion ohne Unterstützung der Geistlichen an den Meistbietenden versteigert. Die Konkurrenz um ihren Besitz war nicht groß, und schließlich ging sie in den Besitz von Herrn Noddy Kinahan über, der zu dieser Zeit begann, ein beträchtliches Vermögen anzuhäufen, indem er alte Dampfer kaufte, die auf dem Weg zum Schrottplatz waren, und sie als Trampschiffe weiterbetrieb. Frachter , bis sie sanken. Die Jedburgh Abbey hatte sich mit einem neuen Propeller – sie hatte seit Jahren kein Blatt mehr –, ihrem rostigen Rumpf , der einigermaßen seetüchtig gemacht worden war, und ihren Motoren, die etwas fester an ihren Grundplatten befestigt waren, wieder bewährt Ihr sozialer Status, indem sie sich erneut in die Lloyd-Liste – das Rote Buch der Handelsmarine – und, getarnt als Orinoco, in die „River"-Linie von Güterdampfschiffen einschlich, hatte Herrn Noddy Kinahan sieben Jahre lang gute Dienste geleistet. An diesem grauen Morgen, als Sandy Hook weit unter dem westlichen Horizont lag, kletterte sie müde, aber beharrlich über die Wellen des Atlantiks, wie ein desillusioniertes und weltmüdes altes Droschkenpferd, das, nachdem es sein Leben zwischen den Deichseln eines Gentleman-Broughams begonnen hatte, jetzt ist Er beendete seine deprimierende Existenz, indem er einen düsteren „Growler" durch die Hügel eines Londoner Vororts schleppte.

Ihr erlösendes Merkmal war eine gewisse Reinheit der Umrisse und Symmetrie der Form. Sie verfügte über ein flaches Deck, das keine unansehnliche Taille in der Mitte der Schiffe aufwies; und nicht einmal ihre unverkratzten Masten, ihre vernarbten Seiten und ihr schuppiger und salzweißer Schornstein konnten ihr ihren Rassenstolz völlig nehmen – das Recht, sich zu rühmen, wie man es mit vielen menschlichen Verstorbenen des gleichen Geschlechts und der gleichen Art gemein hat ähnliche Geschichte, dass sie „einmal eine Dame gewesen" war.

Sie war inzwischen weit über vierundzwanzig Stunden auf See und ihre Besatzung, von der mindestens ein Mann an Bord gebracht worden war, befand sich in einem „Zustand bestialischer, aber beneidenswerter Trunkenheit", wie ein mitfühlender Augenzeuge bei einer ähnlichen Gelegenheit einmal beschrieb Ich fange wieder an, mich aufzurichten und aufmerksam zu werden. Ihre Bemühungen in dieser Richtung waren vor allem der freundlichen Unterstützung der Herren Gates und Dingle, des ersten und zweiten Steuermanns, zu verdanken, die mit kalter Dusche und unerbittlichem Stiefel keine Mühen scheuten, um diejenigen ihrer Herde, die es noch nicht getan hatten, zu einem Pflichtgefühl zu erwecken ihre Seebeine gefunden oder geborgen haben.

Die Besatzung bestand aus zwei Engländern und einem Kalifornier sowie einer Handvoll Skandinaviern, Portugiesen und Deutschen, die durch das Seerecht (das, wie sein großer Bruder, *non curat de minimis*) in „Dagoes" bzw. „Dutchmen" unterteilt war. Vertreter der romanischen Rassen werden unter den ersteren und der angelsächsischen unter den letzteren Bezeichnungen zusammengefasst. Mit einer Ausnahme war keiner von ihnen zuvor auf dem Schiff gesegelt und würde dies aller Wahrscheinlichkeit nach auch nie wieder tun. Sie waren von einem Tenderloin-Pensionswirt an Captain Kingdom übergeben worden und hatten einen Vertrag für die Reise nach Bordeaux und zurück unterzeichnet, wobei der Lohn für beide Reisen am Ende der zweiten ausgezahlt werden sollte. Wenn sie hinreichend umgehauen würden, würden sie aller Wahrscheinlichkeit nach nach Bordeaux desertieren und lieber auf ihren Lohn verzichten, als eine zweite Dosis der häuslichen Annehmlichkeiten des Orinoco zu ertragen . Dies war eine der Möglichkeiten, mit denen Captain Kingdom seinem Arbeitgeber Geld sparte und mit der Herr Noddy Kinahan die „River"-Linie zu einem profitablen Unternehmen machte. Es gab auch andere, die zu gegebener Zeit dargelegt werden.

Captain Kingdom war gerade auf der Brücke erschienen. Er war ein verstohlener und unheimlich wirkender Mensch, der eher dem Gehilfen eines Pfandleihers ähnelte als jemandem, der sein Geschäft in großen Gewässern ausübte. Aber er war ein nützlicher Diener für Noddy Kinahan .

„Haben Sie alle Hände zur Arbeit, Mr. Gates?" rief er dem Maat zu.

"Jawohl, mein Herr!" antwortete Mr. Gates und klopfte mit dem Absatz seines Stiefels auf das Deck, um seine schmerzenden Zehen zu lindern.

Der Kapitän ließ seinen Blick über die Mannschaft schweifen, die sich vor der Brücke zusammendrängte. Er räusperte sich.

„Nun, du Abschaum", begann er freundlich, „kümmere dich um mich, während ich dir sage, was du an Bord dieses Schiffes zu tun hast."

Der stagnierende und teilnahmslose Abschaum lauschte gelassen seiner Ansprache, deren Inhalt sich *mutatis mutandis nicht wesentlich* von einer der Antrittsreden von Mr. Squeers an seine Schüler am ersten Vormittag des Semesters an der Dotheboys unterschied Saal . In der Schlussbemerkung von Captain Kingdom wurde insbesondere die Tatsache betont, dass die Herren Gates und Dingle von ihm als besonderen Gefallen darum gebeten worden waren , die Politik des dicken Stocks und des großen Stiefels im Falle derjenigen Besatzungsmitglieder zu übernehmen, die es unterließen, aalglatt auszusehen bei der Ausführung ihrer Befehle.

Die Besatzung nahm seine Bemerkungen mit verlegenem Grinsen oder mürrischem Blick auf; und der Redner kam zu dem Schluss:

„Wählen Sie die Uhren aus, Mr. Gates, und dann machen wir uns zum Abendessen bereit. Sind alle Mann an Deck?"

„Aye, aye, Sir", antwortete Mr. Gates und überflog seine Liste.

„Ich habe vor ein paar Minuten unten *jemanden gesehen"*, *sagte eine gedehnte Stimme, die von einer Gestalt ausging, die auf einem Poller saß.*

Es war Mr. Allerton, der mit charakteristischer Zufriedenheit (oder Gleichgültigkeit) gegenüber seinem Los das beispiellose Kunststück vollbracht hatte, sich für eine zweite Reise im Orinoco anzumelden. Er trug die übliche Art humorvoller Toleranz gegenüber den Sorgen dieser Welt und sprach in der gelassenen und ruhigen Art, die den Charakter eines hochkarätigen Engländers auf der ganzen Welt auszeichnet. Sein Schicksal an Bord der Orinoco war leichter gewesen als das der meisten anderen, denn seine Gefährten, die ihn scheinbar unempfindlich gegen Missbrauch und unter allen Umständen philosophisch freundlich fanden, hatten zugestimmt, ihn als eine Art stark verfallener und leicht wahnsinniger „ Typ " zu betrachten , " und hatte ihn halb liebevoll „Percy" getauft – ein Begriff, der für den New Yorker den typischen Engländer fast so anschaulich zusammenfasst, wie „ Rosbif " und „ Godam " dieses Amt für den Pariser ausüben.

Der Kapitän stieg von der Brücke herab, ging über das Deck und trat Mr. Allerton leidenschaftslos vom Poller.

„Steh auf, du Schwein, wenn du mit mir sprichst!" er schrie. „Wo hast du jemanden gesehen?"

Mr. Allerton erhob sich langsam und mühsam von den Speigatten. Es gibt Momente, in denen es schwierig ist, die *Rolle* eines Demokrit aufrechtzuerhalten.

„Es tut mir leid, dass Sie das getan haben, Kapitän", bemerkte er, „denn ich weiß, dass Sie es nicht persönlich gemeint haben. Sie mussten natürlich eine Art Demonstration machen, um die Angst vor dem Tod in diese neuen Hände zu legen." aber ich bedaure, dass du mich als *Corpus Vile* herausgepickt hast – du weißt nicht, was das bedeutet, ich wage zu sagen: egal! – weil du mich so sehr durcheinander gebracht hast, abgesehen davon, dass du mir fast den Hüftknochen gebrochen hast, dass ich eine Minute innehalten und nachdenken muss, bevor ich mich daran erinnere, wo ich den Herrn gesehen *habe* .

Mr. Gates gewesen wäre, hätte er Allerton wahrscheinlich ein zweites Mal zu Boden geworfen. So wie es war, scharrte er unbehaglich mit den Füßen und starrte ihn an. Der gebrochene Mann vor ihm war letzten Endes sein Vorgesetzter; und der Kapitän, der von so feinem Ton war, dass er auf soziale Unterschiede reagieren konnte, war sich wütend des Gefühls verlegener Unruhe bewusst, das den Cad, wie erhaben er auch sein mag, in der Gegenwart eines Gentlemans, wie erniedrigt er auch sein mag, besessen macht.

Allerton fuhr fort:

„Ich erinnere mich jetzt, Kapitän. Der Mann lag in der Gasse, die zum Begleiter führte. Ich werde nachsehen, wie es ihm geht. Behalten Sie Ihre Plätze, meine Herren."

Er sprang durch die vordere Luke hinunter, gerade noch rechtzeitig, um dem juckenden Stiefel des unbeeindruckbaren Mr. Gates zu entkommen, und ging zwischen den Decks hindurch zum Heck. Bald darauf gelangte er in die besagte Gasse. Der Mann war immer noch da, hatte jedoch seine Position leicht verändert, seit Allerton ihn das letzte Mal gesehen hatte. Er lag jetzt auf der anderen Seite des Ganges, den Kopf auf die Brust gesenkt. Seine Füße waren nackt und er trug einen blauen Pullover und eine Hose, die einst zu einem orange-roten Pyjama gehört hatte . Sein Aussehen war nicht beeindruckend.

Allerton bewegte ihn sanft mit dem Fuß.

„Wach auf, alter Mann", bemerkte er, „sonst kommt die Hölle – nun, ich bin verdammt!"

Denn der Mann hatte schläfrig seinen schweren Kopf gehoben und die Züge von Hughie Marrable gezeigt .

Sie starrten einander eine ganze Minute lang an. Dann sagte Allerton schwach: –

„Sie haben also doch den Orinoco dem Apulien vorgezogen?“

Hughie antwortete nicht. Er fuhr mit der Zunge über seine rissigen und geschwärzten Lippen und saugte vorsichtig an seinem Gaumen.

„Ich kenne diesen Geschmack“, bemerkte er. „Es erinnert mich an eine Nacht, die ich einmal in Canton verbracht habe. Ich habe es – Opium!“

Dann strich er sich zärtlich über den Hinterkopf und nickte mit der interessierten Miene eines Menschen, der neue Erfahrungen sammelt.

„Ich habe mich schon früher mit Opium vollgestopft“, sagte er, „aber das ist das erste Mal, dass ich mit Sandsäcken belegt wurde. Ich nehme an, dass ich zuerst mit Sandsäcken belegt und dann mit Hocusses belegt wurde. Ja, das ist es.“

Er sah fast zufrieden aus. Er war ein Mann, der den Dingen gerne auf den Grund ging. Dann fuhr er fort:

„Könnten Sie mir einen Schluck Wasser bringen? Ich habe eine Zunge wie ein Klebestift.“

Allerton machte sich wie befohlen auf den Weg und kehrte bald darauf mit einem Koffer zurück. Hughie stand in der Gasse, schwankte unsicher und betrachtete seine Kleidung.

„Ich sage“, sagte er, nachdem er einen Schluck Wasser getrunken hatte, „würde es Ihnen etwas ausmachen, mir zu sagen – wissen Sie, ich bin im Moment ein bisschen benommen –, wo zum Teufel ich bin und ob ich da mit an Bord bin? Ausrüstung oder meine eigene Kleidung?“

„Dampfschiff Orinoco“, antwortete Allerton präzise, „aus New York nach Bordeaux.“

„Lass mich nachdenken“, sagte Hughie, „Orinoco? Ah! Jetzt fange ich an, Tageslicht zu sehen. Wie heißt der Besitzer, unser Freund von Coney Island?“

Allerton sagte es ihm. „Aber er ist jetzt mehr als dein Freund“, fügte er hinzu; „Er ist Ihr Arbeitgeber.“

Hughie pfiff lange und leise.

„Ich verstehe“, sagte er. „Shanghaied – was? Nun, ich muss sagen, er war mir etwas schuldig: Ich habe ihm in dieser Nacht geradezu die Nase gerümpft. Aber jetzt, wo er mich auf den Kopf geschlagen und an Bord dieser alten Arche verfrachtet hat, glaube ich, dass er mich überbezahlt hat .

Ich schulde ihm noch einmal etwas; und mit etwas Glück wird er es bekommen.“

„Erinnerst du dich, dass du geschlagen wurdest?“ sagte Allerton.

„Das kann ich nicht genau sagen. Mal sehen. Ich erinnere mich, wie ich auf dem Weg nach Manhattan die Forty-second Street entlangkam. Ich hatte im Lambs gegessen und blieb eine Minute auf dem Bürgersteig unter einer L-Eisenbahn stehen–“ Spur, um meine Pfeife anzuzünden, als – ja, es muss damals passiert sein.

„Ich gehe davon aus, dass Sie den ganzen Tag beschattet wurden“, sagte Allerton. „Aber ich vergesse meine Pflichten. Du wirst an Deck gesucht.“

„Wer will mich? Noddy Kinahan ?“

„Nicht viel! Er reist nicht mit seinen eigenen Schiffen. Es ist der Kapitän. Ich verstehe, dass Sie der Kompanie als kleiner blinder Passagier vorgestellt werden sollen , und bei Ihrem Erscheinen an Bord werden Sie offiziell große Überraschung und Schmerz zum Ausdruck bringen.“

„In Ordnung. Kommen Sie vorbei und stellen Sie mich vor.“

Captain Kingdoms Methode, mit blinden Passagieren umzugehen – natürliche und künstliche –, war einfach und unverändert. Bei der Präsentation misshandelte er sie zunächst mit allen Mitteln eines fast esperantischen Vokabulars und übergab sie dann Mr. Gates, um sie auf Vordermann zu bringen.

Als Hughie Marrable an Deck erschien, ging der Kapitän mit Begeisterung zum ersten Teil seines Lehrplans über. Harte Worte brechen keine Knochen, und Hughie, der große Züge Seeluft einatmete und sich von Minute zu Minute weniger schwindelig und gefasster fühlte, legte keinen besonderen Wert auf die Redekunst, die ihm geboten wurde. Tatsächlich machte er sich fast der Unhöflichkeit schuldig, seine Aufmerksamkeit abschweifen zu lassen. Er setzte seinem Vergehen den krönenden Abschluss, indem er die Rede des Kapitäns unterbrach.

„Sehen Sie, Kapitän“, sagte er und unterbrach brüsk einen Punkt, „das können Sie weglassen. Mein Name ist Marrable . Ich bin kein blinder Passagier und wurde auf Befehl von –“ an Bord dieses Schiffes gebracht.

„Ihr Name“, sagte Kapitän Kingdom genüsslich, „ist jeder, den ich Ihnen nennen möchte; und als Sie sich an Bord versteckt haben –“

„Sehen Sie“, sagte Hughie, „ich möchte ein Wort mit Ihnen sprechen – in Ihrer eigenen Kabine zur Wahl. In Ordnung“, fuhr er mit steigender Stimme fort, als der Kapitän erneut ausbrach, „ich werde es stattdessen hier haben. Zuerst." Was zahlt Ihnen Mr. Noddy Kinahan überhaupt für diesen Job?"

Der Kapitän wandte sich an den Maat.

„Machen Sie ihn fertig, Mr. Gates!" er brüllte.

Mr. Gates, dessen Neugier – zusammen mit der des Rests der Besatzung – durch Hughies Hinweis auf Mr. Noddy Kinahans Anteil an der gegenwärtigen Situation geweckt worden war, wie Hughie es beabsichtigt hatte, ging mit weniger Aufwand seiner Aufgabe nach Er war lebhafter als sonst und hielt bereitwillig inne, als Hughie fortfuhr:

„Wenn Sie zurücksetzen, Kapitän, und mich irgendwo im Umkreis von hundert Meilen von New York landen, gebe ich Ihnen das Doppelte dessen, was Kinahan Ihnen für diesen Job bezahlt."

„Du *siehst aus* wie ein Mann mit Geld, muss ich sagen!" antwortete Königreich. „Na dann, Mr. Gates!"

„Es soll also kein Deal sein?" sagte Hughie gelassen. „Sehr gut. Die nächste Frage ist: Wie werde ich behandelt, wenn ich mitkomme? Kabine oder Steuer –"

„Ich zeige es dir", brüllte der erzürnte Kapitän. „Machen Sie ihn zum Narren, Mr. Gates!"

Mr. Gates kam eilig herbei. Aber Hughie, der sich die ganze Zeit über orientiert hatte , sprang leichtfüßig auf seinen nackten Füßen zurück und schnappte sich eine Spillstange aus dem Gestell hinter ihm.

„Halten Sie einen Moment Abstand, Mr. Gates", befahl er, „wenn Sie nicht wollen, dass Ihnen der Kopf zerbrochen wird. Ich habe die Befragung Ihres Kapitäns noch nicht beendet. Gerne komme ich Ihnen später für einen beliebigen *Zeitraum* entgegen." konkretisieren."

„' Noch Percy!" kommentierte Herr Dingle niedergeschlagen und spuckte über die Seite. Er war ein schlichter Mann, war Mr. Dingle und liebte direkte Ansprache und einsilbige Worte.

Mr. Gates hielt inne, und Hughie, der sich gegen die Schanzkleide lehnte und mit der Spillstange spielte, redete weiter zu dem wütenden Seemann auf der Brücke.

„Nun, Kapitän, ich werde mich kurz mit Ihnen fassen – kurz und sachlich. Sie wurden von Kinahan dafür bezahlt , mich nach Shanghai zu schicken und mich auf eine lange Seereise mitzunehmen . Sehr gut. Ich mache keine Scherze." Ich wollte sowieso nach Europa, und ich mag lange Seereisen lieber, besonders vor dem Mast. Tatsächlich würde ich an Bord dieses Schiffes lieber vor dem Mast segeln als im Cuddy. (Halten Sie still, Mr. Gates!) Da ich hier bin, habe ich keine besonderen Einwände dagegen, auf meiner Passage zu arbeiten, und behalte mir immer das Recht vor, die Dinge für Ihren Arbeitgeber heiß zu machen, wenn ich an Land bin. Ich arbeite als AB oder Decksmann, wenn Sie möchten , obwohl ich persönlich lieber etwas im Maschinenraum machen würde. Ich bin in dieser Richtung ziemlich gut qualifiziert. Aber ich muss anständig behandelt werden, und es darf kein Geschäft mehr mit Sandsäcken oder Klopfereien mehr geben. Ist es ein Deal? "

Captain Kingdom betrachtete nachdenklich den sehnigen blinden Passagier vor ihm. Er erkannte, dass Mr. Gates kaum eine Chance haben würde, Disziplin durchzusetzen, bis Hughie die Spillstange aufgab. Er muss Zeit nehmen .

„Ich kann Ihnen einen Job im Maschinenraum geben", sagte er in einem, wie er glaubte, versöhnlicheren Tonfall. „Der Zweite Ingenieur hat heute Morgen etwas zu tun. Sie können seine Uhr übernehmen. Lassen Sie Ihre Spillstange fallen und gehen Sie zu Mr. Angus, dem Chef."

„Das sollte mir passen", antwortete Hughie. „Aber als Garantie für Treu und Glauben und um eine Enttäuschung der versammelten Gesellschaft zu vermeiden, bin ich durchaus bereit, aufzustehen und mit Mr. Gates hier oder dem Herrn an der Schornsteinbrücke oder mit irgendjemandem anderen zu sprechen. " „Ich kann ernennen. Aber ich würde Mr. Gates *vorziehen* ", fügte er fast liebevoll hinzu. „Ich bin derzeit nicht in erstklassiger Form, da mein Kopf eine Delle hat; aber ich werde mein Bestes geben. Sind Sie bereit, Mr. Gates?"

„Machen Sie weiter, Mr. Gates, lernen Sie ihn kennen!" befahl der hochzufriedene Kapitän.

„Lass die Bar fallen", rief der freundliche Mr. Gates, „und ich bringe dich um!"

„Eine halbe Minute, bitte", sagte Hughie so ruhig, als würde er in einer Turnhalle die Handschuhe für einen zehnminütigen Kampf anziehen. „Ich werde nicht mit meinen nackten Füßen gegen einen Mann in Seestiefeln kämpfen. Kann mir irgendein Gentleman den Gefallen tun – Danke, Sir! Sie sind ein weißer Mann."

Ein Paar ölige Segeltuch-Tennisschuhe mit Profilsohlen lagen neben ihm auf dem Deck. Ihr Spender, der „weiße Mann", ein kohlschwarzer Mensch, der hauptsächlich in Baumwollreste gekleidet war , lächelte freundlich aus der Luke des Maschinenraums.

„Sie werden es dir gut gehen ", stellte er unerwartet fest und verschwand unten.

Einen Augenblick später war Hughie in die Schuhe geschlüpft. Dann warf er die Stange weg und warf sich direkt auf den Kopf von Mr. Gates.

erkannte Herr Gates, dass ein erster Offizier in der Defensive ein ganz anderes Wesen ist als ein erster Offizier im Amoklauf. Er hatte sich so daran gewöhnt, widerstandslose Hafenratten und verwirrte Ausländer einzubrechen, sich Zeit zu lassen und seine Stiefel zu benutzen, wo es nötig war, dass ein Hochdruckkampf mit einem Mann, der überall zu sein schien, außer am Ende seiner Faust – zu Seine Ehre , dass er nie daran gedacht hatte, seinen Fuß einzusetzen, war für ihn ein völliges Novum. Er kämpfte mürrisch, aber schwerfällig, verschwendete seine enorme Kraft mit mörderischen Schlägen, die nie ihr Ziel erreichten , und ertrug unbeirrt einen Sturm von Schlägen, Schlägen und Schlägen, der einen Mann mit weniger widerstandsfähigem Material zu Brei geschlagen hätte. Aber es gibt einen Schlag, dem kein Mitglied der Menschheitsfamilie standhalten kann, auch wenn es ein Gier nach Bestrafung ist. Hughie machte eine plötzliche Finte mit der linken Seite auf den Körper seines Gegners, direkt unterhalb des Herzens. Gates ließ seine Wachsamkeit fallen und warf dabei kurz seinen Kopf nach vorne. Augenblicklich traf Hughie einen gewaltigen Aufwärtshieb von rechts, der ihn direkt unter das Kinn traf. Herr Gates beschrieb eine anmutige Parabel und landete schwerfällig auf dem Rücken an Deck, wobei er beim Sturz mit dem Kopf gegen einen Ringbolzen prallte. Der ganze Kampf hatte weniger als vier Minuten gedauert.

Hughie wollte seinem gestürzten Gegner gerade beim Aufstehen helfen, als er einen Warnruf von einem halben Dutzend Stimmen hörte. Er drehte sich um und stellte fest, dass der Kapitän mit offenem Mund und der Spillstange auf ihn zukam. Er sprang leicht zur Seite – ein weiterer Segen für diese Listenschuhe ! – und sein Gegner stürmte an ihm vorbei und ließ die Stange mit einem Dreschflegel-ähnlichen Schwung auf die Trommel einer Dampfwinde niederschlagen. Im nächsten Moment ergriff Hughie die Wanten des Fockmastes, sprang auf die Schanzkleider und zog sich auf die Höhe der Brücke, die außer dem Mann am Steuer, der die Szene unten begeistert beobachtet hatte, leer war.

Nachdem er auf die Brücke geklettert war und so den oberen Bereich für den Fall eines weiteren Angriffs gesichert hatte , beugte sich Hughie über die Schienen und verhandelte. In seiner Hand hielt er ein schweres Fernglas, das er aus einer an der Rückseite der Windschutzscheibe festgeklemmten Kiste entnommen hatte.

„Der erste Mann, der versucht, mir hier oben zu folgen", verkündete er, als er wieder zu Atem gekommen war, „wird diese Brille ins Auge bekommen. Kapitän, ich glaube nicht, dass Sie als Arbeitgeber ein großer Erfolg sind." der Arbeit . Du hast nicht die Gabe, deine Männer zu versöhnen. Können wir uns nicht einigen? Meine sind sehr einfach. Ich möchte ein paar Klamotten – meine eigenen, zur Auswahl. Wenn du sie nicht hast, irgendetwas Ruhiges und … unauffällig reicht aus. Aber ich lehne es ab, in der Mitte des Atlantiks in orange-roten Pyjamahosen herumzulaufen , um Ihnen oder irgendjemand anderem eine Freude zu machen. Zum einen sind sie nicht warm, zum anderen sind sie nicht üblich. Wenn Sie so wollen Kommen Sie mir in dieser Angelegenheit entgegen, ich bin durchaus bereit, in Frieden mit Ihnen zu leben. Ich sehe nicht ein, dass Sie mich wirklich unterdrücken können, außer indem Sie mich töten, und ich glaube nicht, dass Sie dazu die Autorität oder die Autorität haben Der Mut, das zu tun. Warum gibst du mir nicht ein Quartier im Maschinenraum und schreist auf?

Kapitän Kingdom schaute zu dem widerspenstigen Meuterer auf der Brücke hinauf und zu dem liegenden Mr. Gates auf dem Deck und knirschte mit den Zähnen. Dann blickte er wieder zur Brücke hinauf.

„In Ordnung", knurrte er. "Herunter kommen!"

KAPITEL VIII

EINE VORTEILE-LEISTUNG

HUGHIE, der ein wenig von der modischen Demütigung befreit war, nahm sofort seine Aufgaben im Maschinenraum auf.

Die Gesellschaft, in der er sich befand, bestand aus Mr. Angus, dem Chef – Ingenieure, wie Gärtner, Redakteure und Kabinettsminister, sind praktisch alle Schotten – Mr. Goble, der stellvertretende Stellvertreter (*Vize* -Mr. Walsh, krank) und eine bunt zusammengewürfelte Bande untergroßer, halb meuterischer, völlig abscheulicher Menschenverbrennungen in Form von Feuerwehrmännern. Herr Walsh litt an einer intermittierenden Form von Malaria, die er sich vor Jahren bei einer Fahrt flussaufwärts in die Pestregionen rund um Saigon zugezogen hatte. Mr. Angus, ein Dundonianer mit grauem Haar und Tümmler, der einen Schrotthaufen hätte zum Leben erwecken können, empfing Hughie mit angeborener Höflichkeit und machte ihm das Kompliment, ihn ungewöhnlich hart arbeiten zu lassen. Er erklärte (mit vollkommener Wahrheit), dass der einzige Grund, warum er in diesem Moment nicht einen Cunarder fuhr , seine Angewohnheit sei, „eine Weile einen Schluck zu nehmen " , die von manchen Besitzern mit bedauerlicher Engstirnigkeit betrachtet wurde . Das abschließende Adverb Hughie bedeutet korrekterweise „ wann immer ich etwas zu trinken bekommen kann".

„Ich kann mir nicht vorstellen, warum sie sicher sein sollen Insbesondere Machen Sie Schluss damit", sinnierte Mr. Angus, als er den Umstand schilderte, „denn ich behandle ihren Witz ebenso betrunken wie nüchtern." Aber hier bin ich, und es hat ein Ende . Aiblins , es ist auch nur Scherz . Ich könnte nur die Motoren abspülen Cunarder flott, aber ich weiß, dass es nicht mehr als ein Dutzend Männer in ihrer gesunden Flotte sind, die den alten Orinoco acht Knoten hinter sich lassen könnten. Da steckt eine Art Göttlichkeit dahinter , glaube ich . Die Grube eines Mannes , während er Maist ist will es ."

John Alexander Goble, der stellvertretende Schauspieler, erwies sich als ein Mann mit größerem Tiefgang und mehr Überraschungen als sein Vorgesetzter. Er war es, der Hughie vor dem Kampf mit Mr. Gates die Listenschuhe zugeworfen hatte, was zeigte, dass er im Herzen ein Sportler war; er hatte die erste Gelegenheit genutzt, um die Rückgabe desselben zu verlangen, was zeigte, dass er ein Schotte war; Aber er hatte stattdessen für Hughie ein besseres Paar Schuhe gefunden, zusammen mit einigen Kleidungsstücken, die passender waren als der blaue Pullover und die orange-rote Pyjamahose , was zeigte, dass er ein barmherziger Samariter und ein Mann war, der ein Sportler ist und ein Schotte und ein barmherziger

Samariter in einer Person sind eine Bereicherung für die Gesellschaft jedes Maschinenraums.

Sein Gesicht trug einen Ausdruck verhaltener Finsternis; und wenn er in seiner Heimat Kaledonien gewaschen und an Land gesetzt worden wäre, hätte er wahrscheinlich eine einstimmige Einladung erhalten, zu kommen und finster über den Teller im Eingang des nächstgelegenen Wee-Free-Klosters zu blicken. Seine Rede war langsam und salbungsvoll: Man könnte sich vorstellen, dass er unter glücklicheren Umständen den Familiengottesdienst hielt und eine Pause einlegte, um auf anerkannte Weise eine besonders offensichtliche Passage im „Abschnitt" des Abends zu erläutern, also: „Aus dem Ausdruck ‚ein mieser Mann von Tapferkeit'." „Wir können davon ausgehen, dass es sich bei dem Gegenstand dieser Erwähnung um eine Person von beachtlicher Statur und zweifellos körperlichem Mut handelte."

Er war gewohnheitsmäßig und schmerzhaft nüchtern, und zwar aus Gründen, die Hughie von ihm zu einer Zeit erfuhr, als sie mehr Zeit hatten, die Charaktere des anderen zu studieren. Er hatte keine Ahnung von den Grundprinzipien der Mechanik, aber man konnte darauf vertrauen, dass er die Propellerwelle des Orinoco mit einer gleichmäßigen Drehzahl von zweiundsiebzig pro Minute drehte; und im Umgang mit widerspenstigen Feuerwehrleuten hatte er eine sanfte, überzeugende Art, die für angenehme Vernünftigkeit und allgemeine Harmonie unter der Treppe sorgte, als sich Mr. Angus gerade von einem dieser plötzlichen und bedauerlichen Anfälle von Unwohlsein erholte, die normalerweise mit der Vergesslichkeit des Verwalters einhergingen, abzuschließen die Kabinen-Whisky-Flasche.

Hughie legte im Vorschiff an und wurde von den Dagoes, Holländern *usw. mit einer Mischung aus Bewunderung für die Art und* Weise, wie er Mr. Gates zufriedengestellt hatte , und rätselhafter Überraschung, dass ein Mann zu einer solchen Leistung fähig sein sollte, betrachtet Er begnügt sich damit, von seinen eigenen Rationen zu leben und in der ihm zugewiesenen Koje zu schlafen, ohne den Wunsch zu hegen, Nachforschungen anzustellen, wie es seinen Nachbarn geht .

Im Großen und Ganzen fand Hughie sein Leben erträglich genug, als der Orinoco sich seinen Weg über die Ufer von Neufundland bahnte; und er empfand keinen Schmerz, als die Apulia, die Rauch aus ihren vier Schornsteinen ausstieß und sein Gepäck in einer ihrer Kabinen trug, am dritten Tag ihrer Reise am Rande des südlichen Horizonts an ihnen vorbeizog. Er war raue Verhältnisse gewohnt und jede neue Erfahrung der Dinge, wie sie sind, war für ihn von Interesse. Darüber hinaus besaß er den unschätzbaren Besitz eines gusseisernen Verdauungssystems; und ein so gesegneter Mann kann es sich leisten, bei den meisten der vielfältigen und vielfältigen Veränderungen dieser Welt mit den Fingern zu schnippen.

Captain Kingdom und Mr. Gates hielten ihn vorerst streng auf Distanz. Der schweigsame Mr. Dingle vermittelte ihm durch einen überraschend raffinierten Code aus Grunzen und Erwartungshaltungen, dass er, Hughie – oder Brown, wie er gewöhnlich genannt wurde – zufrieden damit war, seinen Weg zu gehen, ohne nach Ärger zu suchen, er , Herr Dingle, war damit zufrieden, sein Geld zu verdienen, ohne sich darum zu bemühen , es zu liefern. Alles in allem schien es keinen Grund zu zweifeln , *dass die Orinoco, sofern sie sich unterwegs nicht* öffnete und wie ein Korb sank , schließlich den Hafen von Bordeaux erreichen und ihre Garben in Form von Hughie und etwas unaussprechlichem Rotwein mitbringen würde ihr.

Aber es gibt mehr als eine Möglichkeit, mit der Schifffahrt Geld zu verdienen.

Eines Nachts beugte sich Hughie über die Heckreling hinter dem Steuerhaus am Heck. Es war zwei Uhr und die Dunkelheit wurde durch einen dichten Nebel verstärkt. Es wehte fast kein Wind, und die Orinoco glitt dankbar wie ein Zugpferd, das die Räder seiner Kutsche auf einem Straßenbahngleis spürt, auf den trägen Rollen auf und ab, mit dem größten Trost darüber, dass sie diese Reise erlebt hatte.

Hughie beobachtete träge das phosphoreszierende Kielwasser des Propellers und fragte sich, ob Captain Kingdom den Befehl hatte, ihn in Hemd und Hose in Frankreich zu landen oder ihn über Bord zu werfen, bevor sie dort ankamen, als neben ihm eine Gestalt aus der Dunkelheit auftauchte. Es war der lockere Mr. Allerton.

„Hallo, Percy!" sagte Hughie. Er war bald in die Nomenklatur des Foc'sle eingestiegen .

„Sehen Sie hier", sagte Allerton mit zielgerichteterer Stimme als gewöhnlich; „Komm vorbei und schau dir dieses Boot an."

Das größte der drei Boote der Orinoco lag in ihrer Nähe. Sie wurde nach innen geschwenkt und ruhte auf Deckkeilen unter den Davits. Eine Plane aus Segeltuch, deren eines Ende hin und wieder im Wind flatterte, bedeckte sie. Allerton hob diese Klappe an und steckte seine Hand hinein. Plötzlich gab es ein Stottern und einen Schimmer, und es wurde deutlich, dass er ein brennendes Streichholz unter der Leinwand hielt.

"Sehen!" er flüsterte.

Hughie spähte unter die Klappe. Er sah Wasserfässer, ein Spirituosenfass und verschiedene Taschen und Kisten. Dann ging das Streichholz aus und Allerton zog seine Hand zurück.

Das Paar zog sich noch einmal in seinen Unterschlupf hinter dem Steuerhaus zurück.

"Du hast das gesehen?" sagte Allerton.

„Das habe ich. Halten sie normalerweise die Boote auf diesem Schiff bereit? Wenn ja, kann ich es ihnen nicht verübeln."

„Sie nicht. Jemand macht in Kürze ein Wasserpicknick – das ist alles."

Hughie grübelte.

„Bin *ich* der Mann, meinst du?" sagte er schließlich.

„Nein, das glaube ich nicht. Für eines ist zu viel Futter da. Außerdem sind die anderen Boote auch versorgt. Es sieht so aus, als ob das Schiff verlassen werden sollte."

„Aber warum? Es gibt noch keinen Grund, warum sie für längere Zeit zerfallen sollte . Rust ist sehr bindend, wissen Sie. Wahrscheinlich wird sie für den Fall der Fälle mit Proviant versorgt …"

Allerton schüttelte weise den Kopf.

„Da steckt mehr drin, als man auf den ersten Blick sieht", sagte er. „Wie Sie wissen, ist es mir eine Freude und ein Privileg, derzeit als Verwalter zu fungieren, während der reguläre Inhaber dieses Amtes aufgrund eines Ekzems an den Händen bedauerlicherweise in den Ruhestand geht. (Sogar Mr. Gates scheut sich vor Ekzemen!) Jetzt braut sich im Cuddy etwas Unheil zusammen, und sie sind alle drin – Kingdom, Gates und Angus. Bei Dingle bin ich mir nicht ganz sicher, weil er nach vorne schläft; aber ich denke, er ist es auch. Mehr noch: Es ist etwas Sie können es sich nicht leisten, etwas zu verschenken. Kingdom, das Angus auf See normalerweise sehr knapp an Getränken hält, lässt ihn jetzt trinken, wann immer er will, und tut im Allgemeinen alles, um ihn süß zu halten. Das zeigt er Ich kann es mir nicht leisten, mit ihm zu streiten. Und wenn ein Kapitän es sich nicht leisten kann, mit einem Chefingenieur zu streiten, den er hasst, dann bedeutet das normalerweise, dass er und der Ingenieur wegen eines Streits, der seine Wurzeln in der Maschine hat, zusammen sind -Zimmer. Merken Sie sich meine Worte, in einer dieser schönen Nächte wird der alte Kaledonier mit dem grauen Haar ein oder zwei Seehähne öffnen, an Deck stürmen und sagen, dass das Schiff sinkt. Es wird darum gehen, dass alle Mann an den Booten sind; Die Orinoco wird unten ihre längst überfällige und wohlverdiente Ruhe einlegen , und die Versicherungsleute werden zahlen und freundlich dastehen."

„Hm", sagte Hughie; „An dem, was Sie sagen, scheint etwas dran zu sein. Ich wünschte, ich könnte ein Auge auf den alten Sünder im

Maschinenraum haben; aber seit Walsh wieder im Dienst ist, habe ich jetzt überhaupt keine Entschuldigung mehr, dorthin zu gehen. Es könnte fast so sein Es lohnt sich, Goble zu warnen. Er ist ein anständiger Kerl.

„Wer hat jetzt Dienst im Maschinenraum?"

„Walsh, sollte ich denken. Angus macht ihm normalerweise ungefähr nach acht Glocken Platz.

„Da ich kein Experte bin, kann ich das nicht sagen. Sie klingen vielleicht ein bisschen asthmatischer als sonst. Was ist los?"

„Jemand hat die Eselspumpe in Betrieb genommen", sagte Hughie. „Vielleicht ist es schließlich Angus, der mit dem Wasserballast herumalbert. Hallo!" Er beugte sich über die Heckreling und spähte nach unten. „Fällt Ihnen etwas Ungewöhnliches am Propeller auf?"

„Es scheint ein bisschen Staub aufzuwirbeln", sagte Allerton. „Fliegt es schneller umher oder nähert es sich der Oberfläche?"

„Es ist halb aus dem Wasser", sagte Hughie. „Das bedeutet, dass der alte Mann den hinteren Doppelbodentank abgepumpt hat. Schauen Sie, wir sind alle am Kopf!"

Die beiden traten hinter dem Steuerhaus hervor und blickten nach vorne. Das bündige Deck der Orinoco verlief zweifellos bergab zum Bug hin.

„Was ist das Spiel?" fragte Allerton aufgeregt.

Hughie dachte nach. Dann sagte er: –

„Ich bin mir nicht sicher, aber sein nächster Schritt sollte es uns verraten. Entweder versucht er, ihr die Nase unterzudrücken und sie zu versenken, indem er den Wasserballast manipuliert, was in einer flachen, ruhigen Lage wie dieser eine hoffnungslose Aufgabe zu sein scheint, und wenn es so ist, sogar selbstmörderisch kommt raus; oder er bereitet sich auf eine Art Schrecken vor, der die Crew in Angst und Schrecken versetzen wird – Hallo? Was ist das?"

Es gab einen warnenden Schrei von Mr. Dingle, der ganz vorne im Bug stand.

„Etwas direkt vor uns, Sir! Sieht aus wie –"

Von der Brücke, wo der Kapitän am Ruder stand, ertönte ein Antwortruf, gefolgt vom Läuten der Telegraphenglocken. Im nächsten Moment stieß der Orinoco einen Schlag aus und schwankte, und Hughie und Allerton warfen sich nach vorn auf die Nase.

Überall auf dem Schiff gab es Rufe und Schreie, und Männer stürzten durch die Luken.

„Wir sind auf etwas gestoßen", keuchte Allerton.

„Hat deine Großmutter geschlagen!" grunzte Hughie, der da saß und sich zärtlich die Nase rieb. „Dieser Stoß kam direkt unter uns. Er wurde dadurch verursacht, dass Angus seine Motoren umkehrte, ohne dem Schiff Zeit zum Abbremsen zu geben. Ich vermute, er hat nicht einmal den Dampf abgestellt. Wahrscheinlich hat er die Motoren aus ihren Lagern gehoben. Nun, vielleicht hat er das getan Ich bin sowieso mit ihnen fertig. Komm mit.

Mittlerweile hatte sich eine erschrockene Menschenmenge auf dem Deck der Orinoco versammelt, die regungslos auf dem stillen Meer lag und am Heck kunstvoll in die Höhe gekippt wurde. – Hughie begann, das Innerste von Mr. Angus' Manövern mit dem Wasserballast zu begreifen, – bot selbst in dieser ruhigen Nacht ein ausreichend beunruhigendes Aussehen.

Mr. Dingle und der Kapitän, der eine über dem Bug hängend und der andere in wachsamer Haltung auf der Brücke, führten ein Gespräch, das Hughie vage an ein sorgfältig einstudiertes „ Cross-Talk"-Duo zwischen zwei umwerfenden Künstlern erinnerte vom Variety-Firmament – sagen die Brothers Bimbo in einer ihrer berühmten spontanen „Patter-Szenen". Die Ähnlichkeit wurde durch die Tatsache verstärkt, dass das „Pattern" von beiden Interpreten *im Fortissimo* vorgetragen wurde und jeder die aussagekräftigsten Phrasen des anderen in Tönen wiederholte, die es dem Publikum unmöglich machten, sie zu hören.

"Was war es?" schrie Bimbo Senior (vertreten durch Captain Kingdom).

„Wrackklumpen!" brüllte Bimbo Junior, während er den Vorderfuß des Schiffes ausgiebig musterte.

„Wrackklumpen?" brüllte Bimbo Senior.

„Wrackklumpen!" bestätigte Bimbo Junior.

„ Natürlich *könnte* es Eis gewesen sein", schlug Nummer Eins mit lauter Stimme vor.

„Vielleicht war es Eis", antwortete das gewissenhafte Echo.

„ Paarsonal neige ich dazu, zu glauben, dass es nur ein kleines Stück Koralleninsel war ", unterbrach eine dritte Stimme mit schmerzhafter und verblüffender Deutlichkeit. Plötzlich war der Chefingenieur auf der Brücke aufgetaucht.

Der Kapitän war offensichtlich sehr verärgert. Erstens gibt es im Nordatlantik nicht viele Koralleninseln, und selbst die Leichtgläubigkeit eines Publikums, das aus ausländischen Matrosen und halbzivilisierten Feuerwehrmännern besteht, hat ihre Grenzen. Zweitens gilt das Axiom, dass zwei Gesellschaft sind und drei keine Gesellschaft, auch für gegenseitige Gesprächsduologen. Drittens war Herr Angus übermäßig betrunken, und daher konnte die mühsam geplante Komödie, die gerade im Gange war, aufgrund seines unkünstlerischen und unangebrachten Eindringens in die Szene jeden Moment eine völlig unvorbereitete Wendung nehmen.

Der Kapitän verlor keine Zeit.

„Welchen Bericht haben Sie aus dem Maschinenraum, Mr. Angus?" erkundigte er sich laut und deutlich.

Mr. Angus, der sein Stichwort plötzlich erkannte und fast unter Tränen erkannte, dass er den Erfolg des gesamten Stücks durch unziemliches „Knebeln" gefährdet hatte, riss sich zusammen, kehrte zu seinem Text zurück und verkündete, dass das Schiff schwer untergegangen sei Kopf und der Herd sind überschwemmt.

„Es bleibt uns nichts anderes übrig", schrie der Kapitän resigniert, „als sie zu verlassen. Räumen Sie die Boote weg, Mr. Gates!"

Nachdem wir auf diese Weise eine funktionierende Erklärung für die Katastrophe gefunden hatten und nebenbei die gesamte Zuhörerschaft – also jene Mitglieder, die nicht bereits in der *Claque* dienten – als unvoreingenommene Zeugen für die Verteidigung für den Fall herangezogen hatten, dass die Versicherungsgesellschaft böse werden sollte, Der unerschrockene Kommandant stieg von der Brücke in seine Kabine hinab, um ein paar Dinge des Nötigsten zu holen, bis er sein geliebtes Schiff verlassen würde.

Hughie und Allerton beäugten einander.

„Mit welchem Boot gehst du?" fragte Allerton.

„Keine", sagte Hughie.

„Wirst du an Bord bleiben?"

Hughie nickte.

„Aber sie wird unter unseren Füßen versinken."

„Ich glaube nicht, dass sie so stark beschädigt ist. Da ist etwas Wildes im Spiel."

„Ich gehe nicht davon aus, dass sie überhaupt beschädigt ist", sagte Allerton, „aber Sie können sicher sein, dass sie nicht so dumm sind, das

Schiff schweben zu lassen, damit es abgeholt werden kann. Der alte Angus wird vor ihm Wasser in sie hineinlassen." geht, wenn er den Prozess nicht bereits begonnen hat.

„Nun, ich werde in keinem dieser Boote mitfahren", sagte Hughie. „Wenn der Orinoco sinkt, treibe ich mit einem Hühnerstall nach Europa."

„Darf ich die Hälfte davon haben?" sagte Allerton.

„Das dürfen Sie", sagte Hughie.

Und so wurde die SS Orinoco Salvage Company, Limited, an die Börse gebracht, und der Vorstand nahm sofort seine neuen Aufgaben auf.

Zu diesem Zeitpunkt waren die Boote bereits nach außen geschwenkt und ihre Versorgung abgeschlossen. Sie wurden nun von den Davits herabgelassen und die Männer begannen, ihre Plätze einzunehmen. Es gab keine Panik, denn die Nacht war ruhig und der Orinoco zeigte keine Anzeichen dafür, tiefer zu sinken. Die Herren Gates und Dingle waren bereits an ihren jeweiligen Ruderern. Kapitän Kingdom und Mr. Angus standen an den Davits, an denen das Walfangboot noch festgekettet war. Mr. Goble, der es offenbar nicht eilig hatte, beugte sich in der Dunkelheit unweit von Hughie und Allerton über das Schanzkleid und betrachtete leidenschaftslos die Vorbereitungen der Besatzung für den Abflug. Er kam näher.

„Es gibt ein Whein „Fowk in den Booten", bemerkte er. „Ich glaube, wir wären an Bord sicherer."

Hughie drehte sich zu ihm um und nickte verständnisvoll.

„Das ist auch meine Meinung", sagte er, „und die von Percy. Wir denken darüber nach, hier zu bleiben."

Mr. Goble betrachtete ihn nachdenklich.

"Ist das ein Fakt?" er sagte. „ Nun , ich werde es auch abwarten."

Und so wurde ein drittes Mitglied in den Vorstand kooptiert.

„Wir verschwinden besser außer Sichtweite", sagte Hughie. „Sie werden uns nicht gerne zurücklassen. Ich glaube, ich kenne einen guten Ort zum Warten. Kommen Sie mit."

Das Trio schlüpfte hinter dem Kartenhaus herum, ging über einen verlassenen Abschnitt des Decks und verschwand in der Luke des Maschinenraums.

Der Maschinenraum wurde von ein paar schwingenden Laternen beleuchtet. Eine schwarze und schmierige Wasserflut glänzte auf dem

Eisenboden darunter, füllte die Kurbelgruben und bedeckte die Propellerwelle. Die Türen zum Heizraum standen offen, und sie konnten sehen, dass auch dort der Boden überflutet war, obwohl das Wasser noch nicht die Höhe der Feuerstäbe erreicht hatte. Aufgrund der Unbeweglichkeit des Schiffes war seine ölige Oberfläche nahezu ruhig, und im Maschinenraum selbst herrschte nach dem Aufruhr an Deck eine merkwürdige Stille. Die Feuer brannten schwach, aber ab und zu glitt mit einem zischenden Plätschern ein glühender Klinker zwischen den Gitterstäben in die blutrote Flut darunter. Der Dampf zischte unzufrieden in den Anzeigen.

Das Bergungsbrett stand knietief im Wasser des Maschinenraums.

Hughie nahm eine rauchige Inspektionslampe – ein teekannenähnliches Gerät mit einem Docht in der Tülle –, zündete sie an und spähte umher.

„Sehen Sie mal", sagte er, „ich weiß nicht genau, woher dieses Wasser kommt, und das spielt auch keine große Rolle, da derzeit kein weiteres Wasser hereinkommt. Wenn der alte Mann vorhat, das Schiff zu versenken, wird er es tun." Ich muss hier runterkommen, um es zu tun. Er hat wahrscheinlich einen Ausweichmanöver arrangiert, durch den er einfach ein Rad drehen und ein Ventil öffnen und sie nach unten schicken kann. Ist das nicht die Idee, Goble? (Ich werde es erklären Sie hinterher, Allerton.) Ich habe den Eindruck, dass er kurz vor dem Verlassen vorbeikommt und das Ventil aufdreht. In diesem Fall muss einer von uns daneben stehen und es wieder zudrehen. Ihr zwei geht durch in den Heizraum. Er ist es nicht Ich werde dort wahrscheinlich reinkommen. Wenn er es tut, müssen Sie nach Ihrem eigenen Ermessen vorgehen. Ich werde hier warten, auf der anderen Seite der Zylinder, direkt am Kondensator. Er wird mich wahrscheinlich nicht sehen, aber ich werde in der Lage sein, zuzusehen ihn und schau, welches Ventilrad er antreibt.

Die anderen beiden gehorchten, und Hughie, der über die Grundplatten der Motoren kletterte, machte es sich hinter einem praktischen Kreuzkopf bequem, mit den Füßen in einer überfluteten Kurbelgrube und seinem Körper so weit wie möglich in den Schatten des Motors zurückgedrängt Kondensator.

Er musste nicht lange warten. Plötzlich waren vorsichtige Schritte zu hören, die die Eisenleiter hinunterstiegen, und Mr. Angus, vergleichsweise nüchtern, trat schwerfällig in die Flut auf dem Boden.

Sein erster Schritt bestand darin, bis zum Ende des Maschinenraums zu waten – Hughie glaubte zunächst, dass er direkt in die Arme von Allerton und Goble gelangte, und fragte sich, was sie mit ihm machen würden –, wo er zu manipulieren begann das große Ventilrad, das den Dampf in den Kesseln gefangen hielt; und plötzlich konnte Hughie das Brüllen der Flucht weit über seinem Kopf hören. Dies war eine reine Vorsichtsmaßnahme und konnte niemandem schaden .

Dann bahnte sich Mr. Angus seinen Weg zur Ecke bei der Eselspumpe, wo sich die Maschine zur Steuerung der Bilgen- und Wasserballastventile befand, und begann, sich über ein anderes Rad zu drehen. Plötzlich war ein gurgelndes, blubberndes Geräusch in den Eingeweiden des Schiffes zu hören, gefolgt von einem leichten Zischen und Flüstern auf der Wasseroberfläche auf dem Boden des Maschinenraums. Das Ventil war geöffnet.

Mr. Angus drehte sich um und torkelte schwerfällig durch die steigende Flut zur Eisenleiter. Dreißig Sekunden später kroch eine glitzernde Gestalt aus der Kurbelgrube und drehte das Rad kräftig in die entgegengesetzte Richtung. Das Gurgeln und Zischen hörte auf. Das Ventil war geschlossen.

KAPITEL IX

LITERA SCRIPTA MANET

„ Mr. Marrable , haben Sie jemals einen Trottel gesehen?"

"NEIN."

„Nun, sehen Sie mich!" verkündete Mr. Goble selbstgefällig.

Er kroch aus dem Niedergang des Maschinenraums und setzte sich auf das Deck. Übermäßige Fichte war nie seine Schwäche gewesen, aber jetzt war er eine nicht wiederzuerkennende Masse aus Kohlenstaub, Öl und Rost. Er war tropfnass, denn er hatte die letzte Stunde damit verbracht, die überschwemmte Binnenwirtschaft des Orinoco eingehend zu untersuchen. Die Morgensonne war warm, und er dampfte wohlig, als er Hughie, der auf unmerkliche, aber unausweichliche Weise das Kommando über die winzige Schiffskompanie übernommen hatte, das Ergebnis seiner Nachforschungen mitteilte.

Mr. Gobles Bericht, frei von technischen Details und irrelevanten Ausflügen in die Bereiche der ungeschickten Philosophie, kam zu diesem Ergebnis.

Herr Angus hatte in der Nacht den hinteren Ballasttank abgepumpt, sodass das Wasser über ein speziell angebrachtes Rücklaufrohr in die Bilgen des Schiffes fließen konnte, anstatt über Bord zu entweichen. Durch dieses Mittel hatte er den Schwerpunkt der Orinoco so verändert, dass die oben erwähnte Neigung des Decks bergab entstand – ein bestätigendes Detail, wie Pooh-Bah bemerkt hätte, das ein wenig den dringend benötigten künstlerischen Touch gab Wahrhaftigkeit der kahlen und wenig überzeugenden Katastrophenerzählung der Bimbo Brothers. Nebenbei hatte er das Vorschiff und den Maschinenraum mit ausreichend Wasser geflutet, um den Mitgliedern der Schiffsbesatzung, die nicht im Vertrauen ihres Arbeitgebers standen, den Eindruck zu vermitteln, dass das Schiff unterging, und um denjenigen, die es waren, einen *ersten* Anscheinsgrund dafür zu liefern, es im Stich zu lassen.

Aber diese wohlüberlegten Vorsichtsmaßnahmen reichten zwar aus, um den Orinoco aufzugeben, sie reichten jedoch keineswegs aus, um ihn auf den Grund zu schicken, eine Vollendung, die um jeden Preis erreicht werden musste; Denn sein Schiff mitten auf dem Ozean herumliegen zu lassen, damit es vom ersten Zufall abgeholt wird, während man eilig nach Hause geht, um einen Scheck von der Versicherungsgesellschaft abzuholen, riecht nach schlampigen Geschäftsmethoden; und Mr. Noddy Kinahan war absolut gründlich.

Jetzt ist jeder Dampfer, der unter der Ägide von Lloyds verkehrt , unterhalb der Wasserlinie mit einer Reihe sogenannter Bilgenventile ausgestattet. Dadurch ist es möglich , eventuell in den Gefäßkörper gelangtes Wasser auszutreiben . Da es sogar noch wünschenswerter ist, das Eindringen von Wasser in Ihr Schiff zu verhindern, als seinen Austritt zu unterstützen, sind diese Ventile strikt „rückschlagsfrei" und es darf niemals ein großer Druck von außen auf sie wirken Teil von Facing-Both-Ways. Das Leben des Schiffes hängt von ihnen ab; und der unternehmungslustige Mensch, der ihren Mechanismus so manipuliert, dass er das, was als Notausgang gedacht ist, in eine Art Früheingang für die Tiefsee verwandelt, tut dies auf die Gefahr hin, in eine unmittelbare und schmerzhafte Kollision mit dem Kriminellen zu geraten Gesetze seines Landes.

Offenbar hatte Mr. Angus während der Reise einen Teil seiner Freizeit damit verbracht, eines dieser Bilgenventile umzudrehen, und zwar mit so viel Geschick und *Fingerspitzengefühl* , dass man, wie wir gesehen haben, nur einem Wurm eine Drehung zu geben brauchte. und Radausrüstung im Maschinenraum, um den Atlantischen Ozean in großen Mengen zuzulassen.

„Oh, er hat einen Heid an sich, hat Angus!" kommentierte Mr. Goble mit professioneller Wertschätzung, „selbst wenn er scheiße ist . Er hat einen seltenen Job gemacht . Aber wie er es geschafft hat, diese Nachahmung eines Zusammenstoßes zu erschaffen, nur durch ein paar Witze Mit Rückwärtsgang und Gas, ohne Ich weiß es nicht . Mann, das war ein echter Zaubertrick ! Grundsätzlich sollte die Gliederbewegung zu einer Uhrkette und den Kreuzschienen verdreht sein in den Führungen verklemmen . Aber sie sind nein. „Es ist reine Vorsehung, das weiß ich ", fügte er ziemlich entschuldigend hinzu, mit der Miene von jemandem, der früher daran hätte denken sollen.

Dann erhob er sich von seinem Sitz auf einem umgedrehten Eimer.

„Bevor ich mich auf den Weg mache, Sir", schloss er, „ meine Füße und Hosen zu wechseln, werde ich mir die Freiheit nehmen , Sie zu fragen, was Sie vorschlagen ." dae als nächstes. Maircy mich! Yons Walsh.

Um die Ecke des Kartenhauses waren zwei Gestalten aufgetaucht, deren Anwesenheit auf der anderen Seite schon seit einiger Zeit durch das Klappern der Deckspumpen angekündigt worden war. (Mr. Angus' Vorsichtsmaßnahme, vor dem Verlassen Dampf abzulassen, hatte mechanische Hilfe beim Entfernen des Wassers vorerst außer Frage gestellt.)

„Ja, ich bin es", sagte Walsh, der, wie man sich erinnern wird, der zweite Ingenieur war, dessen Stellvertreter Hughie kürzlich fungiert hatte. „Ich hätte um acht Uhr zum Dienst kommen sollen, um Angus abzulösen, aber ich habe alles durchgeschlafen, bis Mr. Marrable mich vor ein oder zwei Stunden in meiner Koje gefunden hat. Ich gehe davon aus, dass sie letzte Nacht etwas in meinen Grog getan haben."

„Es ist ein ziemliches Hobby von ihnen", sagte Allerton trocken. „Herr Marrable , ich habe etwas gefunden, das für uns nützlich sein könnte."

Er reichte seinem Vorgesetzten ein feuchtes, aber unbeschädigtes kleines Päckchen Papiere.

„Wo hast du sie gefunden?" fragte Hughie. „Ich dachte, ich hätte die Ausrüstung von Kingdom ziemlich gründlich durchgesehen."

„Sie steckten in den Fallen der Davits fest, die zu dem Boot gehörten, mit dem Kingdom losfuhr", antwortete Allerton. „Ich sah ihn kurz vor seiner Abreise mit dem Logbuch und einigen Papieren und Instrumenten aus seiner Kabine über das Deck eilen. Ich gehe davon aus, dass er diese fallen ließ, als er über Bord ging."

„Setzt euch alle", sagte der Kommandant, „wir werden das zu Ende bringen. Es könnte uns alle betreffen."

Das Paket enthielt zwei Briefe sowie einige Rechnungen und Frachtbriefe, die sich hauptsächlich auf die Ladung adstringierenden Rotweins des Orinoco bezogen.

Hughie warf einen Blick auf die Briefe. Dann las er sie noch einmal mit einiger Überlegung. Dann pfiff er leise und ausdrucksvoll. Dann setzte er sich auf und seufzte sanft und zufrieden.

„Mr. Noddy Kinahan ", sagte er, „wird sich in Kürze mit seinem ganzen wohlwollenden und menschenfreundlichen kleinen Herzen wünschen, dass er nie geboren worden wäre. Und wir sind die Menschen, die ihm diesen Wunsch erfüllen werden. Hören Sie!"

Er las die beiden Briefe laut vor. Sie waren kurz, aber deutlich. Einer enthielt Kinahans Befehle an das Königreich hinsichtlich der Entsorgung des Orinoco. Bei der anderen handelte es sich um eine Art Rechnung oder Frachtbrief, die sich auf die Person eines gewissen Marrable bezog , der offenbar in der Nacht vor der Abfahrt des Schiffes an Bord verschifft worden war. Man kann hinzufügen, dass jedes dieser Dokumente ausreichend Material enthielt, um seinem Autor die Freiheitsstrafe zu sichern.

Hughie hörte auf zu lesen und es herrschte langes und anerkennendes Schweigen. Dann sagte Allerton: –

„Was mich verblüfft, ist zu verstehen, wie Kinahan so ein Narr sein konnte, diese Pläne zu Papier zu bringen, und wie Kingdom so dumm sein konnte, sie behalten zu wollen. *Ich hätte* sie im Orinoco untergehen lassen. "
"
.

„Ich gehe davon aus, dass eine Erklärung beide Fälle abdeckt", sagte Hughie. „Wahrscheinlich verlangte das Königreich seine Befehle in Schwarz auf Weiß, als Garantie dafür, dass er sein Geld bekommen würde, wenn er seine Arbeit erledigt hatte. Ansonsten hatte er gegenüber Kinahan keinen Anspruch auf einen Penny, der über sein normales Gehalt als Kapitän hinausging. Kinahan stimmte wahrscheinlich zu und legte fest dass ihm die Briefe zurückgegeben werden sollten, wenn sie ihre Rechnungen beglichen hätten. Das war ein riskantes Unterfangen, aber wenn zwei Diebe einander nicht vertrauen können und urkundliche Beweise dafür hinterlegen – nun, das ist arm, aber verdient Leute wie wir kommen herein. Nein, ich glaube nicht, dass Kingdom diese zurücklassen *möchte* ; und ich denke, dass er inzwischen ein ziemlich kranker Mann ist, wenn er sie vermisst hat.

Er faltete die Briefe zusammen und legte sie sorgfältig weg.

„Nun, meine Herren", sagte er energisch, „ich schlage vor, dass wir nach unten gehen und sehen, ob auf der Orinoco genügend Dampf vorhanden ist, um den Rest des Wassers herauszupumpen und den Propeller wieder zum Laufen zu bringen. Wir müssen befeuchten." Die meisten Brände können gelöscht werden, weil wir nicht allzu viele Feuerwehrleute einsetzen können, aber ich denke, wir sollten bei normalem Wetter vier oder fünf Knoten aus dem Schiff schaffen. Glücklicherweise sind 75 *Prozent* der Schiffsbesatzung kompetente Ingenieure. Danach dass wir etwas frühstücken und uns danach auf den Weg nach Hause machen. Wir werden arbeiten", er schmatzte fröhlich mit den Lippen, wie ein energischer Pädagoge am ersten Morgen des Semesters, „in Dreierschichten. Zwei Männer." wird den Maschinenraum und den Heizraum betreiben, und der dritte wird das Steuer übernehmen. Der vierte kann schlafen. Das gibt uns jeweils achtzehn Stunden Arbeit und sechs Stunden Freizeit. Ich weiß nicht, wo wir sind, und ich habe keine Mittel dazu Wir haben es herausgefunden, da Captain Kingdom mit der Karte und den meisten Instrumenten davongegangen ist. Aber wir müssen in der Nähe von Land sein, sonst wären sie noch nicht zu den Booten gegangen. Wenn wir mit einer Geschwindigkeit von etwa hundert Meilen pro Tag stetig nach Osten dampfen (mit etwas Norden), was meiner Meinung nach ungefähr unsere Grenze ist, werden wir früher oder später auf etwas stoßen. Und wenn wir das tun, werden wir die zuständigen Behörden erreichen, und ich wage zu glauben , dass wir mit Hilfe dieser beiden Briefe und des manipulierten Bilgenventils unten in der Lage sein werden, diesen drei Bootsladungen einen Empfang zu bereiten von schiffbrüchigen Seeleuten, wenn sie ankommen, wird das sie überraschen. Außerdem schätze ich, dass es eine Beute für die Bergung geben wird. Was für ein Spiel!" Hughie stand auf und holte tief Luft. Das war das echte Leben! „Seid ihr *dabei* , Jungs?" rief er plötzlich. „Geht der alte Orinoco auf dieser Reise auf den Grund?"

Die Mannschaft erhob sich zu ihm und jubelte dreimal.

Später am Nachmittag, als der Orinoco in einem reinen Prozessionstempo durch das kräuselnde Wasser raste – das Glas fiel und eine Brise aufkam –, sagte irgendwann der stellvertretende Quartiermeister Lionel Hinchcliffe Welford-Welford Allerton, verstorbener Schüler des Trinity College in Cambridge Der stellvertretende Decksmann der Handelsmarine entdeckte von seinem Posten auf der Brücke aus ein kleines bewegliches Objekt am Steuerbordbug.

Es war das Walfischboot des Orinoco, das unter zwei Lugsegeln auf einem Kurs parallel zum Dampfer fuhr .

Allerton, der in der Aufregung, die Orinoco zu retten, die Existenz der Freibeuterbande, die sie versenkt hatte, fast vergessen hatte, läutete aufgeregt die Telegraphenglocke und rief den Rest der Schiffsbesatzung an seine Seite.

Die Emotionen, die der Anblick des Walfischboots auf der Orinoco hervorrief, waren jedoch mild im Vergleich zu denen, die das unbeugsame Walfischboot durch das Schauspiel seines wiederbelebten Elternteils erregte. Als Mr. Angus den Dampfer erblickte, schwieg er diskret. Er hatte sich verraten, indem er ein- oder zweimal in seinem Leben zuvor Dinge gesehen hatte, die es nicht gab. Aber Captain Kingdom wurde zart apfelgrün.

"Schau da!" Er keuchte und zeigte.

„Deine kleine Wolke, meinst du?" sagte der vorsichtige Angus.

„Nein, nein, Mann – der Orinoco!" rief der verzweifelte Kapitän.

„Oh – die Scheiße! Ja, ja!" antwortete Mr. Angus eher erfreut als anders.

„An Bord ist eine Besatzung", fuhr Kingdom zitternd fort. „Und sie hat auch Dampf in sich!"

„Aye", sagte Mr. Angus. „Ich glaube nicht, dass jemand deinen Seehahn wieder geschlossen hat."

"Wer kann es sein?" forderte der Kapitän fieberhaft. „Bestimmt haben wir niemanden an Bord gelassen. Ich habe Dingle gesagt, er soll diesen Marrable in seinem Boot mitnehmen."

„Vielleicht", schlug Mr. Angus vor, „kommen die anderen Boote zurück."

Kingdom zeigte ungeduldig auf zwei kleine Punkte am Horizont.

„Sie sind da", sagte er.

„Vielleicht ist ein Passagierschiff auf sie gestoßen und hat eine kleine Crew an Bord gelassen", fuhr der fruchtbare Mr. Angus fort.

„Wenn ja, hätten wir das Linienschiff gesehen", antwortete Kingdom gereizt.

Er nahm sein Fernglas und begann, den Orinoco zu beobachten , der seinen Kurs um einige Punkte in ihre Richtung geändert hatte.

Herr Angus hatte eine neue Inspiration.

„Hat es dir etwas ausgemacht? „Wauken Walsh?" flüsterte er. „Wenn nicht, weißt du, dass er es ist na ja —"

Der Kapitän senkte seine Brille und nickte.

„Er könnte einer sein", stimmte er zu; „Aber es sind vier Männer an Deck." Er hob erneut sein Fernglas. „Ja, da sind sie. Nun, wer auch immer sie sind und was auch immer das Spiel ist, wir müssen wieder einsteigen und die Arbeit dieses Mal richtig machen . — Hallo, einer von ihnen rennt unten! — Hier ist er wieder! — Er ist Ich trage etwas bei mir — Fahnen, schätze ich. Sie werden uns ein Signal geben.

Er hatte recht. Bis zum höchsten Gipfel des schmutzigen Fockmasts des Orinoco wanderte ein Signal — zwar ein Banner mit einer seltsamen Vorrichtung, das aber dennoch eine vollkommen verständliche Botschaft übermittelte. Es bestand aus dem unteren oder unaussprechlichen Teil eines zerlumpten Anzugs aus orange-rot gestreiften Pyjamas .

Am Ziel angekommen, blähte es sich in der auffrischenden Brise auf und strömte trotzig und spöttisch in den Strahlen der untergehenden Sonne heraus; Er warf dem gärenden Paar im Walfischboot die einfache, aber umfassende Andeutung zu: „Verkauft!"

Dann änderte die Orinoco mit einem einzigen freudigen Sirenenlaut ihren Kurs um ein paar Punkte und suhlte sich in nordöstlicher Richtung, während die Besatzung des Walfischboots in bewundernder Stille einer schwefelhaltigen Antistrophe in zwei Dialekten lauschte ausgehend von den Heckschoten.

KAPITEL X

DAS ENDE EINER ODYSSEE

HUGHIE schätzte, dass sie möglicherweise drei oder vier Tage lang ostwärts dampfen mussten, bevor sie Land sahen.

Das war eine Unterschätzung.

Die Geschichte der letzten Reise des Orinoco wird nie geschrieben. Erstens handelte es sich bei den Teilnehmern nicht um Männer, die dem Verfassen von Reiseerzählungen verfallen waren ; und im zweiten Fall waren ihre Erinnerungen an den Verlauf der Ereignisse, als alles vorbei war, hoffnungslos und ziemlich gnädigerweise verschwommen. Nicht, dass es ihnen etwas ausgemacht hätte. Es macht weder Freude noch Gewinn, einen Albtraum zu rekonstruieren – vor allem, wenn er sechzehn Tage und Nächte gedauert hat.

Natürlich waren einige Ereignisse stärker in ihrer Erinnerung verankert als andere. Es gab diese Ewigkeit von sechsunddreißig Stunden, in denen die Orinoco, während jede verwundbare Öffnung versiegelt oder verriegelt war und ihre asthmatischen Motoren gerade kräftig genug pulsierten, um den Kopf vor dem Wind zu halten, einem Nordoststurm trotzte, der ihr viele Luftwege verwehte Meilen außerhalb ihrer Rechnung. („Das spielt keine große Rolle", sagte ihr philosophischer Kommandant . „Wir wissen zwar nicht, wo wir jetzt sind; aber vorher wussten wir auch nicht, wo wir waren, also wie stehen die Chancen? Wir machen weiter." Wir steuern ungefähr nach Nordosten, und da wir auf ein 800 Meilen breites Ziel zielen , sollten wir es irgendwo treffen.") Dann gab es eine pulsierende Nacht, in der die treuen Maschinen eine Zeit lang keuchend, aber ununterbrochen ihre zugewiesene Aufgabe erfüllt hatten lange genug, um alle, die auf sie angewiesen waren, in eine optimistische Stimmung zu wiegen, brachen sie völlig zusammen; und die Feuer mussten gedämmt werden, und die Orinoco musste sich hemmungslos im Meeresgrund suhlen, während die gesamte Schiffsbesatzung mit knackenden Muskeln und herzzerreißendem Keuchen eine verklemmte Traverse aus den Führungen löste und einen undichten Zylinder herunternahm.

Offensichtlich befanden sie sich außerhalb der üblichen Seewege, denn sie sahen in zehn Tagen nur einen Dampfer und ließen ihn vorbeifahren.

„Keiner von uns versteht die richtige Signalisierung ", sagte Hughie, „also können wir ihre Aufmerksamkeit nicht erregen, ohne etwas absurd Theatralisches zu tun, wie zum Beispiel kopfüber an der Flagge hochzulaufen; und ich werde gehängt, wenn wir das tun – noch. Nachher." Alles in allem wollen wir nur wissen, wo wir *sind* . Soweit ich das beurteilen kann, befinden wir uns möglicherweise direkt vor der Küste Irlands, und es scheint schwach, ein Kreuzfahrtschiff aus seinem Kurs zu bringen, um ihm Fragen zu stellen. Es wäre , als würde man anhalten der Flying Scotsman, um ein Feuer für die Pfeife zu bekommen.

„Oder einen Polizisten am Piccadilly Circus fragen, wie er am nächsten zur Criterion-Bar führt", fügte Allerton hinzu. „Ich bin die ganze Zeit bei Ihnen, Kapitän."

Und so ließen diese vier Bettler einen potenziellen barmherzigen Samariter vorbeigehen und hinter dem Horizont versinken. Es war eine für ihre Rasse typische Handlung: Sie hatten keine besonderen Einwände gegen den Tod, aber sie zogen eine Grenze, wenn man sie anlächelte. Dennoch gab es in den nächsten zehn Tagen Momente, in denen sie ihre Zurückhaltung eher bereuten.

Aber Ereignisse wie diese waren bloße Auswüchse in einer Ebene toter Monotonie. Die Tagesarbeit bestand aus endlosen Stunden in einem Gehenna-ähnlichen Heizraum, wo sie sich mit schmerzenden Rücken und blutenden Händen abmühten , um die unersättlichen Feuer zu schüren, oder durch tunnelartige Bunker auf der Suche nach der allmählich zurückweichenden Kohle krochen; Zaubersprüche am Steuer – manchmal festgezurrt – bei beißendem Wind oder blendendem Nebel; Das Ganze wurde von einer Diät aus Schiffskeksen, gesalzenem Schweinefleisch und lauwarmem Kaffee aufrechterhalten, gemildert durch kurze, aber gnädige Phasen des Schlafes völliger Erschöpfung.

Dennoch kann man sich an alles gewöhnen. Sie hatten sogar irgendwie Spaß. Große Anstrengung zählt, egal, ob man wie Walsh eine Frau und eine Familie hat, die von einem abhängig sind, oder ob man wie Hughie *die Lebensfreude* aus einem 18-Stunden-Tag und einer Arbeitshausdiät herausholen kann .

Und sie lernten sich gründlich kennen – ein Privileg, das den meisten in diesen Tagen rastloser Aktivität und vielfältiger Bekanntschaften verwehrt bleibt.

Für Hughie war es ein bleibendes Wunder, wie Allerton jemals in sein jetziges Anwesen hätte fallen können; denn er zeigte während dieser Reise, die seine Männlichkeit auf die Probe stellte, ein erstaunliches Maß an Energie, Ausdauer und Initiative. Er selbst führte seine Tugend auf den Mangel an Gelegenheit zurück, etwas anderes zu praktizieren , aber das war offensichtlich eine zu bescheidene Erklärung. Vielleicht sagt Blut immer alles. Auf jeden Fall nahm Allerton den unbestrittenen Rang als Stellvertreter zweier Männer ein, deren technisches Wissen und körperliche Stärke seine eigenen bei weitem übertrafen. Aber in seinen entspannten Stunden – die jetzt selten genug waren – war er so locker und leichtfertig und lässig wie eh und je.

Walsh war gewissermaßen der Schwächste im Quartett. Er war ein fähiger Ingenieur und ein ehrlicher Mann, aber ihm fehlte die unbekümmerte Lässigkeit der anderen drei; denn er hatte eine Frau und acht Kinder, die im fernen Limehouse auf ihn warteten, und eine solche Tatsache löst bei einem Mann eine Abneigung gegen Abenteuer aus. Auch er war ein enttäuschter Mann. Er war sieben Jahre lang Inhaber eines „Tickets" für den Chefingenieur, hatte jedoch noch nie einen Job als Chefingenieur inne. Er konnte es sich nie leisten, mit der Arbeit aufzuhören und zu warten, bis ihm der richtige Platz angeboten wurde: Er musste immer den ersten nehmen, der sich ihm bot, aus Angst, dass die Geschichte von Stiefeln und Brot in Limehouse an Bedeutung verlieren würde. Als Krönung des Unglücks wurde ihm sein letzter Job gekündigt, weil sein Schiff mit einem New Yorker Leichter kollidiert war und er gezwungen war, drei Monate lang im Trockendock zu bleiben; und durch die Schifffahrt im Orinoco schaffte er kaum mehr, als sich die Überfahrt nach Hause zu erarbeiten. Sein zehn Jahre alter Traum, Mrs. Walsh für alle Zeiten aus ihrem Waschbecken zu befreien und sie aus den *res angustæ* der Teak Street, Limehouse, in ein gesellschaftliches Umfeld zu erheben, das ausschließlich den Frauen der Chefingenieure vorbehalten war, schien so weit entfernt von der Erfüllung wie immer. Dennoch behielt er eine steife Oberlippe und hielt wach wie ein Mann, was mehr ist, als die meisten von uns unter diesen Umständen getan hätten.

Aber es war Goble, der Hughie am meisten interessierte. In den langen Nachtwachen, wenn sie die schweren Feuerschaufeln im Heizraum schwangen oder die sich ständig ansammelnden Klinker über die Bordwand wuchteten oder abwechselnd lauwarmes Wasser aus einem rußigen Eimer schlürften oder sich bei einem Treffen trafen Bei der Zusammenstellung von Kaffee und Schiffskeksen – dem Abendessen des einen und dem Frühstück des anderen – in der Kombüse ließ Goble klobige Reflexionen über das Leben im Allgemeinen mit autobiografischen Illustrationen ausklingen , die es Hughie ermöglichten, eine ziemlich umfassende Vorstellung von ihm zusammenzustellen frühere Existenz des Begleiters.

John Alexander Goble hatte zu seiner Zeit viele Rollen gespielt, wie die meisten Landstreicher. Er war als Sohn eines Wildhüters in Renfrewshire geboren worden und hatte seinen Vater früh verloren, den hingebungsvollen Verfechter der Eigentumsrechte, der bei einer Wilderei-Affäre durch einen Kopfschuss getötet worden war. Nach dieser Katastrophe war die Witwe, die sich zu Lebzeiten ihres Mannes offen nach ihrer Heimat Glasgow gesehnt hatte, in dieses städtische Paradies zurückgekehrt; und die heranreifende Jugend von John Alexander Goble war an einem entzückenden Ort namens

„The Coocaddens " verbracht worden, an den er sich nie wenden konnte, ohne einen Funken zärtlicher Erinnerungen in seinen Augen zu haben.

Warum John Alexander dieses Eden jemals verlassen hatte, konnte Hughie nie richtig herausfinden. Seine Hinweise auf diese besondere Epoche seiner Karriere blieben ausnahmslos unklar; Aber da er bei einer Gelegenheit düster bemerkte, dass „ Weemen einen Gowk über den Trauzeugen machen können " , schlussfolgerte Hughie, dass Mr. Gobles gegenwärtiger Lebensweg seinen Ursprung in einer zarten, aber unbefriedigenden Episode in den düsteren und fernen Tagen hatte seiner heißen Jugend.

„Danach", fuhr John elliptisch fort, „ging ich dorthin Motherwell . Kennst du Motherwell ? Ein großartiger Ort! Meilen und Meilen von Hochöfen, und der Himmel erleuchtete Tag und Nacht , wie das Jüngste Gericht . Ich habe dort ein paar Gelegenheitsjobs gemacht. Während ich einen Wagen mit Koks schleuderte , während ich mit ein paar Mädchen Kohle sortierte , bekam ich schließlich einen Job als Former .

"Was ist das?" fragte der stets aufgeschlossene Hughie.

„Was sonst als ein Körper, der Formen herstellt ?“

„Ja, aber wie macht er das?“

„ Nun , es gibt eine Art sandigen Ort an der Stelle jedes Schmelzofens – wie ein bisschen Meeresufer, verstehen Sie – und alle vierundzwanzig Stunden gießen sie den Ofen. Sie lassen das Geschmolzene austreten Erz, das heißt, und es spült Doon intil Formen , die im Sand hergestellt wurden . (Man schafft es, indem man einfach Holzstämme in Reihen vergräbt und sie dann wieder herauspflückt , und das Zeug läuft weg in die Hohlräume, die übrig geblieben sind. Wenn es glüht , wird es aus Gusseisen hergestellt.) Nun ja, ich blieb ein paar Monate bei diesem Job . Aber es war eine mühsame Arbeit, abgesehen davon, dass man sich die Haare an den Füßen streichelte – man kratzt und kratzt im Sand , während man mit seinen bloßen Sohlen die Formen herstellt –, und sogleich gab ich es auf und nahm mich an die Arbeit daen ' Gelegenheitsjobs zwischen den Lastwagen und Motoren auf den Hofplätzen . Das gefiel mir gut, denn Maschinen sind das Yin-Ding, das mich wirklich begeistert. Zuerst war ich Koppler, dann Feuerwehrmann, dann wurde ich Tae Ich fahre eine kleine Rangierlokomotive und fahre Lastwagen über den Hof . Und schließlich wurde mir in einer Grube die Leitung einer Fördermaschine übertragen . Das war eine großartige Arbeit; aber es hat nicht lange durchgehalten. Zu diesem Zeitpunkt war ich schon ziemlich betrunken – ich würde die Treppe hinaufsteigen , nachdem ich die Coocaddens verlassen hatte – und an dem Tag, an dem ich die Käfigbande mit einem Lauf zum Boden des Schachts laufen ließ.

„War jemand im Käfig?" fragte Hughie, während Goble innehielt, als wollte er über ein geistiges Bild nachdenken.

„Das gab es nicht, Gott sei Dank! Aber unten in der Grube *saß* ein kleiner Junge , der auf seinem Stall – also seinem Lastwagen – am Schachtloch saß und auf dem Käfig wartete . Er war nicht da Er rechnete damit , dass das Ding wie ein Klecks Kitt zusammenfallen würde, also saß er nicht ganz klar da ; Und der Käfig kam zum Zug und nahm seine Füße weg. Mann, ich habe das Gesicht seiner Mither nie vergessen, als sie ihn großzogen. Ich habe meinen Job verloren und seitdem keinen Tropfen mehr angerührt. Seit siebenundzwanzig Jahren bin ich auf Abstinenz – siebenundzwanzig Jahre! „Ich weiß , es wird mein Leben verkürzen ", fügte er düster hinzu, „aber ich werde mich daran halten !"

„Was ist aus dem Jungen geworden?" fragte Hughie.

„Er hat zwei Holzfüße bekommen ", antwortete Goble fröhlicher, „und er hat die letzten zwanzig Jahre auf den Lampenraum aufgepasst. Ich habe immer wieder von ihm gehört , und wir waren immer frei , aber seine alte Mutter ." hat mir nie verziehen. Sie ist 70 Jahre alt am Tag, aber Jeems sagt mir, dass sie jedes Mal einen Fluch ausstößt, wenn er meinen Namen erwähnt.

In einem weiteren Teil von Mr. Gobles Abenteuern wurde erklärt, wie er aufs Meer hinausfuhr.

„Nachdem ich Motherwell verlassen hatte , ging ich nach Clydeside . Zu diesem Zeitpunkt war ich schon ein ziemlich guter Mechaniker, aber ich hatte eine Art Skunner an Maschinen angenommen – nicht ohne Grund – und ich versuchte es Ich hatte dort kein Glück und war ziemlich am Verhungern, als ich eines Tages auf der Dumbarton Road einen Freund traf und er mich fragte, ob ich gerne Geschirr spülen und Kartoffeln schälen würde Auf einem Passagierdampfer. Ich hätte mich darüber gefreut Soop the lums of muckle Hell zu dieser Zeit, Gin es war für einen Lohn, ich war so hingeworfen wi 'Hunger; Also sagte ich nur : „Tat ja!"

„Einen schönen Sommer lang habe ich an Bord der Electra gesessen, Kartoffeln geschält und Geschirr gespült, die zweiundzwanzig Tage lang eine Reise auf dem Wasser , rund um Arran und Bute und nur zwei Tage nach Skelmorlie gemacht hat Jahre. Als die Winterkamera anging, war ich wieder arbeitslos , aber da ich heutzutage ständig auf Abstinenz war und absolut zuverlässig war, wurde ich nach dem alten Stornoway versetzt , der auf derselben Linie war, und Waren transportieren musste , Vieh und Passagiere fuhren in die West Highlands – Coll, Tiree , Barra, Uist , Ullapool und einige Orte in und über Seen an der Küste. Jeden Donnerstag um drei Uhr verließ sie den Broomielaw Am Nachmittag war sie wieder da, Woche für Woche,

Sommer wie Winter, um elf Uhr am Vormittag des darauffolgenden Mittwochs. Die Leute von Largs, wo ihr Kapitän wohnte, pflegten ihre Uhren bei ihr zu stellen Es war ein schönes altes Boot, die Stornoway: Sie türmte sich auf den Felsen unterhalb des Scuir of Eig auf, wo sie in einem Schneesturm sieben Winter lang nicht sein wollte . Ich war heutzutage Kabinensteward, Sie werden es verstehen ; Und als wir die Mull umrundet hatten und die Passagiere ihren Tee von Gourock aufgebrüht und in Oban an Land gegangen waren , war der Appetit groß und ich beschäftigt. Es war das erste Mal, dass ich die Adligen bei ihren Mahlzeiten sah, und es verbesserte mein Essen erheblich. Seitdem habe ich meinen Tee nie mehr in eine Untertasse geschüttet : Ich ziste Gib mir mal einen kleinen Schlag, nein . Yons Mr. Allerton brüllt , um am Steuer abgelöst zu werden.

Bei einer anderen Gelegenheit erklärte Goble, wie er dazu kam, die Fleischtöpfe von Stornoway zu verlassen und sich auf die hohe See zu begeben.

„Ich hatte große Sehnsucht nach der Maschinerie", erklärte er. „Ein Körper kann nicht sein ganzes Leben lang Tische bedienen. Also schiffe ich nach zwei Jahren auf der Stornoway als Feuerwehrmann auf einem Passagierdampfer ein, der von Glasgow nach Bilbao fuhr. Dort ließ ich sie zurück, um zweiter Ingenieur auf einem kleinen Tramp zu sein, der Eisenerz transportierte tae das Mittelmeer. Das war vor fast zwanzig Jahren, und seitdem habe ich mich in Schottland nie mehr fit gefühlt. Weel , weel ! Aha! Mphm !" (*Ad lib.* und *da capo* .)

So redete er auf eine Art und Weise, die für beide viele anstrengende Stunden kostete und Hughies menschlichen Wissensschatz erheblich erweiterte.

Die Tage vergingen. Die Arbeit und die langen Arbeitszeiten begannen ihre Wirkung zu zeigen, doch die gesamte Mannschaft hielt grimmig daran fest. Auch ihre Nerven waren in Ordnung. Selbst als sie sich am Morgen des sechzehnten Tages ihren Weg durch einen strömenden, nassen Nebel suchten, tauchte plötzlich ein großes, gespenstisches Monster von einem Linienschiff aus dem Wrack auf und schrammte, als es sich an ihnen vorbeidrängte, tatsächlich über das Steuerbord Sie konterte mit dem Heck, während der Ausguck auf ihrem Vorderdeck hektisch schrie und ein verängstigter Mann oben auf der Brücke sein Steuerrad mit lautem Rattern der Dampfruderanlage umwarf, um eine Kollision zu vermeiden, der einzige Insasse des Decks der Orinoco – es war Goble: Er steuerte, während Hughie und Walsh im Heizraum an der Reihe waren und Allerton schlief – hielt den Anlass nicht für wichtig genug, um einen Bericht zu verdienen, bis er zwei Stunden später vom Dienst entlassen wurde.

Aber diese Begegnung lieferte diesem pummeligen Philosophen einen wertvollen Hinweis auf ihren Aufenthaltsort.

„Sie war eine Ben-Linerin", deutete er Hughie an, als er das Ereignis beschrieb. „Ich sah die zwei Streifen rund um ihren Schornstein und ihren Namen, Ben Cruachan , auf ihrem Heck. Es sind Boote aus Glasgow, die jeden zweiten Donnerstag nach Buenos Ayres fahren und dabei Moville am Lough Foyle anlaufen Nehmen Sie irische Passagiere auf. Wir sind sowieso nicht in der Nähe von Cape Clear. Wir sind irgendwo vor der Nordküste Irlands, Sir. Ich wusste genau, dass wir in der Nähe von Land waren: Das ist eine Bodenwelle, die uns in die Luft wirft Nein . Aiblins , wenn wir nicht schlau sind, kriegen wir eine Chance gegen den Giant's Causeway.

An Gobles Schlussfolgerungen war etwas dran, denn nachdem sie die ganze Nacht lang nur langsam vorangekommen waren, leckte die aufgehende Sonne den Nebel auf; und dort, zehn Meilen südlich von ihnen, lag eine lange grüne Meeresküste; Und direkt vor ihnen erhob sich etwas, das wie eine felsige Insel aussah, mit einem gemütlich aussehenden weißen Leuchtturm auf halber Höhe seiner zerklüfteten Oberfläche.

„Wenn das Land rechts Irland ist", sagte Hughie, „können wir nicht weit von Schottland entfernt sein. Ich frage mich, was dieser große Felsen vor uns sein kann. Zum Glück haben wir ihn vor ein paar Stunden nicht erreicht!" "

„Glauben Sie nicht", schlug Allerton vor und steckte den Kopf aus der Luke des Maschinenraums, „dass wir, da wir einen *Pukka*- Schotten an Bord haben, es besser machen sollten, ihn aufzuwecken und zu sehen, ob er sein Heimatland identifizieren kann?"

Nun war Goble an der Reihe, zu schlafen, aber Allertons Vorschlag wurde angenommen und er wurde an Deck gebracht.

Erkennen Sie zufällig die Insel direkt vor Ihnen, Mr. Goble?" fragte Hughie.

Goble betrachtete den Felsen und den Leuchtturm, und obwohl sein Gesichtsausdruck unbewegt blieb, leuchteten seine Augen vor Besitzstolz.

„Insel? Du bist keine Insel", antwortete er. „Das ist Schottland selbst . Sir, das ist der Mull o Kintyre ! Es läuft direkt nach Hause zurück. " Argyllshire . Wir sind an der Varra- Mündung des Clyde. Wir micht Eine kleine Schnur hat ihn über den Atlantik dorthin gezogen ! Gott schütze uns, es ist ein Wunder!"

„Der Clyde?" schrie Hughie. Es schien zu schön, um wahr zu sein. „Bist du sicher, Goble? Ist das wirklich der Mull?"

"Sicher?" Gobles Gesichtsausdruck war eine Mischung aus Mitleid und Groll. „Mann, ich sage dir, ich bin in den besten zwei Jahren zweimal pro Woche um die Insel gesegelt . Beim ersten Mal war ich furchtbar krank. Beim zweiten –"

Während dieser ganzen Zeit rückte der Mull of Kintyre immer näher.

„Was ist der Kurs?" fragte Walsh und beugte sich über die Brücke. „Soll ich New Cut ansteuern, Mr. Goble, oder geradeaus auf der Blackfr'ars Road weiterfahren?"

Alle waren begeistert vom Anblick des gesegneten grünen Landes. Walshs Frau war innerhalb von vierundzwanzig Stunden bei ihm.

„Behalten Sie Ihren Stanes-Haufen zu Ihrer Linken, Ma Mannie ", antwortete der stark aufgeblasene Goble und zeigte scherzhaft auf die hoch aufragende Landzunge vor ihnen , „und dann geradeaus auf Ailsa Craig. Es geht Ihnen nicht gut. Mr. Marrable , das wird." Willst du sie zum Tail of the Bank, vor Greenock, bringen oder in der Campbeltown Bay einen Schrei machen ? Das ist Blödsinn um die Ecke.

„Hör auf, wir nehmen sie bis zum Ende mit, jetzt sind wir so weit", sagte Hughie. „Wir sind *zu Hause* ! Ich *hatte* damit gerechnet, in Plymouth Sound aufzutauchen; aber das ist ein Detail. Komm schon, Allerton, lass uns nach unten gehen und uns ein letztes Mal anfeuern. Wir bringen sie mit Stil herein!"

Und so geschah es nicht viele Stunden später, dass die Orinoco, ein verrottender Rumpf, mit Unkraut verstopft, von Rost korrodiert, mit Salz verkrustet, das Wasser mit ihrem geschwächten Propeller schwach aufwirbelnd, schmerzhaft, aber großartig am Cloch Light vorbeidampfte und in die Mündung des Clyde. Ein trauriges Objekt mag sie für die Schmetterlingsschar schicker Raddampfer gewesen sein, die unter dem erzwungenen Luftzug der dreifachen Konkurrenz den Fluss hinunterströmten und den Mann aus Glasgow, der aus dem Amt entlassen worden war, nach Dunoon und Rothesay und zu anderen Sommerlagern für seine Frau und ihn brachten Familie. Aber für diejenigen, die es *wussten* , war sie kein unreiner Landstreicher, sondern ein von der Schlacht gezeichneter Veteran – ein Schiff, das die Republik auf hoher See verdient hatte – ein weiterer kleiner Golden Hind, obwohl er mit nichts beladen war, das spanischen Barren näher kam als mit Flaschen aus nachgeahmtem französischen Rotwein. Jede Narbe an ihren Seiten war eine ehrenvolle Wunde; jedes Stöhnen und Knarren, das aus ihren Startbalken erklang, war ein Pæan ; Jeder Husten und jedes Keuchen, das von ihren undichten Zylindern ausging, war ein freudiges Dankesgebet. Der Orinoco hatte einen hohen Rang in der namenlosen, aber ruhmreichen Schar derer erreicht, die nicht ganz ohne Profit und Stolz die heimliche Wahrheit veranschaulicht haben

Das Leben ist es nicht gute Karten halten ; Es ist Eine schlechte Hand *gut* spielen !

Und so schloss sie die letzte Ecke ihrer langen und schmerzhaften Odyssee ab und kam nach Hause, um ihre Knochen am Clyde niederzulegen, der sie geboren hatte. Und durch einen glücklichen Zufall änderte der bewusstlose Hughie, anstatt sie wie beabsichtigt zum Tail of the Bank zu manövrieren, seine Meinung, legte sein Ruder ab und brachte sie an die Spitze dieses wunderschönen Garelochs , das vor vielen, vielen Jahren lag Sie hatte dem kleinen Schiff ihren Mädchennamen gegeben.

Dort, an ihrem rostigen Kabel schwingend, während das klare grüne Wasser ihren müden Vorderfuß umspült und die Hügel über Roseneath und Shandon im Schein der Abendsonne beruhigend auf sie herablächeln, werden wir sie zurücklassen. *Molliter ossa cucent !*

Die Verzögerungen des Gesetzes sind sprichwörtlich und die Aufgabe, sich mit Herrn Noddy Kinahan zu arrangieren verwickelte Hughie in endlose Begegnungen mit hochrangigen Persönlichkeiten, mehrere Auftritte (mit Suite) in den Residenzen des Gesetzes und eine weitere Reise nach New York – dieses Mal von Cunarder .

Allerdings wird grimmige Entschlossenheit die meisten Dinge erreichen; und als Hughie einige Monate später schließlich von New York aus in sein Heimatland segelte, war die Liebesarbeit vollendet, und Mr. Noddy Kinahan bereute gebührend eine Reihe von Jahren lang die Tatsache, dass er jemals geboren worden war.

Dieser Vollendung folgte eine weitere, deprimierende, aber unvermeidliche. Nachdem die Orinoco Salvage Company ihren Zweck erfüllt hatte, bezahlte sie die Schulden der Natur und hörte auf zu existieren. Die mit seinem Untergang verbundenen Umstände sowie das jeweilige Schicksal von Hughies kleiner Argonautenbande lassen sich am besten aus den folgenden Briefauszügen entnehmen :

Nr. I (Hinweis: *Rechtschreibung korrigiert*)

℅ HERRIN HOWIESON ,

17 CANDLESH STREET, GREENOCK.

An H. MARRABLE , Esq.:—

SIR , ich danke Ihnen für den Scheck und habe ihn entsorgt. Ich danke Ihnen auch für das Angebot, einen Job für mich zu finden. Aber ich würde es vorziehen, bei Ihnen zu bleiben, da ich das Gefühl habe, dass ich keinen besseren Job als diesen bekommen werde. Ich würde gerne dein Diener sein. Sie werden jemanden brauchen , der Ihr Quartier aufräumt und Ihre Kleidung sortiert , jetzt sind Sie an Land. (Frauen ist nicht zu trauen.) Natürlich möchte ich kein hohes Gehalt: Der Siller vom Orinoco wird sich noch lange gut behaupten. Ich weiß genau, wie man bei Tisch bedient und Silber reinigt, da ich, wie ich Ihnen einmal erzählt habe , Verwalter auf dem alten Stornoway war, wo es bei jeder Fahrt eine Kutsche voller Adliger gab. – Ihr Diener (hoffe ich),

JNEIN . ALEX. GOBLE.

Nr. II

... Sie müssen also das Geld zurücknehmen. Es nützt mir nichts. Das Einzige, was ich davon hätte, wären schlimme Kopfschmerzen. Außerdem könnte es mich auf Ideen bringen, die über meiner Position liegen, was für die unteren Ränge jederzeit schlecht ist. Gib es Walsh. Aber lassen Sie sich natürlich nicht anmerken, dass es von mir kommt: Lassen Sie ihn glauben, dass es Teil seines natürlichen Anteils an der Rettung ist. Ich habe genug zurückbehalten, um einen neuen Anzug (den ich jetzt trage) und eine große Pleite zu bezahlen, bevor ich nächste Woche als Decksteward auf einem Aberdeen-Linienschiff absegele.

... Nun ja, es war eine tolle Reise. Wir haben alle etwas davon. Du hast ein Abenteuer erlebt und nebenbei etwas Großes getan, und ich habe einen Monat absoluten Glücks in der Gesellschaft von Männern verbracht, die mich weder als Objekt des Mitleids noch als Monster der Verderbtheit betrachteten, sondern zufrieden waren, mich gehen zu lassen Seinen eigenen Weg als Mann, der es vorzieht, sein eigenes Leben zu führen und dem keine Fragen gestellt werden ... Ihr Angebot, mich wieder auf die Beine zu stellen und mich zu einem respektablen Mitglied der Gesellschaft zu machen, ist freundlich und, denke ich, natürlich; aber es droht eine glückliche Episode mit einem traurigen Ende. Ich bin nicht der Typ für Konventionalität und (*beschränken Sie* Ihre freundlichen Verweise auf meine „überragenden Verdienste und meine latente Charakterstärke"). Ich bin nicht der Stoff, aus dem erfolgreiche Männer gemacht sind. Ich habe in meinem Leben nur zwei große Dinge getan. Der eine war es, in Eton zum Pop gewählt zu werden, der andere hat dir geholfen, den alten Orinoco nach Hause zu bringen. Ich denke, ich werde mich jetzt auf meinen Lorbeeren ausruhen. Ich glaube, ich wurde als Faulpelz geboren, und wenn du versuchen würdest, mich auf deine schwindelerregende Höhe zu bringen, würde ich nur wieder hinfallen, und die Beule am Boden könnte weh tun. Dort, wo ich bin, bin ich sicherer: Das Schöne daran, auf dem Boden zu liegen, ist, dass man nicht herunterfallen kann.

... Na ja, Kinn, Kinn! Wenn es mir erlaubt ist, für einen Moment zu schwärmen, möchte ich Ihnen sagen, dass Sie ein guter Kerl sind . – Mit freundlichen Grüßen,

LIONEL ALLERTON.

Nr. III

Nr. 4 TEAK ST., LIMEHOUSE.

SEHR GEEHRTER HERR , ich bedanke mich für Ihren Scheck für den Anteil an der Bergung. Es war weit mehr , als ich erwartet hatte, und die Adm'ty C'ts haben sich bei uns auf jeden Fall gut geschlagen. Bestenfalls hatte ich gehofft, dass es nicht ausreichen würde , die Zangen mit Stiefeln und Klamotten für den Winter auszustatten und den Missis eine oder zwei Wochen von der Wäschereiarbeit frei zu geben. Wir waren alle in den letzten Tagen ziemlich bekloppt. Anständige Mahlzeiten und ein großes Feuer, und man kann sich vor lauter Quietschen der neuen Stiefel nicht reden hören . Wir kommen jetzt etwas zur Ruhe, und ich habe den Rest des Geldes auf die Bank gelegt und der alten Frau gesagt, sie solle ihre Waschbecken verbrennen. Fang sie: Das würde ich nicht glauben! Mit meiner neuen Kleidung habe ich mir einen Platz als Chef an Bord der SS Batavia der Imperial Line gesichert und fahre am 21. März ab. Ihre Motoren sind (*einige Zeilen hoffnungsloser technischer Details weggelassen*). Es war ein Glückstag für mich, als ich den Orinoco traf, und noch glücklicher, als Angus meinen Grog verfeinerte.

Nach der Rückkehr von der Reise nehmen wir uns die Freiheit , Sie in London unter der von Ihnen angegebenen Adresse anzurufen. – Jahre. respektiere'fly ,

JAS. WALSH
(Chefingenieur SS Batavia).

NACHWORT (*In einer größeren und weniger gebildeten Handschrift*)

HERR MARRABLE , SEHR GEEHRTER HERR, – Die Kinder und ich möchten Ihnen für all Ihre Freundlichkeit gegenüber dem Vater danken. Vater, er ist selbst sehr dankbar , würde es aber lieber mir überlassen, es dir zu sagen, da er es nicht mag. Mr. Marrable , Sir, wenn Sie das nur sehen könnten Einen Unterschied machten die Kinder, vor allem der kleine Albert, der immer kränklich war, denn da sie gute Stiefel und Essen in sich hatten, würde man sich für seine Freundlichkeit gut bezahlt fühlen. Ich weiß, dass das Geld nicht von Ihnen kam, aber durch Sie haben wir es bekommen. Gott segne Sie, Sir. – Mit freundlichen Grüßen ,

FRAU MARTHA WALSH.

PS: Wir erlauben uns, unseren neunten, der gerade gekommen ist, bei Ihrem Namen zu nennen.

BUCHEN SIE DREI
SUAVITER IN MODO

KAPITEL XI

VERSIEGELTE AUFTRÄGE

AN einem hellen Morgen im April verließ Hughie die Büros der Herren Slocum, Spink und Slocum, Solicitors, in Lincoln's Inn Fields und machte sich auf den Weg zum Strand.

Wie die meisten Männer, die schon lange im Ausland waren, schritt er mit einem seltsam gemischten Gefühl von Vertrautheit und Fremdheit durch die Straßen Londons. In einem Moment hatte er das Gefühl, schon seit Jahren in London zu leben, in einem anderen hatte er das Gefühl, eine neue Stadt zu erkunden. Der Strand selbst war, abgesehen von dem alten, überlasteten Abschnitt in der Nähe von Charing Cross, fast nicht wiederzuerkennen . Die verschiedenen Wahrzeichen seiner Jugend, wie das Old Gaiety und die Lowther Arcade, waren für immer verschwunden . Holywell Street und Wych Street mit ihrer reizvollen Umgebung waren wie ein böser, aber interessanter Traum verschwunden und hatten Platz für eine breite und stattliche Durchgangsstraße gelassen, in deren Mitte die Kirchen St. Mary und St. Clement Danes den Verkehr wie Felsbrocken teilten in einer Hochlandflut, und die Gerichte erlangten eine ungewohnte Bedeutung. Ein neues Fahrwasser von unheimlicher Breite und Geradlinigkeit schnitt seinen Weg nach Holborn, an seiner Mündung durch ein düsteres Stück ausgegrabenes Gebiet versperrt, das nichts so sehr ähnelte wie das, was die Schotten einen „Free Toom " nennen, und das durch eine Wasserstraße allen und jedem verkündet wurde riesiges Schwarzes Brett, dass diese Seite als Ganzes zu vermieten sei.

Auch der Verkehr hatte sich entwickelt. Es gab unzählige Autobusse, die die Erde zum Beben brachten und zum Himmel rochen; und Taxis, die wie Widder hüpften und wie Enten schnatterten.

Doch auch wenn Orientierungspunkte ihre Orientierung ändern und Ufer weggeschwemmt werden, fließt der Bach schließlich unverändert weiter. Die Menschen waren die gleichen und Hughie fühlte sich getröstet. Der Geruch von Asphalt war derselbe und er fühlte sich gehoben. Und als er sah, wie die Ströme des Verkehrs, die an der Kreuzung Wellington Street zusammenlaufen, *nacheinander ihren Lauf stoppten* und sich in einer Weise auftürmten, die den Gewässern Jordaniens Ehre gemacht hätte, und das alles auf Geheiß einer unerschütterlichen Gestalt in blauer Uniform, er hatte das Gefühl, tatsächlich wieder zu Hause zu sein.

Plötzlich rief er ein Taxi und sauste jubelnd wie ein Kind über ein neues Spielzeug zu einem Bahnhof, wo John Alexander Goble zuvor die Verladung des Gepäcks seines Herrn in den Zug überwacht hatte (mit größter Vorsicht seinerseits). und ein Mindestgewinn für den Gepäckträger) wartete darauf, ihn zu verabschieden.

Hughie entließ seinen Gefolgsmann, um bis zu seiner Rückkehr die Leitung seiner neu erworbenen Wohnung zu übernehmen, und nachdem er sich seinen Sitzplatz gesichert hatte, folgte er seiner gewohnten Gewohnheit und ging vorwärts, um sich die Lokomotive anzusehen. Er stellte mit Interesse fest, dass Verbundlokomotiven offenbar kaum oder gar keine Fortschritte zugunsten des Landes gemacht hatten , dass aber die Vorurteile gegenüber hohen Kesseln und sechsgekuppelten Rädern verschwunden seien.

Dann machte er sich auf den Weg zum Erfrischungsraum – wo allein, wie er feststellte, die verheerende Hand der Zeit stillgestanden zu haben schien – und nachdem er genügsam etwas unter einer Glaskuppel zu Mittag gegessen hatte, die die Gottheit hinter der Theke als Antwort auf eine respektvolle Antwort entgegennahm Anfrage, brüsk als „Fourpence" beschrieben, zusammen mit so viel bitterem Bier, wie übrig war, nachdem dieselbe Dame ihr Gefäß spielerisch auf die Finger eines pickeligen, aber humorvollen Jugendlichen geschlagen hatte, der sich bemühte , den Appetit zweier runzliger Sardinen zu wecken, wurde entlarvt zum Verkauf auf einem Stück Toast, mit einem hartgekochten Ei von einem benachbarten Teller, kehrte zu seinem Platz im Zug zurück; Dort wurde er ordnungsgemäß von einem Gepäckträger eingesperrt, der eine Menge fröhlicher Dankbarkeit für Sixpence an den Tag legte, die ein amerikanischer Gepäckträger für einen Dollar für übertrieben gehalten hätte. Hier ließ sich Hughie mit einem Teppich, einer Pfeife und einer Menge illustrierter Papiere nieder, von denen die meisten seit seiner Abreise aus England entstanden waren und deren Lebensunterhalt anscheinend alle von der Ausbeutung des leichteren lyrischen Dramas abhing sich für einen gemütlichen Lauf entlang des Themse-Tals.

Als das erledigt war, holte er zwei Briefe aus seiner Tasche. Einer war bereits geöffnet. Es war eine offensichtlich weibliche Produktion und es hieß:

„ MANORS , *Montag* .

„ LIEBER HUGHIE , – wir sind alle begeistert zu hören, dass du endlich zu Hause bist. Du musst *sofort hierher kommen* und unser Gast sein, bis du dich umgesehen hast, und dann kannst du alle unsere Bekanntschaften auf einmal erneuern. Es gibt viele Gerade jetzt sind viele nette Leute bei uns, also komm! Du wirst dich einsam fühlen, armes Ding, wenn du nach so vielen Jahren in diesem Land landest, und natürlich wirst du den armen Mr. Marrable schmerzlich vermissen. Ich nehme an, du hast alles über

seinen Tod gehört von den Anwälten, oder vielleicht haben
Sie es vor zwei Jahren in der Zeitung gesehen.

„Mr. D'Arcy ist hier; natürlich auch Joan. Auch mein
Mann möchte das Vergnügen haben, Sie zu unterhalten –
vorausgesetzt, Sie sind bereit, ihn nicht sofort zu
erschießen! Ich glaube *allerdings* nicht , dass ich deine
bedauernden Zuneigungen nicht mehr beherrschen kann.
Ein Blick auf mich wird dir genügen. Leider habe ich zwei
Kinne und drei Babys!

„Aber kommen Sie am Samstag vorbei und Sie
können uns alle einschätzen. Ich nehme an, Sie wissen, dass
Mr. Marrable uns gebeten hat , Manors zu übernehmen und
uns um Joan zu kümmern, bis Sie oder er wieder nach
Hause kommen; Sie werden also nicht den schweren
Vermieter spielen und vertreiben Sie uns auf der Stelle, ja ?
– Ihr immer,

„ MILDRED LEROY .“

Hughie legte diesen Brief mit einem leicht sentimentalen Seufzer
beiseite. Es schien noch nicht allzu lange her zu sein, dass er zu Ehren von
Miss Mildred Freshwater die Feierlichkeiten in der Maiwoche organisiert
hatte . Nun – zwei Kinne und drei Babys! *Eheu , fugaces !*

Der andere Brief war noch nicht geöffnet und Hughie brach das Siegel.
Der Umschlag sah blau und legal aus und sein Inhalt bestand aus mehreren
Seiten in Jimmy Marrables steifer, aufrechter Handschrift. Das Datum war
fast drei Jahre alt.

„Ich verlasse England wieder“ – begann es – „nächste
Woche, und ich bezweifle sehr, ob ich jemals
zurückkommen werde. Es liegt nicht in meiner Art, im Bett
an etwas Stickigem zu sterben. Die einzige Bindung, die
mich hier hält, ist Joey , und sie ist derzeit zu sehr damit
beschäftigt, Skalps zu sammeln, um der alten Ruine, die sie
großgezogen hat, große Aufmerksamkeit zu schenken. In
etwa vier Jahren könnte sie wieder lebensfähig sein, im
Moment ist sie es nicht; und ich lehne diesen Punkt ab -
vorerst leer, um die zweite Geige gegenüber jedem jungen
Jungen zu spielen, der jemals magentafarbene Socken und
ein plissiertes Hemd getragen hat. Ich denke, es ist ganz an
der Zeit, dass du nach Hause kommst und sie in die Hand
nimmst. In der Tat, wenn du nicht auf der Bildfläche
erscheinst Innerhalb von zwei Jahren habe ich die

Anweisung gegeben, Sie aufzuspüren, und Sie dazu aufgefordert. Wenn Sie zurückkommen, erhalten Sie diesen Brief, in dem ich darlegen werde, wie mein Nachlass verwaltet werden soll in Joeys Namen, wenn ich nicht zurückkomme.

„Zunächst muss ich Ihnen sagen, dass Manors Ihnen als Fideikommiß zusteht, der Rest aber Joey gehört und Sie ihr alleiniger Treuhänder und Vormund sein werden. Lance ist volljährig und unabhängig, und ich habe die Dinge erledigt." so, dass er sich unmöglich in die Verwaltung von Joeys Angelegenheiten einmischen kann. Zweitens möchte ich Ihnen etwas über die Kinder selbst erzählen.

„Ich bin nicht ihr Vater, obwohl ich es fast wäre, und obwohl jeder alte Mistkerl in der Nachbarschaft glaubt, dass ich es bin. Ihre Mutter war das schönste und liebenswerteste Mädchen, das ich je gekannt habe, und die einzige Frau auf der Welt, die mir jemals etwas bedeutet hat." Rap für. Unsere Idylle war eine Jungen-und-Mädchen-Idylle, obwohl ich zehn Jahre älter war als sie. Ich kannte sie, seit ich sie auf meinem Rücken tragen konnte, und es war immer eine Art gegenseitiges Verständnis, dass wir das tun sollten heiraten, wenn die Zeit gekommen ist.

„Bis sie neunzehn war und ich neunundzwanzig, waren wir wohl das glücklichste Paar unter dem weiten Himmel. Dann ließ sie ihren Rock herunter, steckte ihre Haare hoch und feierte ihr *Debüt*. (Ich sollte sagen, dass sie allein mit ihrem Alten lebte (Vater, ein pensionierter Ostindianer aus der Zeit der John Company.) Zu ihrer eigenen Überraschung und zu meinem großen Stolz erregte sie zunächst großes Aufsehen, denn abgesehen von ihrem Gesicht hatte sie die hübschesten Manieren, die es gab. Wenn Sie wissen wollen, was sie ist Es war, als ob Sie in meinen Papieren eine Miniatur von ihr finden würden. Oder vielleicht wäre es einfacher, sich Joey anzusehen.

„Aber jetzt begann der Ärger. Irene – so hieß sie – entdeckte bald einen enormen Appetit auf Bewunderung, was ganz natürlich und entschuldbar war. (Man kann es einem Mädchen nicht verübeln, dass es so viele Läufe macht, wie es kann, solange ihre Innings dauern; Gott weiß, es ist kurz genug!), aber im Augenblick konnte sie nicht darauf verzichten. Sie hat immer „darum gebeten", wie man heutzutage sagt. Manchmal machte sie sich ziemlich auffällig, und die Leute begannen, sie anzulächeln. Ich biss die Zähne zusammen Und schließlich , im ungünstigsten Moment, legte ich mein *Ruder* ein . Mein Wort, Hughie, sie war wütend! Es hatte nie eine konkrete Auseinandersetzung zwischen uns gegeben, und sie eröffnete ihre Verteidigung mit den Worten: „Pat." Es geschah auf einem Ball, wo sie sich mit einem zwielichtigen Grobian – einem halben – ziemlich auffällig gemacht hatte Schauspieler, halb Dichter – namens Gaymer, vor dem ich dumm genug gewesen war, sie zu warnen. Sie teilte mir mit, dass sie ihre eigene Geliebte sei und dass ich ein aufdringlicher, geschäftstüchtiger Mensch sei. Wenn ich den Verstand gehabt hätte, ihr an Ort und Stelle zu sagen, dass ich sie mehr liebe als die ganze Welt und dass ich auf den Boden, auf dem sie ging, neidisch war – ganz zu schweigen von den Menschen, mit denen sie sprach –, wäre sie dahingeschmolzen einmal, ich schwöre; denn sie war so impulsiv und großzügig wie ein Kind, und sie liebte mich auch, das *weiß ich* . Hätte ich auch nur die Beherrschung verloren und sie ein dreistes Luder genannt, hätte sie es mir rechtzeitig verziehen: Eine Frau betrachtet eine solche Bemerkung als eine Art Kompliment. *Aber* – ich lächelte nachsichtig, zuckte mit den Schultern und sagte, dass sie diese Dinge anders sehen würde, wenn sie älter wäre.

„Das hat es geschafft. Anscheinend gibt es nur ein Verbrechen auf dieser Welt, das abscheulicher ist, als einer alten Frau zu sagen, dass sie alt ist, und das ist, einer jungen Frau zu sagen, dass sie jung ist. Irene stand direkt auf, ließ mich sitzen und ging in dieser Nacht nach Hause, ohne jemals wieder in meine Richtung zu schauen.

„Am nächsten Tag besuchte ich das Haus ihres Vaters, um mich zu versöhnen. Ich war bereit zuzugeben, dass ich ein lästiges Jungtier gewesen war und im Allgemeinen bescheidene Pastete gegessen hatte. Aber ich war zu spät. Sie war weg! Sie war teilweise durchgebrannt Sie hatte einen wilden Anfall von Verärgerung oder Sentimentalität mit dem langhaarigen Vertreter des Byronismus und Wasser, Lance Gaymer, und hatte ihn noch am selben Morgen im Standesamt geheiratet. Wahrscheinlich war sie auf dem Ball – nach ihrem Interview – auf seine Vorschläge eingegangen mit mir.

„Nun, Hughie, ich würde die nächsten paar Jahre lieber weglassen. Ich habe sie so vollständig wie möglich aus meinem Plan herausgeschnitten und bin weitergegangen. Glücklicherweise fingst du an, meine Aufmerksamkeit auf diese Zeit zu lenken, und ich rieb mich Irgendwie ging es weiter und entwickelte sich schließlich zu dem schönen alten, verkrusteten Nebel, als den Sie mich kennen.

„Zehn Jahre später hörte ich von ihr. Sie schickte nach mir. Ich hatte nie gewusst, wo sie war, und auch nicht versucht, es herauszufinden. Aber ich hatte nicht damit gerechnet, sie dort zu finden, wo ich es wusste. Sie war in einem elenden, schmuddeligen Haus in Bloomsbury – Hughie liegt im Sterben! Ihr rauflustiger Ehemann hatte sie verlassen, nachdem ihr zweites Baby zur Welt gekommen war – unser Joey also –, und ihr alter Vater war seit acht Jahren tot. Sie hatte keinen Freund auf der Welt, und dennoch wollte sie sich nicht umdrehen zu mir, bis es zu spät war. Stolz, Stolz, Stolz! Seit einigen Jahren kämpfte sie mit einem kleinen Geld, das ihr Vater ihr hinterlassen hatte und an das ihr Mann nicht herankommen konnte, und das sie auch genommen hatte Untermieter. *Untermieter*, Hughie! Erst als ihr klar wurde , dass sie für immer ausgehen würde, begann ihr der Gedanke an die Zukunft der Kinder Angst zu machen, und sie schickte nach mir – endlich!

„Ich war während des größten Teils der verbleibenden drei Monate ihres Lebens bei ihr, zum Skandal des tugendhaften Bloomsbury. Ich wollte sie nach Manors bringen, das sie in ihrer Kindheit oft besucht hatte, aber sie sagte, sie würde lieber in London sterben; und da sie offensichtlich bald irgendwo sterben würde , ging ich nicht weiter darauf ein. Während dieser Zeit führten wir ein Leben in nahezu vollkommenem Glück, und als sie schließlich ganz friedlich davonschlüpfte – armes Kind!, war sie kaum dreißig – Zweitens – und ich nahm die Jugendlichen mit nach Hause, die lange Zeit, die hinter uns lag, kam mir fast so vor, als hätte es sie nie gegeben, so völlig war die Erinnerung daran in den vergangenen drei Monaten ausgelöscht worden. Liebe kann Wunder bewirken, Hughie , auch wenn es zuletzt um einen Mann geht.

„Ich darf hinzufügen, dass ich in den letzten Wochen ihres Lebens die größte Genugtuung hatte, sie zu heiraten, da wir den unbestreitbaren Beweis erhielten, dass ihr verfluchter Ehemann in Südamerika gestorben war. Das gibt mir eine Art zusätzlichen Einfluss auf Joey, obwohl ich das getan habe." Ich habe es ihr gegenüber nie erwähnt, und ich halte es auch nicht für notwendig, denn es war mir lieber, dass ihre Bindung an mich, zumindest vorerst, rein sentimental bliebe.

„Und jetzt, was die Zukunft betrifft. Wie ich am Anfang dieses Briefes sagte, weiß ich nicht, ob ich jemals von dieser Reise zurückkomme. Wenn nicht, schön und gut: Joey kann mein Geld nehmen." Wenn ich das tue, befürchte ich, dass ich die Nutzung für eine Weile länger für mich selbst beantragen muss. Allerdings werden Sie natürlich wollen, dass ich eine Art Zeitlimit festlege, und die Frage hat meine Aufmerksamkeit schon ziemlich lange in Anspruch genommen. Meine ursprüngliche Idee bestand darin, eine Art vorläufiges Testament zu verfassen, mein gesamtes Eigentum Joey zu überlassen und ihr das Recht einzuräumen, automatisch in Besitz zu kommen, falls ich nicht innerhalb von fünf Jahren zurückkomme; aber die Anwälte sagen mir, dass diese Regelung nicht funktionieren wird, Da ich *pukka- tot* sein muss , bevor sie Geld ausgeben können. Also habe ich es so geregelt. Vorerst wird Joey nichts als ihr tägliches Brot und ihre Koffer und ein Dach zum Schlafen wollen, wie es ihre sogenannte Ausbildung jetzt ist Ich habe Manors daher an die Leroys vermietet , mit der Maßgabe, dass das Kind dort vorerst bei ihnen leben soll. (Nicht, dass sie viel Überzeugungsarbeit erfordert hätten.) Zum Zeitpunkt des Schreibens dieses Briefes ist sie achtzehn Jahre alt.

„Außerdem habe ich praktisch meinen gesamten persönlichen Nachlass verwertet und das Bargeld (in Joeys Namen) bei der Law Courts Branch der Home Counties Bank auf Ihren Kredit überwiesen. Wenn Sie nach Hause kommen, was hoffentlich bald sein wird, möchte ich Sie." dieses Geld zu nehmen und es zu ihren Gunsten zu verwalten. Der Rest meines Eigentums – nichts Nennenswertes im Vergleich – ist in meinem Testament niedergelegt und ordnungsgemäß darüber verfügt (das ich in den Händen von Slocum, Spink und Slocum hinterlassen habe, Lincoln's Inn Fields) und kann nicht angetastet werden, bis mein Tod beglaubigt ist. Ich habe Sie zu Joeys alleinigem Treuhänder und Vormund gemacht, und Sie werden Ihre Pflichten übernehmen, sobald Sie nach Hause kommen. Sie wird, finanziell gesehen, noch nicht volljährig werden. bis sie vierundzwanzig ist.

"Das ist alles was ich denke.

„Viel Glück für dich im Leben, Hughie! Ich fürchte, ich kann nicht auf dem Höhepunkt einer erfolgreichen Karriere meinen Standpunkt vertreten und dir auf deinem Weg nach oben Ratschläge zurufen; ich werde mir auch nicht anmaßen, dir Ratschläge für deine Zukunft zu geben . Mein einziger Rat an Sie ist, nicht zu viel auf dieser Welt zu erwarten, dann werden Sie nicht enttäuscht. Grob gesagt gibt es nur drei Dinge im Leben, die wichtig sind – Gesundheit, Geld und Freunde. Eine Frau hat es einmal erzählt Mir ist klar, dass das Rezept für vollkommenes Glück eine Million Pfund und eine gute Verdauung sind. Letzteres, das gebe ich zu, ist unentbehrlich. Nun, Sie haben es: Das Marrable- Innere ist resistent gegen Dyspepsie. Die Millionen Pfund, die Sie nicht haben, und nicht Reichtum ist schließlich eine rein relative Angelegenheit. Man kann ihn entweder an der Größe dessen, was man hat, oder an der Kleinheit dessen, was man will, messen. Alles, was ein Mann braucht, ist genug von dem ersten, um sicherzustellen, dass er das zweite bekommt , und ich neige zu der Annahme, dass dies in Ihrem Fall keine allzu großen Schwierigkeiten darstellen dürfte.

„Außerdem sind es gerade die *kleinen* Bedürfnisse des Lebens, auf die Geld wirklich zählt. Die Yacht, das Haus in der Stadt, das Moorhuhn – wer will sie ? Aber das Taxi nach Hause im Regen, die gelegentliche Flasche Pommery , das Paar ... Wenn ein alter Freund dich aufsucht, oder der verstohlene und mitfühlende Fünfer, wenn seine Witwe dich aufsucht, sind das die Dinge, die Geld wirklich lohnenswert machen. Außerdem sind die größten Freuden die, für die man sparen muss, damit ein Millionär das kann kenne sie nie.

„Was Freunde betrifft – nun, es gibt zwei Klassen, Männer und Frauen. Männer, um die ich Sie nicht kümmern muss. Wenn Sie sich in den letzten zehn Jahren nicht die Fähigkeit angeeignet haben, mit ihnen umzugehen, werden Sie es nie schaffen und sind keine Marrable . Frauen.“ ? Ich gebe es auf! Sie können sie nicht standardisieren . Männer sind als Klasse ziemlich normal. Wenn Sie direkt mit einem Mann umgehen, wird er die Tatsache erkennen und wertschätzen, und auch wenn er möglicherweise nicht direkt mit Ihnen reagiert, wird er es tun Erkenne dich auf jeden Fall als das an, was du bist – ein weißer Mann. Aber du kannst dich nicht darauf verlassen, dass eine Frau das tut. Sie haben viel stärkere Vorlieben und Abneigungen als wir und sind obendrein hoffnungslos launisch. Mein General Die Erfahrung – und die ist umfassender, als Sie vielleicht denken – ist, dass Sie, wenn eine Frau erst einmal Gefallen an Ihnen gefunden hat, möglicherweise gegen jeden Grundsatz von Ehrlichkeit, Nüchternheit und Anstand verstoßen und sie an Ihnen festhalten wird – wahrscheinlich , Ich schätze, weil du den ganzen beschützenden mütterlichen Instinkt in ihr erweckst. Andererseits, wenn du einmal in ihre schlechten Bücher geraten bist, dann vielleicht, weil du es verdienst, aber oft auch, weil du heiße Hände hast oder nicht Sie trat im Walzer auf ihren Rock – nichts, was Sie tun können, wird verhindern, dass sie bei der bloßen Erwähnung Ihres Namens schaudert. Unter dem Gesichtspunkt des größtmöglichen Wohls der größtmöglichen Zahl ist die Methode einer Frau, das männliche Geschlecht einzuschätzen, vielleicht die bestmögliche, aber für wohlmeinende, aber hartnäckige Männer wie uns ist sie schwierig.

„Wir Marrables waren schon immer Männermänner, obwohl wir die größte Ehrfurcht vor Frauen haben. (Vielleicht ist das der Grund: Eine Frau möchte nie, dass du Frauen verehrst; sie möchte, dass du sie verehrst .) Was uns im Hals bleibt, ist das Enorme So viel Fantasie und Geplänkel muss zwischen den Geschlechtern stattfinden, bevor ein bestimmtes Geschäft zustande kommen kann. Wann immer ich einen Marrable in einem Wohnzimmer sehe, der auf der Kante eines Stuhls sitzt und eine Teetasse balanciert, tue ich das immer Ich weiß genau, wofür er da ist, und ich weiß auch, dass er sich stumm dem primitiven Instinkt des Menschen widersetzt, das richtige Mädchen auszuwählen und *davonzulaufen* . Wenn dieses Kunststück oder sein Äquivalent vollbracht ist, ist alles gut: Ich habe noch nie einen gekannt Marrable , die als Ehemann kein voller Erfolg war. Aber sie sind schlechte Starter.

„Ihr Vater war eine Ausnahme. Er hatte das Glück, ein Mädchen zu treffen, das einen Mann erkannte, als sie ihn sah, und bereit war, das Testament für die Tat anzunehmen, als sie feststellte, dass er nicht in der Lage war, artikuliert auszudrücken, was sie gerne gehört hätte . Durch einen weiteren Glücksfall hatten ihre Eltern Einwände gegen ihn, so dass er vergleichsweise unbehelligt blieb.

„Und deshalb, Hughie, rate ich dir, allem zukünftigen Unglück zu entgehen, indem du Joey heiratest, sobald du nach Hause kommst – eine Vollendung, zu der, wie du zu diesem Zeitpunkt wahrscheinlich erfahren hast, all diese mühsamen und transparenten testamentarischen Verfügungen von mir geführt haben Ich habe das Kind ganz in Ihren Händen gelassen. Heiraten Sie es so schnell wie möglich, und dann werde ich ganz sicher wissen, was auch immer mein aktueller Lebenszustand sein mag, dass es die beiden Menschen sind, die mir auf Erden am meisten am Herzen liegen Beides war für ein Leben in vollkommenem Glück gebucht. Ich könnte einem Mann keine schönere Frau und einer Frau keinen besseren Ehemann wünschen.

„Verzeihen Sie meine ungeschickten Methoden, aber Sie wissen, dass ich es gut meine . – Mit freundlichen Grüßen

„ JAMES MARRABLE . "

Hughie faltete dieses charakteristische Dokument zusammen und steckte es vorsichtig wieder in die Tasche. Dann zündete er seine Pfeife an und dachte nach.

des Briefes seines Onkels nicht ganz einverstanden , wusste aber tief in seinem Herzen, dass er eine Menge Wahrheit enthielt. Er war bereit zu heiraten und sesshaft zu werden, aber wie die meisten seiner Rasse betrachtete er die vorbereitende Erkundung , das Positionsmanövrieren und die aufwändigen Umarmungsbewegungen, die von einer modernen ehelichen Verlobung untrennbar zu sein scheinen, mit so etwas wie Schrecken. Gleichzeitig schien es eine harmlose Sache zu sein, nach Hause zu kommen und ein Brot-und-Butter-Fräulein aus dem Schulzimmer zu heiraten, um den Schatten eines verstorbenen Verwandten zu befriedigen.

Der Zug wurde langsamer. Sie näherten sich Midfield Junction, wo er umsteigen musste. Hughie nahm seine Füße von den gegenüberliegenden Kissen und klopfte die Asche aus seiner Pfeife.

„Wir werden sehen", sagte er. „Ich muss mir zuerst Joey ansehen. Hübsche Kinder wachsen so oft in einfachen Verhältnissen auf. Vielleicht wäre es am einfachsten, sie zu heiraten, aber es besteht keine Eile. Ich bin zu Hause, um mich auszuruhen, und ich werde mir nicht die Mühe machen. Ich habe neun Jahre lang hart daran gearbeitet. Jetzt werde ich mich beruhigen und eine lockere Zeit haben."

Er hat sich in seinem Leben noch nie so sehr geirrt.

KAPITEL XII

EINE VERÄNDERUNG DER ATMOSPHÄRE

MISS JOAN GAYMER saß in einem Windsor-Stuhl auf dem Treppenabsatz vor der Badezimmertür von Manors. Es war halb acht Uhr morgens – eine Stunde, in der es vor den Badezimmertüren zu Staus kommen kann.

Miss Gaymer war in einen bläulich-grauen Kimono gehüllt, der, ob nun zufällig oder beabsichtigt, – ich fürchte, daran gibt es eigentlich kaum Zweifel – genau der Farbe ihrer Augen entsprach. Gleichzeitig gelang es ihr nicht, die Tatsache zu verheimlichen – *schrecklich referens* – dass sie immer noch das trug, was amerikanische Kurzwarenhändler „Schlafanzug" nennen. Ihre schlanken, nackten Füße steckten in roten Pantoffeln, von denen einer gefährlich an ihrem rechten großen Zeh baumelte, und ihr Haar hing ihr in zwei fest verschraubten, aber nicht unschönen Zöpfen über den Rücken. Zurzeit war sie mit zwei Herren in eine hitzige Auseinandersetzung um das Recht auf Zutritt zur Toilette verwickelt.

Die einzige Entschuldigung, die ich für ihr Verhalten anführen kann, ist, dass sie, obwohl sie fast einundzwanzig war, in ihrer jetzigen Situation wie vierzehn aussah.

Die Herren, die weite, haarige Morgenmäntel trugen , Handtücher um den Hals gewickelt und mächtige Schwämme in den Händen hielten, waren, das muss man zugeben, nicht so vorteilhaft wie ihr Gegner. Sie sahen deutlich zerzaust und gummiartig aus, und ihr Verstand war, wie es beim männlichen Geschlecht am frühen Morgen üblich ist, für die Arbeit mit dem Degen nicht in der Lage. Sie hatten beide geduldig darauf gewartet, dass sie mit dem Bad an die Reihe kamen, als Joan ankam, und lauschten nun in hilfloser Empörung dem gebieterischen Befehl, in ihre Zimmer zurückzukehren und dort zu bleiben, bis man sie holt, und eine ungeschützte Frau auf dem Weg dorthin nicht zu belästigen ihre Waschungen.

„Aber sieh mal, Joey", sagte einer – er war ein junger Mann von ungefähr neunzehn Jahren mit freundlichem Gesicht – „wir waren *beide* vor dir hier; und du weißt, wir haben letzte Nacht vereinbart, dass du um zwanzig nach …" kommen solltest.

„ Binks ", befahl der Täter im Windsor-Stuhl, „geh direkt zurück in dein Schlafzimmer und diskutiere nicht mit mir. Wenn du brav bist , klopfe ich auf dem Rückweg an deine Tür."

Aber Binks war nicht zu Kompromissen aufgelegt und wollte außerdem sein Frühstück.

„Es geht nicht darum, das Spiel zu spielen", grummelte er; „Ich war als Erster hier, Cherub als Zweiter –"

„ *Wer* spielt das Spiel nicht?" blitzte Miss Gaymer auf. „Hast du dich *rasiert* , Binks ?"

Binks , der in die Flanke genommen wurde, gab die Amtsenthebung zu, was, wie erwähnt, selbstverständlich war. „Das hast du auch nicht", war die beste Erwiderung, die er machen konnte.

„Nein, aber ich habe mir die Zähne geputzt", sagte die stets bereite Miss Gaymer.

„Nun", fuhr Binks verzweifelt fort, „du hast deine Haare noch nicht frisiert."

„Mein Junge", antwortete sein Gegner offenherzig, „wenn du eine Frau wärst und dir Sachen über den Kopf ziehen müsstest, hättest du dir auch nicht die Haare frisieren lassen."

Binks , völlig demoralisiert , fiel aus der Kampflinie.

„Joey, *ich habe mich* rasiert", murmelte der zweite Herr mit abfälliger Stimme.

Miss Gaymer warf ihm einen überraschten Blick zu.

„ *Warum* , Cherub, Liebes?" sie erkundigte sich.

„Cherub", der noch in einem Alter war, in dem er in Bezug auf sein männliches Wachstum äußerst sensibel war, errötete tief und ließ nach. Aber sein Begleiter war aus härterem Holz.

„Komm mit, Cherub!" er sagte. „Lass uns sie in ihr Schlafzimmer führen und einsperren, bis wir gebadet haben. Hör auf! Es ist das dritte Mal, dass sie es diese Woche tut."

„Legen Sie einen Finger auf mich, Kinder", verkündete Miss Gaymer, „und ich werde nie wieder mit einem von Ihnen sprechen!"

Sie bereitete sich auf den Kampf vor, indem sie ihre Füße in die Beine des Windsor-Stuhls hinein- und wieder herauszog, und saß da und schwang eine Luffa, das Bild empörter Anstandshaltung.

Ihre herzlosen Gegner gingen zum Angriff über, packten die Armlehnen des Stuhls und trugen ihn samt Insassen schnell den Gang entlang. Joan, die auf diese Taktik völlig unvorbereitet war, war zunächst zu verblüfft, um etwas anderes zu tun, als zu schreien und den Luffa zu schwingen; Als sie aber bald ihre Geistesgegenwart wiedererlangte, rutschte sie vom Sitz, drehte sich um ihre Träger, die durch den Stuhl behindert wurden, und huschte zurück ins Badezimmer – nur um schwerfällig in die Arme eines unnachgiebigen, sonnenverbrannten und äußerst verlegenen Menschen zu rennen Herr, der die letzten fünf Minuten nervös auf der anderen Seite der Tür dieser Wohnung gestanden und auf eine Gelegenheit zur Flucht gewartet hatte, und von dort plötzlich auf dem Weg zu seinem Schlafzimmer aufgetaucht war, mit dem vollkommen richtigen Eindruck, dass es sich um eine … handelte Fall von jetzt oder nie.

„Oh, ich *bitte* Sie – es ist Hughie!" rief Joan. „Ja, das ist es *wirklich*!"

Sie wichen zurück und standen da und betrachteten einander. Es war ihr erstes Treffen. Hughie war wegen einer Panne auf der Nebenstrecke spät in der Nacht angekommen, nachdem die Damen zu Bett gegangen waren. Joan und er hatten sich neun Jahre lang nicht gesehen.

Miss Gaymer erlangte als Erste ihren Gleichmut wieder.

„Du hast dich kein bisschen verändert, Hughie", stellte sie mit einem entwaffnenden Lächeln fest. „Ein bisschen brauner – das ist alles. Bin ich das auch?"

Hughie antwortete einen Moment lang nicht. Er war wirklich erstaunt über das, was er gerade gesehen hatte, und nicht wenig schockiert. Wenn es um junge Mädchen geht, gibt es keinen größeren Verfechter des Anstands als Ihren Mann von Welt; und dieses plötzliche Beispiel der neuzeitlichen *Kameradschaft* zwischen jungen Männern und Mädchen hatte Hughie ziemlich den Atem geraubt. Er fühlte sich fast so aufgeregt wie eine frühe viktorianische Matrone. Plötzlich wurde ihm klar , dass ihm eine Frage gestellt worden war.

"Geändert?" sagte er zögernd. „Nun, es ist ziemlich schwer zu sagen, bis – bis –"

„Bis ich meine Haare hochgesteckt und noch mehr Klamotten anhabe?" schlug Miss Gaymer vor. „Vielleicht hast du recht. Trotzdem sehe ich ganz nett aus, findest du nicht?" fügte sie bescheiden hinzu und putzte sich im Kimono. „Aber du wirst mich beim Frühstück sehen. In der Zwischenzeit möchte ich, dass du die beiden Jungs zurückhältst, während ich ins Badezimmer gehe. Ta-ta, meine Lieben!"

Und mit einer luftigen Handbewegung zu den ungewaschenen und verunsicherten Dicky und Cherub, die verlegen grinsend im Hintergrund standen, schlüpfte Hughies Mündel unter den Arm ihres Vormunds und verschwand im Badezimmer, mit einem Hauch von Cærulé- Vorhängen und einem triumphalen Hämmern der Tür.

Eine halbe Stunde später kam Hughie zum Frühstück hinunter und wurde dort von seinem Gastgeber Jack Leroy, einem pensionierten Krieger von achtunddreißig Jahren, von angenehmem Äußeren und unheilbarer Faulheit, und seiner Frau, die einst Hughies Herzen berührte, begrüßt die Person von Miss Mildred Freshwater. Ein weiterer alter Freund war Reverend Montague D'Arcy, den wir zuletzt am Wasser des Cam beim Cachuca tanzen sahen. Hier war er, etwas rundlicher und trug archidiaconische Gamaschen, aber immer noch der funkelnde D'Arcy von einst. Ein oder zwei weitere Gäste saßen am Tisch, aber von Joey war noch nichts zu sehen. Als sie erschien, trug sie ihr Reitkleid; und nach einer herzhaften Mahlzeit, die keineswegs durch dringende und unverblümte Botschaften von der Haustür beschleunigt wurde, wo ihre Freunde die Pfeife der Geduld rauchten, rannte sie auf eine Weise davon, die die meisten derjenigen, die am Tisch saßen, zum Überessen brachte Neidisch bezog er sich auf die Verdauungsapparatur der Jugend und überließ Hughie die Bewirtung durch seinen Gastgeber und seine Gastgeberin.

„Sie werden eine seltsame Handvoll finden, Hughie", sagte Mrs. Leroy, während sie friedlich in der Morgensonne auf der Veranda saß und ein Kinderkleidungsstück stickte – in deren Ecke die aktuellen Ausgaben des „Spectator" und „ „Sporting Life", vollständig entfaltet, zusammen mit zwei Paar senkrechten Stiefelsohlen und einer Wolke Zigarrenrauchs, verkündete die Tatsache, dass die Armee und die Kirche ihre Ruhe finden würden, – „aber ich möchte, dass Sie sich die ganze Zeit daran erinnern." dass sie *gesund* ist. Sie werden versucht sein, das immer wieder zu glauben, aber tun Sie das nicht! Sie wurde von allen völlig verwöhnt, und Sie müssen ihr Zeit geben, ihr Niveau wiederzufinden. Sich selbst überlassen, wäre sie es so gut wie Gold. Ich behaupte nicht, dass sie nicht ab und zu aus purem Tiergeist etwas Ungewöhnliches tun würde , aber das zählt nicht. Sie ist natürlich jung, also kann sie nicht – sie kann nicht sein erwartet – wissen Sie, was ich meine?"

„Steh auf, Mais", bemerkte eine Stimme hinter „Sporting Life".

„Danke, mein Lieber, das ist es eben. Siehst du, Hughie, die Männer drängen sie auf – sie sind alle gleich: Jack und Mr. D'Arcy sind genauso böse wie alle anderen – und sie wird aufgeregt und mitgerissen, und Ab und zu macht sie etwas Dummes und Auffälliges. Fünf Minuten später schämt sie sich bitterlich, kommt zu mir und schreit lauthals zu mir. Davon wissen die Leute *natürlich nichts* , sie wissen nur, dass sie die Dummheit getan hat, und rufen an Sie ist eine voreilige kleine Katze und ein abscheulicher Kobold. Glaub ihnen nicht, Hughie!

„Dann finden Sie sie absurd impulsiv und großzügig: Sie könnten ihr die Kleider ausziehen, wenn Sie sie wollten. Neulich kam sie unter Tränen nach Hause, wegen einer Geschichte, die ihr eine Bettlerin mit einem Baby erzählt hatte . Es war die übliche Art von Geschichte, aber für Joey reichte es völlig aus. Sie hatte das Baby selbst etwa zwei Meilen weit getragen, der

Mutter alles Geld gegeben, das sie hatte, und ihr das treue Versprechen abgenommen, am nächsten Tag zu mir zu kommen . Natürlich ist die Frau nie aufgetaucht, und Joeys Bluse musste verbrannt werden – *oh* , dieses Baby! –, aber so etwas ändert nichts an ihrem Glauben an die menschliche Natur. Und sie besteht den *großen* Test, Hughie. Sie hat es nicht geschafft Sie hat keine bestimmten Manieren, wenn Männer in der Nähe sind, und andere, wenn sie nicht da sind. Aber sie ist ein kleines Geschöpf. Man muss zärtlich mit ihr sein und –"

„Lass sie auf der Trense laufen, alter Mann – was?" bestätigte das „Sporting Life".

Hughie blies nachdenklich in seine Pfeife.

„Mir scheint, Mrs. Leroy", sagte er schließlich, „dass mir eine ziemlich schwere Zeit bevorsteht. Glauben Sie, dass sie meine derzeitigen Methoden überhaupt annehmen wird, oder muss ich ein paar neue Tricks lernen? Angst." Ich bin kein großer Frauenheld. Trotzdem waren Joey und ich einmal gute Freunde. Ist das nicht von Bedeutung?"

„Ich bin nicht sicher", sagte Frau Leroy. „Weißt du, wie sehr junge Leute es verabscheuen, für jung gehalten zu werden oder an ihre Jugend erinnert zu werden? Joey ist derzeit genau in dieser Stimmung. Weil du ein Junge von einundzwanzig Jahren warst, während sie ein Kind von zwölf Jahren war, könnte sie dich sehr verdächtigen aus dem Wunsch, auf dem Fundament von damals fortzufahren. Tun Sie das um Himmels willen nicht! Praktisch gesehen sind Sie einander vom Alter her viel näher als früher –"

Ein Lachen hallte durch die friedliche Veranda, und der „Spectator" und das „Sporting Life" kamen für einen Moment zusammen, als wollten sie ihr Vertrauen teilen.

„Jack", fragte Mrs. Leroy streng, „was haben Sie gerade zu Mr. D'Arcy gesagt?"

„ Nichts , Liebes", sagte eine sanfte Stimme.

„Mr. D'Arcy, was hat er zu Ihnen gesagt?"

Mr. D'Arcy nahm im „Spectator" ein Riff wahr und antwortete höflich:

„Er benutzte einen sportlichen Ausdruck, liebe Dame, im Hinblick auf Ihre Pläne für die Zukunft unseres Freundes Marrable , den ich glücklicherweise nicht verstehen konnte."

„Jack", sagte Mrs. Leroy in warnendem Tonfall, „Leute, die ungebeten ihr Ruder einlegen, werden zu Nachmittagsbesuchen mitgenommen – im Brougham, mit beiden Fenstern offen!"

Das „Sportliche Leben" wurde prompt in vollem Umfang ausgeweitet und es herrschte wieder Stille. Plötzlich bemerkte Frau Leroy fröhlich:

„Übrigens, Hughie, du bist gerade rechtzeitig zu Hause für einen Tanz – den Jagdball."

Hinter den Zeitungen ertönte ein hohles Stöhnen.

„Oh, schau mal!" sagte Hughie offen. „Ich meine – nicht wirklich?"

„Ja, ich habe Nina Fludyer versprochen , sie zu unterstützen und einen Bus voller Leute mitzubringen. Warum willst du nicht mitkommen?"

„Nun, zum einen habe ich erst zweimal getanzt, seit ich von Cambridge weggegangen bin. Einmal bei einem Empfang des Vizekönigs in Kalkutta und das andere Mal in Montmartre – unter weniger formellen Bedingungen. Ich sage Ihnen was – Sie und Ihre Hausparty, gehen Sie zum Ball und amüsieren Sie sich, und Ihr Mann und ich werden uns hier gegenseitig Gesellschaft leisten – was?"

Kapitän Leroy legte seine Zeitung nieder und sagte: „Guter Plan!" im loyalen, aber traurigen Tonfall von jemandem, der erkennt, dass es eine verlorene Hoffnung ist, dass man es aber genauso gut versuchen könnte. „Tatsächlich, Liebes", fuhr er verzweifelt fort, „habe ich daran gedacht , Marrable noch in derselben Nacht mitzunehmen, um Wilderern nachzujagen. Der alte Gannet erzählte mir , dass der Nordwald – das heißt – "

Er sah das verwelkte Auge seiner Frau und interessierte sich plötzlich für die Anzeigen auf der Rückseite seiner Zeitschrift.

„Jack", sagte Mrs. Leroy in einem Tonfall der Endgültigkeit, „am Dienstagabend ziehst du deine beste Latzhose an und kommst mit uns – das ist flach."

„In Ordnung, meine Liebe", antwortete ihr Mann mit einer Stimme, die zu Hughie sagte: „Ich hatte Angst, dass es nicht funktionieren würde, alter Mann!"

du nicht mitkommen, Hughie?" fuhr Frau Leroy fort und wandte sich plötzlich ihrem Gast zu.

„Nun, ich bin nicht für Bälle geschaffen", sagte Hughie. „Irgendwie lieber an der frischen Luft."

„Wenn Sie nur an der frischen Luft sein wollen", bemerkte Mrs. Leroy grimmig, „ist das Rathaus in Midfield das zugigste Gebäude in der Grafschaft."

„Bälle sind langweilige Angelegenheiten", betonte der treue, aber fehlgeleitete Leroy, „verglichen mit der Aufregung und – ähm – Spannung …"

„Wenn Sie Aufregung und Spannung wollen", antwortete die unerbittliche Mrs. Leroy, „tanzen Sie die Lancers mit Lady Fludyer – fünfzehn Stein unvollkommen ausbalancierter *Blanc -Mange* !"

„Und nur eine Prise Risiko –"

„Risiko? Mein lieber Junge, probieren Sie den Champagner des Ballkomitees!"

Kapitän Leroy, der an allen Punkten besiegt war, ließ erneut nach; aber D'Arcy griff das Argument auf.

„Nein, Spaß beiseite, Mrs. Leroy", sagte er, „es ist eine schreckliche Sache, bei einem Tanz auf dem Land ein überzähliger Mann zu sein. Man kriecht am Ende seiner Gruppe hinein und schüttelt der Gouvernante die Hand, in dem Eindruck, dass …" Sie ist Ihre Gastgeberin. Sie werden einem Mädchen vorgestellt und buchen einen Tanz. Sie verstehen ihren Namen nicht, also schreiben Sie „Rote Haare und Paradiesvogel" auf Ihr Programm und verlassen sie. Natürlich kennen Sie niemanden ; Sie haben also nach der Buchung einiger weiterer Mauerblümchen immer noch viel Zeit zur freien Verfügung. Ein männliches Mauerblümchen erkennt man immer. Frauen können es meist dreist sagen: Sie tun so, als hätten sie zahllose Angebote abgelehnt , und sitzen auf einer harten Bank, weil es ihnen gefällt."

„Sie können die anderen Frauen jedoch nicht täuschen", sagte Frau Leroy.

„Trotzdem", stimmte Hughie zu, „sie dominieren Männer. Aber, wie D'Arcy sagt, ein männlicher Mauerblümchen ist hoffnungslos. Er sieht elend aus und trübt sich entweder in einer Ecke wie ein neuer Junge in der Schule, oder er liest vor sich hin." nimmt an seinem Programm teil und sucht nach einem Partner, der nicht dabei ist.

„Warum versuchen Sie es nicht im Raucherzimmer?"

„Der Raucherraum ", warf Leroy ein, „ist für den normalen Philister in Ordnung. Aber wenn *ich* dorthin gehe, finde ich ihn im Besitz eines galligen Achtzigjährigen und eines pensionierten Generalmajors. Sie sitzen davor ." Sie feuern jeweils eine Zigarre ab. Sie starren mich an, als ich hereinkomme, und stoßen dann weiter aufeinander zu . Plötzlich halten sie inne, und einer sagt: „Ich nehme an, Sie sind in gewisser Weise kein Tanzmann , Sir." was impliziert, dass er nicht weiß, was zum Teufel die jungen Männer heutzutage vorhaben . Und inzwischen schäme ich mich so sehr, dass ich einfach aus dem Zimmer renne, mit dem Gerede über eine kurze Pause zwischen zwei

Tänzen, und setz dich zwischen die Hüte und Mäntel in der Garderobe, bis es Zeit ist, den nächsten Freak in meinem Programm zu jagen . Schlechte Arbeit, nenne ich das!"

Frau Leroy musterte die drei Redner mit einer Miene gelassener Belustigung.

„Ich *habe* einen Sturm entfacht", sagte sie. „Aber Sie kommen am Dienstag – alle drei! Nun, Hughie, ich weiß, dass Jack Sie unbedingt durch die Ställe und Plantagen führen möchte. Wenn Sie alle Pferde auf den Rücken geschlagen und die Temperaturen der Fasane gemessen haben, kommen Sie herein. Ich will um dir meinen Nachwuchs vorzustellen. Du bist kinderlieb, das weiß ich."

„Ich weiß, dass ich deine lieben werde, Mildred", sagte Hughie.

„Danke – das ist schön ausgedrückt. Aber es sind eigentlich eher Haustiere, obwohl ich das sagen sollte, wer das nicht tun sollte."

„Rum, kleine Bettler", sinnierte der männliche Elternteil. „Beißen Sie sich den Kopf ab, wenn sie sehen, dass Sie vor dem Abendessen einen Sherry mit Bitter trinken . Ich bin so eine Art religiöser Wahnsinniger von einer Krankenschwester", erklärte er. „Wurde gerettet und so weiter. Rette *dich* für Tuppence , Marrable !"

„Sie ist ein seltsames altes Ding", sagte Mrs. Leroy, „aber eine so gute Krankenschwester, dass ihre Schwächen keine große Rolle spielen . Die Kinder sind nie krank oder traurig – warten Sie, bis ich auf Holz klopfe! Ihr Kopf reicht aus, Jack – und." liebe sie einfach."

„Es hat mich gefreut, aus ihren eigenen Lippen zu erfahren", bemerkte D'Arcy, „dass sie von Geburt an begeisterte Abstinenzler waren und beide glühende Unterstützer von Auslandsmissionen sind."

„Und das Baby?" fragte Hughie.

„Zu jung", antwortete Leroy; „Aber das entschuldigt den armen kleinen Sünder nicht, ein blaues Band tragen zu müssen."

„Wie sieht die Krankenschwester Sie, Leroy?" fragte D'Arcy.

„Verlorenes Schaf – schwieriger Fall – schlechtes Ei im Allgemeinen", antwortete dieser Herr resigniert. „Sie hat mich aufgegeben, das kann ich mit Freude sagen; aber sie wird Hughie in kürzester Zeit auf der Spur sein. Kommen Sie mit."

In der Freude, durch die vertrauten Plantagen und Ställe zu streifen, ließ Hughie zu, dass die Existenz von Mildred Leroys Nachkommen aus seiner Erinnerung verblasste; und erst als sich die Gruppe zum Mittagessen versammelte, wurde er an die Vorstellung erinnert, die ihm bevorstand.

Die versammelte Gesellschaft bestand aus dem Gastgeber und der Gastgeberin, D'Arcy, Hughie, Joan und dem jungen Herrn, der zuvor als „Cherub" bezeichnet wurde. Die anderen waren zu einer Segelexpedition aufgebrochen. Joan hatte sich geweigert zu gehen und behauptete, sie müsse zu Hause bleiben und ihren „Wärter", wie sie Hughie jetzt getauft hatte , bewirten; und Cherub hatte fälschlicherweise eine Neigung zum *Mal de Mer geltend gemacht* und war zu Hause geblieben, um seinen Rivalen einen Vorsprung zu verschaffen.

Die Gesellschaft wurde durch zwei pummelige Säuglinge von sieben und fünf Jahren in großen Schürzen und kurzen weißen Socken vervollständigt, die Brevet-Onkel Hughie als Theodora und Hildegard vorgestellt wurden, obwohl Hughie nach einer kurzen Erfahrung mit ihrer Gesellschaft herausfand, dass sie ohne antworteten Groll und viel mehr Spontaneität gegenüber den Bezeichnungen „Duckles" bzw. „ Stodger ".

Sie wurden – das scheint das richtige Wort zu sein – im Speisesaal von einer strengen und älteren Frau abgelegt, die beim Anblick von Kapitän Leroy heftig stöhnte und Hughie mit unverhohlenem Misstrauen musterte, bevor sie sich zurückzog. Die kleinen Mädchen nahmen ihre Plätze auf jeder Seite ihrer Mutter ein und saßen wie zwei wohlerzogene kleine Eulen da und betrachteten ihren neuen Onkel. Jetzt ließ ihre Wachsamkeit nach. Es ist eine Binsenweisheit, dass Abstinenzler herzhafte Esser sind, und der Verzehr dessen, was ihnen vorgesetzt wurde, erregte bald die Aufmerksamkeit der Mesdames Duckles und Stodger , die alles andere ausschlossen, wobei letzterer eine besonders lobenswerte Pflichterfüllung an den Tag legte.

Ihr einziger Beitrag zum Gespräch wurde angeboten, als Leroy Hughie den Rotwein reichte.

„Wein", bemerkte Duckles streng, „ist ein Spott!"

„ Stwong „ Dwink ", bestätigte Stodger und hob das Weiße ihrer Augen, „wütet!"

Dann stöhnten die beiden Damen heftig und setzten ihr Mahl fort, nachdem sie so ihren Beitrag zur Erlösung eines Sünders geleistet hatten.

Am Ende des Essens vergrößerte sich die Gesellschaft durch die Ankunft des zweijährigen John Marrable Leroy – eines Säuglings, dessen apoplektisches Gesicht das kleine Stück blaues Band in seinem Latz leider nicht erkennen ließ. Nachdem er sich auf den Schoß seiner Mutter gesetzt hatte, begann er, nach der Art von Babys, seine berühmte Unterhaltung zu geben. Zum Nutzen der Gesellschaft identifizierte er zuvorkommend verschiedene Artikel auf dem Tisch und gab dann (unterstützt durch manuelle Verrenkungen) eine Darstellung der genauen Lage der Kirche, des Kirchturms, der Tür und des Volkes. Danach legte er ohne Vorwarnung oder Entschuldigung einen nackten Fuß auf den Teller seiner Mutter, nachdem er auf mysteriöse Weise seinen Schuh und seine Socke unter dem Tisch entfernt hatte; und gerade dabei war, die jeweiligen Marketingerfahrungen einer Familie kleiner Schweine aufzuzählen, als seine Mutter, die entschied, dass es höchste Zeit sei, diese *Séance* zu Ende zu bringen, ihn aufforderte, im Namen des Unternehmens ein Gnadengebet zu sprechen.

John Marrable Leroy hörte widerstrebend auf, seine Zehen zu befingern, und verfiel in einen Zustand hingebungsvoller Starrheit. Dann schloss er die Augen, faltete die Hände und atmete röchelnd . Alle warteten mit andächtig gesenkten Köpfen auf seinen Segen.

„ Tank Gott –“, begann Meister Leroy schließlich.

Es entstand eine weitere angespannte Pause.

„ Tank Gott –“ wiederholte das Kind verzweifelt.

Eine weitere Pause.

„„ *Für* ‘ – Liebste“, sagte seine Mutter.

Ein Lächeln voller Erleichterung erhellte das besorgte Gesicht des Bittstellers.

"-Fünf sechs sieben acht neun zehn !" er plapperte fröhlich; und das Treffen endete in ungebührlicher Verwirrung.

Es war ein heißer Nachmittag, und Hughie, der des Nichtstuns noch lange nicht müde geworden war, begnügte sich damit, es sich in einem Korbstuhl unter einer großen Blutbuche gemütlich zu machen und den anderen beim Krocketspielen zuzusehen.

Plötzlich kam Joan, einen Holzhammer schwingend, und setzte sich neben ihn ins Gras.

„Na, Hughie?“ begann sie und betrachtete ihren Controller eher fragend.

„Na, Joey?“

Dann lachten beide, oder besser gesagt, kicherten. Das Merkwürdige daran war, dass Hughie lachte : „Ha, ha!“ Tief im Inneren tat Joey dasselbe. Abschlag und schrilles weibliches Geschrei waren für sie unerreichbar. Sie

war der Joey von einst, mit der gleichen schroffen Stimme, obwohl sie ihre
Schwierigkeiten mit den *Rs* und *Ls* überwunden hatte .

„Es scheint Rommé zu sein“, bemerkte Miss Gaymer nachdenklich,
„dass ich Ihnen wie einem Zugwärter anvertraut wurde. Erwarten Sie, dass
ich Ihnen gehorche?“

„Ja“, sagte Hughie. Er hatte das Gefühl, dass er die Gelegenheit
verpasste, etwas Helles und Auffälliges zu sagen, aber „Ja“ war das einzige
Wort, das ihm außer „Nein“ einfiel.

"Oh!" antwortete Miss Gaymer rätselhaft.

„Haben Sie nicht vor?“ fragte Hughie.

„Nun, es hängt davon ab, was du mir sagst. Wenn es etwas wäre, das
keine große Rolle spielt, könnte ich es manchmal tun, nur um dein Gesicht
zu wahren. Aber in der Regel sollte ich es nicht tun.“

"Oh!" sagte Hughie seinerseits.

„Ich kann Ihnen gleich sagen“, fuhr die Dame fort, „die Dinge, über
die es keinen Sinn hat, mich zu beschimpfen. Erstens suche ich mir meine
Freunde immer selbst aus und nehme niemals Empfehlungen oder
Warnungen von irgendjemandem an. Dann müssen Sie Ich darf mich nicht
beim Tanzen, beim Segeln oder beim Reiten stören, weil ich sie mehr liebe
als alles andere auf der Welt. Dann darfst du nicht versuchen, mich daran zu
hindern, Bücher zu lesen und Theaterstücke zu sehen, von denen du denkst,
dass sie schlecht für mich sind, denn so etwas ist es einfach nicht heutzutage
gemacht. Und natürlich darf man mich nicht als extravagant bezeichnen, wenn
ich mich gut kleide. Außerdem darf man von mir nicht erwarten, dass ich
mich für gute Arbeiten interessiere, denn ich hasse Kuratoren. Und gib mir
keine Ratschläge, weil ich es verabscheue. Andererseits kann es Sie trösten,
zu wissen – was aus irgendeinem Grund für *die meisten* Männer so ist –, dass
ich keine Stimme will und keine Zigaretten rauche. Oh, der arme kleine
Kerl!“

Sie war blitzschnell auf den Beinen und überquerte den Rasen, wo der
fettleibige Stodger , der auf einer halb vergrabenen Baumwurzel lag, dem
Himmel die Trauer über den plötzlichen Übergang von der Senkrechten in
die Horizontale verkündete. Sie tröstete das Kind mit ganzer Zärtlichkeit,
und nachdem sie beim Krocketspiel an der Reihe war, kehrte sie zu Hughie
zurück und setzte sich wieder neben ihn.

„Nun – was denkst du über mich?“ fragte sie plötzlich.

Hughie betrachtete sie aufmerksam.

„Ich weiß es noch nicht“, sagte er. „Ich möchte ein bisschen mehr von dir sehen.“

„Die meisten Menschen“, sagte Miss Gaymer würdevoll, „entscheiden sich sofort für mich.“

„Das werde ich nicht tun“, sagte Hughie. „Das wäre nicht ganz fair.“

Joan dachte über diese Erwiderung nach und errötete schließlich wie ein Kind.

„Das bedeutet, dass du eine Abneigung gegen mich entwickelt hast“, sagte sie.

„Das habe ich nicht so gemeint“, sagte Hughie sehr bekümmert, „wirklich!“

„Jedenfalls bedeutet es, dass du dich noch nicht entschieden hast, was mich betrifft“, beharrte Joan.

„Das stimmt“, gab Hughie zu, der kein Experte im Fechten war.

„Nun, tun Sie es bald“, sagte Miss Gaymer. „Ich bin es nicht gewohnt, vor Gericht gestellt zu werden. Ich darf Ihnen gegenüber erwähnen“, fügte sie selbstgefällig hinzu, „dass man mich für einen großen Erfolg hält. Wissen Sie, was Jacky Penn mir erzählt hat?“

"Nicht, was?" fragte Hughie oberflächlich. Er begann zu verstehen, wie innerlich Mildred Leroys Warnung war, dass das Mädchen neben ihm noch nicht auf die Beine gekommen sei.

„Er hat mir erzählt “, sagte Joan mit einem ungekünstelten Seufzer der Freude, „dass die Männer hier mich alle ‚The Toast‘ nennen.“ Was sagen Sie dazu?

„Ein Toast“, sagte Hughie ziemlich schwer, „ist normalerweise eine Entschuldigung für ein Glas.“ Ich möchte dich nicht nur so sehen, Joey.

Miss Gaymer musterte ihren Vormund mit unverhohlener Verzweiflung.

„Hughie, du bist in den letzten neun Jahren furchtbar altmädchenhaft geworden“, sagte sie. „Wo warst du? In irgendeiner anständigen Gesellschaft?“

„Manchmal, aber nicht oft. Nicht das, was *man* als anständige Gesellschaft bezeichnen würde, Joey.“

„Nun“, bemerkte Miss Gaymer und drehte ihrer Gegnerin mit charakteristischer Bereitwilligkeit die Flanke zu, „was auch immer es war, es ging nicht so sehr um die Kleidung. Hughie, deine Aufmachung ist absolut *tragisch* . Wenn du mein Hüter sein willst, wirst du das tun." Ich muss damit beginnen, mich anständig zu kleiden. Ich weiß nicht, wer Ihr Schneider ist, aber – Che-e-erub!"

„Was für eine Hure!" kam vom Krocket-Rasen.

„Komm sofort her."

Cherub legte gehorsam seinen Hammer nieder und näherte sich. Als er angekommen war, blieb er stehen und stellte sich stramm.

„Cherub", befahl Miss Gaymer, „drehen Sie sich immer wieder um, bis ich Ihnen sage, Sie sollen anhalten und Mr. Marrable Ihre Kleidung sehen lassen."

Cherub war sehr geschmeichelt und drehte sich gelassen um seine Achse zugunsten des ungebildeten Marrable , während Miss Gaymer seine Punkte durchging.

„Muss ich eine Taille haben?" fragte Hughie sanftmütig.

„Ja – wenn du eine *hast* ", antwortete Joan und betrachtete zweifelnd die formlose Schießjacke ihres Vormunds.

„Und lila Socken?"

„Grün reicht schon, alter Mann", bemerkte die *Schaufensterpuppe* unerwartet.

„Cherub, sei still!" sagte die *Coutumière* . „Du hast absolut nichts zu empfehlen außer deiner Kleidung, also verderbe es nicht durch Geschwätz. So, Hughie! So etwas ist in der Art. Du musst nächste Woche in die Stadt gehen und welche bestellen . Lauf weg, Cherub! Nun noch etwas, Hughie. Schau dir deine Hände an. Sie sind wie die eines Kohlengräbers , nur dass sie sauber sind. Kannst du sie nicht pflegen lassen?"

Hughie musterte seine Hände in einer erinnerungswürdigen Weise. Sie waren nützliche Mitglieder und hatten ihren Besitzer durch viele schwierige Situationen gezogen. Gegenwärtig trugen die Handflächen die Spuren der Kohlenschaufeln des Orinoco, und an einem Handgelenk befand sich eine große Narbe, wo Hughie unvorsichtig ein heißes Lager berührt hatte. Es gab auch einen Schnitt im mittleren Knöchel der rechten Hand, der durch den Aufprall der Vorderzähne von Herrn Gates bei einem historischen Ereignis verursacht wurde. Es gab andere und ältere Marken, und mit den meisten war eine interessante Geschichte verbunden. Aber Joan wusste das natürlich nicht. Für sie waren es große, unansehnliche, unmanikürte Hände – nur das und nichts weiter. Hughie seufzte. Irgendwie schienen alle seine alten Vermögenswerte zu Verbindlichkeiten geworden zu sein.

„Sind das nicht ein Skandal, Hughie?" wiederholte Joan.

„Das nehme ich an, Joey", sagte Hughie und erwachte aus seinen Träumereien. „Okay , ich werde mich um sie kümmern. Ich glaube nicht, dass sie mir jemals wieder von großem Nutzen sein werden", fügte er in deprimiertem Tonfall hinzu, „also könnte man sie genauso gut zu Zierzwecken machen." Ich werde Sophy Fullgarney befragen, wenn ich zurück in die Stadt komme.

"Wer ist sie?" sagte Joey schnell.

„Manikürist – vor Ihrer Zeit", sagte Hughie kurz und erfreut darüber, dass er seinem Mündel Punkte geben konnte, wenn er etwas wusste. „Noch weitere Anforderungen, Joey?"

„Lass mich sehen. Oh ja. Kannst du tanzen?"

„Hab Walzer gespielt", sagte Hughie vorsichtig.

"Anständig?"

„Ich komme um einen Raum herum."

„Können Sie richtig rückwärts fahren?"

„Wenn ein Mann in meinen jungen Tagen umgekehrt war", sagte Hughie, „haben wir ihn früher als Grenzgänger betrachtet. Tun sie das jetzt?"

„Ja, immer. Können Sie sonst noch etwas tun?"

„Das Übliche – Lancers und Polka. Einmal in Schottland eine Rolle getanzt."

„Niemand tanzt jetzt Polka und ich hasse die Lancers. Kannst du Two-Step machen?"

„Noch nie davon gehört."

Miss Gaymer seufzte.

„Ich nehme an, ich habe noch nie vom Boston gehört?" sagte sie resigniert.

„Niemals in meinem Leben", sagte Hughie. „Sehen Sie", fügte er hinzu, inspiriert von einer plötzlichen Hoffnung, „vielleicht wäre es ja auch besser, wenn ich am Dienstagabend zu Hause bleiben würde – was?"

„ *Ganz gut* ", sagte Miss Gaymer offen. „Aber ich glaube nicht, dass Mildred dich gehen lässt. Du wirst von den Mauerblümchen gesucht werden."

„Aber offenbar nicht von Joey."

„Ich tanze nicht mit Rottern ", sagte Miss Gaymer elegant. „Ich bin auch schon so gut wie ausgebucht. Wenn du dich aber sofort bewirbst, gebe ich dir vielleicht *eins* ." Sie dachte einen Moment nach. „Ich werde es mit Nummer acht versuchen."

„Wir sollten uns jetzt besser nicht zufrieden geben", sagte Hughie. „Ich würde mich gerne noch im Ballsaal umsehen, bevor ich mich in irgendeiner Weise festbinde. Aber ich werde Ihre Bewerbung im Hinterkopf behalten."

Miss Joan Gaymer drehte sich um und betrachtete ihre Begleiterin mit unverstelltem Erstaunen. Er lag immer noch da, aber seine träge Haltung träger Zufriedenheit war verschwunden, und für einen Moment lugte Herausforderung aus seinen stählernen Augen. Sie erhob sich bewusst vom Gras und ging mit großer Würde zurück zum Krocket-Rasen.

Hughie saß da und fühlte sich leicht atemlos. Er hatte gerade gemerkt , dass er ein Temperament besaß.

Kurz darauf beendete Mrs. Leroy eine Abfolge von fünf Reifen und zog sich, gefolgt vom Applaus eines inkompetenten Partners, zur Blutbuche zurück.

Sie setzte sich Hughie gegenüber und musterte ihn erwartungsvoll.

„Na, Hughie?" Sie sagte.

„Na, Mildred?"

„ *Na* , Hughie?"

„Ich glaube", antwortete Hughie auf die unausgesprochene Frage, „dass sie – *Ohrfeigen will* !"

Mildred Leroy nickte weise.

"Ah!" bemerkte sie. „Ich dachte, du würdest das sagen. Nun, ich hoffe, du tust es."

---

noch ausführlicher die Ereignisse des Tages Revue passieren , während er mit den Füßen auf dem Fenstersims seines offenen Schlafzimmers saß – dem Schlafzimmer seiner Kindheit, mit den alten Schul- und Universitätsgruppen an den Wänden ,- als er eine letzte Pfeife rauchte, bevor er sich zur Ruhe zurückzog.

Es war fast Morgengrauen. Die samtige Dunkelheit wurde heller; und gelegentlich stieß ein früh aufstehender und energiegeladener junger Vogel ein zaghaftes Zwitschern aus – nur um dann, als er ohne Ermutigung von den anderen Mitgliedern des Orchesters (wahrscheinlich Gewerkschaftern) empfangen wurde, bis zu einer passenderen Stunde nachzulassen.

Hughie hatte mit D'Arcy und Leroy im Billardzimmer gesessen, lange nachdem die anderen Männer – Joeys *Klientel* – ihre Gläser geleert und zu Bett gegangen waren. Es hatte eine „Damennacht" gegeben, begleitet von furchteinflößenden Spielen (mit einem für den Tisch schädlichen Charakter) zwischen den Mannschaften, die von Joey als Kapitän geführt wurden, und einem anderen Mädchen; und selbst nachdem Mildred Leroy ihre Schützlinge nach oben getragen hatte, hatte es in den Gängen und auf der Treppe Bärenkämpfe und viel Geschrei gegeben. Dann waren die jüngeren Herren zerknittert, aber siegreich zurückgekehrt, um ihren Durst zu stillen und mit respektvoller Ehrerbietung jeder Geschichte zu lauschen, die der große Marrable erzählen wollte. (Die Geschichte vom Orinoco hatte die Runde gemacht, obwohl sie den Half-Penny-Zeitungen gnädigerweise entgangen war.)

Aber Hughie war nicht kommunikativ gewesen, obwohl er sich als eifriger und anerkennender Zuhörer für Uni-Klatsch und Sport-„Shop" erwiesen hatte. So waren die jungen Männer, nachdem sie sich selbst zum Stillstand gebracht hatten, nach und nach verschwunden, hoch erfreut darüber, dass der große Mann nicht nur willens, sondern auch bestrebt war, ihren akribischen Chroniken zuzuhören; und Hughie, D'Arcy und Leroy, deren Symposium auf freundschaftliche Grenzen beschränkt war, hatten bis tief in die Nacht Notizen verglichen und „Lügen ausgetauscht", wie die Amerikaner sagen.

Hughies Eindrücke des Tages waren leicht verschwommen und verwirrt – worüber sich niemand wundern konnte. Er war an neue Gesichter und neue Umgebungen gewöhnt, aber der Sprung vom Gestern ins Heute war ein wenig plötzlich gekommen. Letzte Nacht war er als herrenloser Mann, ein überlegener Vagabund, ein verantwortungsloser Freiberufler, mit Hunderten von Bekannten und nie einem Freund vor die Tür von Manors gefahren. Innerhalb von vierundzwanzig Stunden war dieses Gefühl der unverantwortlichen Distanziertheit für immer verschwunden , und der Zauber des englischen Familienlebens war tief in sein Wesen eingedrungen. Zum ersten Mal spürte er, dass er mehr als nur eine Einheit im Universum war. Er hatte sich von etwas in jemanden verwandelt . Er erkannte , dass er einen Anteil am Land – der Grafschaft – dem kleinen Anwesen Manors selbst hatte; und ein großer Wunsch war in ihm, sich niederzulassen und sich mit allem zu umgeben, was einem Engländer im In- und Ausland – insbesondere im Ausland – durch das Wort „Heimat" vermittelt wird.

Dann waren da noch die Menschen, mit denen er an diesem Tag Kontakt gehabt hatte. Sie waren fast alle alte Freunde, aber es waren alte

Freunde mit neuen Gesichtern. Da war zum Beispiel Mildred Leroy. Er hatte halb erwartet, dass seine Beziehungen zu dieser jungen Matrone, wenn man die Vergangenheit berücksichtigte, leicht zärtlicher und sentimentaler Natur sein würden. Weit davon entfernt. Ihre Haltung ihm gegenüber war einfach mütterlich – und das war es auch, wenn er sich dessen bewusst gewesen wäre , vom Beginn ihrer Freundschaft an. Eine Frau empfindet gegenüber einem Mann ihres Alters immer mütterliche Gefühle, und das zu Recht, denn sie ist viel älter als er. Gelegentlich verwechselt sie dieses mütterliche Gefühl mit etwas anderem und heiratet ihn – aber nicht oft. Offensichtlich betrachtete Mildred Leroy Hughie jetzt nur noch als einen qualifizierten jungen *Debütanten* , die natürliche Beute der Anstandsdame, die man zusammentreiben und mit aller möglichen Schnelligkeit zusammentreiben musste .

Dann war da noch Joey. Vor vierundzwanzig Stunden hatte er keine besondere Meinung zum Thema seines Mündels gehabt, außer …

(1) Die Überlegung, dass er sie wahrscheinlich „ziemlich langweilig" finden würde;

(2) Eine müßige Spekulation darüber, ob er sich, wenn es die Zweckmäßigkeit erfordern sollte, dazu durchringen könnte, sie zu heiraten.

Nun, vierundzwanzig Stunden sind eine lange Zeit. Er erkannte jetzt ganz klar, dass Miss Gaymers Mängel, was auch immer sie sein mochten, nicht dazu gehörten, ihre Begleiter zu langweilen; und dass, wenn jemals die andere Frage auftauchen sollte, die Schwierigkeit nicht darin liegen würde, sich selbst dazu zu bringen, Joey zu heiraten, sondern darin, Joey dazu zu bringen, ihn zu heiraten.

Als vernünftiger Mann beschloss er, den Dingen ihren Lauf zu lassen und ging zu Bett. Dort träumte er, dass Joey, gekleidet in einen blauen Kimono und rote Hausschuhe, ihm beibrachte, den Two-Step zu einer Melodie zu tanzen, die von den Motoren des Orinoco gespielt wurde.

KAPITEL XIII

VARIUM UND VERÄNDERBAR

HUGHIE beschäftigte sich in den nächsten Wochen weiterhin mit dem Charakter des weiblichen Geschlechts am Beispiel seiner Mündel, Miss Joan Gaymer, und er wurde auf einige naturkundliche Tatsachen aufmerksam gemacht, die ihm bisher noch nicht in den Sinn gekommen waren.

Im Umgang mit ihren männlichen Besitztümern erwartet eine Frau nicht viel. Sicherlich weder Gerechtigkeit noch Vernunft noch gesunder Menschenverstand. Das, was sie vor allem wünscht – so teilen uns die Kenner mit – ist Bewunderung und, wenn möglich, Freundlichkeit, obwohl Letzteres nicht unbedingt erforderlich ist. Das Einzige, was sie nicht ertragen kann, ist Vernachlässigung. Irgendeine Aufmerksamkeit muss sie haben. Befriedige ihre Seele damit, und sie wird alles bleiben, was du von ihr wünschst , *toute femme* , etwas, wofür die einsame Menschheit Gott danken kann. Vernachlässige sie, und es besteht die Gefahr, dass sie in die Reihen dieses eher erbärmlichen dritten Geschlechts abdriftet, das aus höherer Bildung und weiblichem Überfluss geboren ist und sich heute von seinen Mitgeschöpfen abhebt und lautstark seinen Abscheu vor der Männlichkeit von Frauen verkündet des Mannes und seiner Verachtung für die Weiblichkeit der Frau, die bisher aber nur den Degen des einen weggeworfen zu haben scheint , ohne in der Lage zu sein, den Knüppel des anderen zu heben oder zu handhaben.

Nicht, dass Miss Joan Gaymer ein solches Risiko eingegangen wäre. Sie war in der Tat *toute femme* und war vor der Gefahr geschützt, von ihrer natürlichen Nahrung abgeschnitten zu werden. Ihre größte Gefahr war die Übersättigung. Sie verfügte über einen überdurchschnittlich gesunden Appetit auf Bewunderung, und es fehlte nie an einer Menge Personen – wohlgemerkt hauptsächlich ihres eigenen Geschlechts –, die verkündeten, dass in ihrem Fall die Grenze zwischen Appetit und Völlerei tatsächlich sehr schmal gezogen war . Es ist zu befürchten, dass in der Anschuldigung etwas Wahres steckte, denn Joan zeigte zu diesem Zeitpunkt zweifellos Symptome einer Art geistiger Verdauungsstörung – was die Franzosen „tête *montée*"und die Amerikaner „geschwollener Kopf" nennen – hervorgerufen durch eine unverdünnte Diät der Anbetung und Hommage. Der Appetit auf so etwas wächst mit dem Essen, und Joan begann, wie ihre Mutter vor ihr, zu viel an diejenigen zu denken, die sie mit dem Fleisch versorgten, das ihre Seele liebte, und zu wenig an diejenigen, die es nicht taten. Und da diejenigen, die dies nicht taten, vor allem diejenigen waren, denen ihr Wohlergehen am meisten am Herzen lag, wurde ihr vorerst ein Großteil der soliden Grundlage einer echten Freundschaft vorenthalten.

Sie war eine seltsame Mischung aus Weltweisheit und Naivität und interessierte sich offen für sich selbst. Sie wollte unbedingt wissen , was die Leute von ihr hielten, und machte keinen Versuch, ihre Freude zu verbergen, als sie feststellte, dass sie „ein Erfolg" war. Andererseits schätzte sie die Geduld und Loyalität ihrer Gefolgschaft viel zu sehr ein. Sie war immer wählerisch, oft rücksichtslos und war, wie die meisten jungen Menschen, die respektabel erzogen wurden, verzweifelt darauf bedacht, als ziemlich böse angesehen zu werden.

Das langsame Gehirn von Hughie Marrable nahm diese Tatsachen eine nach der anderen auf, und er fühlte sich ein wenig unzufrieden wegen des Mädchens, obwohl er es nicht übers Herz bringen konnte, ihr die Schuld zu geben. Er hatte das Gefühl, dass Joey lediglich ihre Möglichkeiten voll ausnutzte. Innerhalb ihres kleinen Königreichs hatte sie für kurze Zeit eine Autorität inne, die so uneingeschränkt war wie beispielsweise die eines Staatssekretärs, und sie war auch nicht von irgendwelchen pedantischen Skrupeln gefesselt, die den betreffenden Beamten daran gehindert hätten, diese Autorität auszuüben ; und Hughie, der selbst so etwas wie ein Autokrat war, musste zugeben, dass sein Mündel sich *mutatis mutandis sehr genau so verhielt* , wie er es unter ähnlichen Umständen getan hätte.

Aber als die Zeit verging und sein Sinn für Perspektive sich anpasste, begann er Anzeichen dafür zu entdecken, dass der alte Joey unter all ihren Allüren und ihrem Schaum und Schaum überlebte. Sie war ein impulsives Wesen, und ihre Launen waren häufiger auf den Einfluss des Augenblicks zurückzuführen als auf den Wunsch, sich zu posieren. Sie würde einen jungen Mann von einem seit langem versprochenen *Tête-à-Tête* am Fluss enttäuschen und mit den Kindern des Unterverwalters auf einer Plantage einkaufen gehen und spielen. Sie vergoss Tränen über die erschütternden, aber nicht überzeugenden Erzählungen über die Armut an der Hintertür. Sie war freundlich zu einfachen Mädchen, was attraktive Mädchen manchmal nicht sind, und die Bediensteten vergötterten sie, was für jeden ein gutes Zeichen ist.

Sie war überaus großzügig; Tatsächlich war es für ihre Freundinnen nie ungefährlich , ihre Bewunderung für alles, was ihr gehörte, auch wenn sie noch so diskret war, zum Ausdruck zu bringen, denn sie hatte die peinliche Angewohnheit, Kleidungsstücke oder Schmuckstücke abzureißen und zu sagen: „Ich gebe es dir!" mit dem Eifer und der Aufrichtigkeit eines Kindes.

Und ihr Ehrenkodex war so streng wie der eines Schuljungen – mehr kann man nicht sagen. Ein Geheimnis war bei ihr sicher. Sie hatte einst prompt und dauerhaft auf die Freundschaft mit einem besonderen Kumpel verzichtet, der ihr gegenüber mit Namen und Einzelheiten eines Heiratsantrags prahlte, den sie kürzlich abgelehnt hatte.

Kurz gesagt, Miss Joan Gaymer ähnelte stark der jungen Dame, die in längst vergangenen Zeiten für einen gewissen poetischen Gentleman die einzige Freude war. Sie war manchmal aufdringlich, manchmal schüchtern, manchmal, wenn auch abscheulich, aber sie versäumte nie, zu gefallen – oder besser gesagt, anzuziehen, was noch besser ist.

Mrs. Jack Leroy hat in der Nacht des Jagdballs weder Alter noch Geschlecht gescheut. Ihr Mann, Hughie, und Reverend Montague D'Arcy – alle litten unter dem eigentümlichen Gefühl träger Depression, das das männliche Geschlecht gegen 21.30 Uhr, WENN Tanzen ansteht, unweigerlich befällt – wurden in Pumps und weißen Handschuhen gejagt und in den Omnibus gepackt , das nach einer Fahrt von sieben Meilen, während der die Herren verstohlen schliefen und die Zungen von Joan und ihren Freundinnen unaufhörlich wedelten, die gesamte zwölfköpfige Gruppe auf den Stufen des Rathauses in Midfield absetzte.

Ihre Zahl wurde durch einige über Nacht eingetroffene Personen vervollständigt. Die ersten beiden waren Herr und Frau Lance Gaymer. Joans einziger Bruder hatte bereits im Alter von zweiundzwanzig Jahren die Verantwortung für die Ehe auf sich genommen, und der ziemlich entsetzliche junge Mensch, der ihm ins Wohnzimmer vorausging und Joan mit „ Jowey “ begrüßte, spielte dabei eine Rolle. Warum oder wo Lance sie geheiratet hatte, wusste niemand. Er hatte sie eines Tages, halb stolz, halb trotzig, einem Familienkreis in Manors gegenübergestellt, der im Moment zu entsetzt war, um etwas anderes zu tun, als den Mund anzustarren. Glücklicherweise war Onkel Jimmy nicht anwesend – er hatte zu diesem Zeitpunkt bereits seine Reise angetreten – und es blieb Joan überlassen, den jüngsten Neuzugang im Hause Gaymer zu begrüßen. Dies tat sie sehr vernünftig und hübsch, obwohl sie danach hemmungslos an der mitfühlenden Brust von Mildred Leroy weinte.

Lance zuliebe wurde Mrs. Gaymer ohne Einwände angenommen. Was auch immer sie war oder gewesen war – ob sie eine Biermaschine manipuliert hatte oder in einer Musikkomödie gestikuliert hatte – da war sie und musste assimiliert werden. Es wurden keine Fragen gestellt, aber sie wurde von Zeit zu Zeit feierlich nach Manors eingeladen, und wenn Joan und Mrs. Leroy in der Saison in die Stadt fuhren, statteten sie Mrs. Lance gelegentlich Staatsbesuche in ihrer Residenz in Maida Vale ab, wo sie tranken Tee in Gesellschaft mit den *Absolventen* der Sortenbühne und der Kannen- und Flaschenabteilung.

Man ging davon aus, dass Lance selbst seinen Lebensunterhalt mit dem Journalismus verdiente. Er sah deutlich älter als dreiundzwanzig aus.

Der dritte Neuzugang war ein Mr. Guy Haliburton, der von Mr. Lance Gaymer zur Aufnahme vorgeschlagen und von Mrs. Lance Gaymer unterstützt wurde. Er war voller Ehrerbietung und entschuldigte sich mit anmutiger Demut für seine Anwesenheit. Er fühle sich als schrecklicher Eindringling, sagte er, aber der „alte Lance" habe ihm so ernsthaft versichert, dass Mrs. Leroy einen anderen tanzenden Mann brauche, dass er es gewagt habe, seine stellvertretende Einladung anzunehmen und nach Manors zu kommen. Er wurde willkommen geheißen.

Mr. Haliburton beschrieb sich bei weiterer Bekanntschaft als Schauspieler, aber Hughie, dessen Urteile über Männer – im Gegensatz zu Frauen – selten falsch waren, bezeichnete ihn ohne zu zögern als einen Gentleman, der, ob Schauspieler oder nicht, von seinem Verstand lebte. Er war eine auffallend aussehende Persönlichkeit von etwa dreißig Jahren. Er hatte lockiges schwarzes Haar und dunkle Augen mit gefährlichen Wimpern. Er war gut gekleidet – zu gut gekleidet für das Land – und man hatte instinktiv das Gefühl, dass er ein guter Kartenspieler war, und hatte wahrscheinlich etwas gegen kalte Bäder und frühes Aufstehen.

Die Manors-Gruppe wurde im Vorraum des Rathauses von Lady Fludyer , der selbsternannten Herrin der Feierlichkeiten, begrüßt. Gegenwärtig ähnelte sie eher einer wohlgenährten Niobe.

„Meine Liebe", rief sie, fiel schlaff auf Mrs. Leroy und küsste sie fieberhaft, „was *ist* Ihrer Meinung nach passiert?"

„Band ist nicht gekommen ?" riskierte Frau Leroy.

„Schlimmer noch! Kein Mann – kein Unteroffizier – kein Trommlerjunge kann heute Abend von Ipsleigh wegkommen !" (Ipsleigh war ein benachbartes Militärdepot und eine Quelle der Eignung in einem kargen Land.) „Sie wurden alle alle um vierundzwanzig Stunden zu einer absurden Inspektion oder einem Marsch oder einem Manöver oder so etwas *gerufen* ." Beachten Sie es. Und sie kamen in *Schwärmen hierher* ! Es werden jetzt nicht annähernd genug Männer da sein, um herumzukommen. Die Hälfte der Mädchen wird die ganze Nacht an der Wand stehen! Oh mein *Lieber* , wenn ich den General erreiche –"

Lady Fludyers Stimme steigerte sich zu einem Schrei, und sie stürzte jammernd in eine dunkle Tür, wie ein Zug, der in einen Tunnel fährt.

Mrs. Leroy wandte sich mit zufriedenem Blick an ihre schrumpfenden Kavaliere.

„Es ist gut, dass ich euch alle mitgebracht habe", sagte sie. „Jetzt mach dich an die Arbeit. Jack, bitte den ersten Walzer mit dir."

Der Ball war bald in vollem Gange, obwohl es nur allzu offensichtlich war, dass die Männer etwas rar waren. Zu seiner großen Bestürzung stellte Hughie fest, dass sein Programm nach zehn Minuten voll war, und so bedauerte er zutiefst, dass der Orinoco die Kontrolle über ihn gehabt hatte, und stürzte sich in den Kampf mit Mrs. Lance Gaymer, da er beschlossen hatte, so schnell wie möglich seine Pflicht gegenüber dieser Dame zu erfüllen , und bring es hinter dich. Sie redete ihn mit „lieber Junge" an und tanzte auf eine Weise, die ihn an die Covent-Garden-Bälle seiner Jugend erinnerte, und veranlaßte dadurch die höchsten und hochmütigsten Bewohner der Grafschaft, sich bei ihren Partnern zu erkundigen, wer sie sei. Bald verbreitete sich die Nachricht, dass sie die Frau des jungen Gaymer sei. („Du erinnerst dich, nicht wahr? Eine eher unglückliche Ehe und so. Bardame oder so etwas. Die Familie hat jedoch beschlossen, das Beste aus ihr zu machen . Sie werden alle Hände voll zu tun haben – was?") Woraufhin Schöne Frauen hoben ihre dezent gepuderten Nasen ein wenig höher, während unregenerationslose Männer wie die Four Young Oysters herbeigeeilt kamen, alle begierig auf den Leckerbissen, und heimlich Lance Gaymer baten, sie seiner Frau vorzustellen.

Als Joan Gaymer den Ballsaal betrat, war sie sich ihres perfekt sitzenden neuen Kleides und ihrer besten Farbtönung vollkommen bewusst , nahm ihren Stand auf der ihr bekannten „Pitch" neben der Endsäule links unter der Musikerempore auf und ging weiter Füllen Sie die offenen Stellen in ihrem Programm aus, die durch den Abgang der tanzenden Krieger aus Ipsleigh entstanden sind . Zu den ersten Bewerbern um die Gunst eines Walzers gehörte Herr Guy Haliburton.

„In Ordnung – Nummer zwei", sagte Joan.

Haliburton schrieb es auf und bat um ein weiteres.

„Ich werde zuerst sehen, wie du Walzer tanzt", sagte Miss Gaymer offen. „Dann – vielleicht! Ich bin ziemlich wählerisch."

Die Musik war ihr wie Wein ins Gehirn gestiegen, und ihre Bewunderer hätten ihre königlichste und ihre Kritiker ihre anstößigste Stimmung genannt. Mr. Haliburton verneigte sich jedoch lediglich ehrerbietig und machte Platz für eine Lawine von Binkses und Cherubs, mit denen Joan , die mit lauter Stimme plapperte und jeden Moment ihres Triumphs genoss, eine Liste von Terminen vereinbarte, die sich weit in die Ferne erstreckte Morgen früh.

Der Walzer mit dem faszinierenden Haliburton erwies sich als so zufriedenstellend – tatsächlich war er mit Abstand der beste Tänzer im Raum –, dass Joan ihm sofort zwei weitere tanzte. Charakteristisch für sie war, dass sie es ablehnte, noch einmal das Wort zu ergreifen, bis die unglücklichen Herren, auf deren Kosten Haliburton geehrt wurde , gefunden, zu ihr gebracht und über ihr Schicksal informiert worden waren. Sie protestierten schwach, aber Joan schubste sie auf eine Weise beiseite, die ihnen nur zu vertraut war.

„Lauft weg, Mädels", sagte sie mütterlich, „und sucht euch neue Partner. Heute Abend gibt es jede Menge nette Mädchen, die ihr übrig habt. Schaut euch das kleine Ding da drüben an, mit den blauen Augen und dem Vergissmeinnicht in ihr." Haare. Stellt euch ihr vor – sie ist absolut *reizend*. Jeden Tag sechs von mir wert. Trab!"

Aber die beiden jungen Männer weigerten sich, sich trösten zu lassen, knurrten schmollend und drängten sich mit den Ellbogen nach draußen, um sich gegenseitig über die Zerbrechlichkeit der Petticoat-Versprechen zu trösten und sich bei der Erfrischung gegen alle weiteren Schleudern und Pfeile des unverschämten Schicksals ähnlicher Art zu wappnen Zimmer.

Dennoch war das Mädchen, auf das Joan ihre Aufmerksamkeit gelenkt hatte, durchaus eine Beachtung wert. Sie stand in der Nähe der Tür, eine schlanke, anmutige und irgendwie recht ansprechende kleine Gestalt. Ihr Haar hatte die Farbe von reifem Mais, ihre großen und verwunderten Augen waren so blau wie die Vergissmeinnicht in ihrem Haar, und ihre Lippen waren wie ein Faden, um König Salomo über eine ganz andere Art von Frau zu zitieren von Scharlach. Sie trug ein einfaches weißes Kleid und hielt in ihrer Hand den Blumenstrauß der *Debütantin*.

Joan schwang sich in den Armen des stets treuen Binks an ihr vorbei.

„Dieses Kind ist ein perfekter Traum", sagte sie sich, „aber ihre Mundwinkel zittern. Ich frage mich, ob irgendein Mann vergessen hat, sie zum Tanzen aufzufordern. Ich sollte denken –"

An diesem Punkt ihrer Überlegungen wurde sie heftig in die Umlaufbahn eines rückwärts fahrenden Paares geschleudert, und die daraus resultierende Kollision, gepaart mit dem Vergnügen, eine unterwürfige Entschuldigung von dem unglücklichen Binks (der in keiner Weise für den Unfall verantwortlich war) zu fordern, trieb weiter voran Gedanken zum Thema des Mädchens mit den Vergissmeinnicht aus dem Kopf.

Gegen Mitternacht schlüpfte Joan nach oben zu dem, was ihr letzter Partner – ein mechanisch denkender junger Herr aus Woolwich – als Reparaturwerkstatt bezeichnete, um die Verwüstungen wiedergutzumachen, die die Lancers angerichtet hatten, wie sie im gegenwärtigen Gnadenjahr in der High Society getanzt wurden.

Die Musik für den nächsten Walzer begann gerade, als sie zu ihrer Säule zurückkehrte. Kein eifriger Partner erwartete sie, was ungewöhnlich war; und Joan warf einen Blick auf ihr Programm. Sie biss sich auf die Lippe.

„Nummer acht", sagte sie zu sich selbst. „Joey, mein Kind, er hat dich abgehängt – und du hast es verdient!"

Diese kryptische Äußerung bezog sich auf Herrn Hugh Marrable, dem, wie man sich erinnern kann, drei Tage zuvor auf dem Rasen von Manors dieser besondere Tanz dargeboten wurde, so wie man einem Hund einen Knochen zuwirft.

Hughies späteres Verhalten hatte die Neugier seines Mündels geweckt. Er hatte keinen weiteren Hinweis auf Nummer acht gegeben und auch an diesem Abend keinen Versuch unternommen, die Begegnung zu bestätigen. Tatsächlich hatte er Joan überhaupt nicht um einen Tanz gebeten, was zur Folge hatte, dass Miss Gaymer, die in der gelassenen Gewissheit, dass ihr Vormund im letzten Moment kommen und bescheidenen Kuchen essen würde, Nummer acht freigehalten hatte, nun damit beschäftigt war eher ungewöhnliche *Rolle* des Mauerblümchens. Darüber hinaus wusste sie, dass es ihr nicht gelingen würde, einen Partner zu finden, denn jeder verfügbare Mann wurde bis zur letzten Sekunde bearbeitet, und hübsche Mädchen saßen immer noch hier und da im Raum herum, unterhielten sich mit ihren Anstandsdamen und behielten einen mutigen, vergnüglichen Anschein und *Unbekümmertheit*.

„Ich werde nicht zulassen, dass Hughie mich bei *diesem* Tanz gegen eine Wand stütze", sagte sich Joan entschieden. „Er würde denken, ich hätte es für ihn behalten. Was soll ich tun? Zurück zur Garderobe gehen? Nein, es ist immer voller Mädchen ohne Partner, die so tun, als wären sie nur vorbeigekommen, um sich nähen zu lassen. Ich gehe hin." des Bürgermeisters Salon und setz dich da hin. Es wird bei diesen Tänzen nie verwendet.

Miss Gaymer machte im Geiste einen Eintrag auf der Sollseite des Kontobuchs ihres vermissten Partners, zog sich unauffällig aus dem Ballsaal zurück und bog in einen unbeleuchteten Flur ein, der durch einen schweren Wandschirm mit der Aufschrift „Privat" blockiert und mit Teppichrollen und überflüssigen Möbeln vollgestopft war.

Der abgedunkelte Gang war angenehm kühl und friedlich nach dem Trubel und der Hektik des Aktionsfeldes und war offenbar noch nicht von Paaren auf der Suche nach Abgeschiedenheit entdeckt worden. Joan näherte sich dem Ende, wo sie die Tür des Bürgermeisters kannte Der Salon befand sich, als sie ganz in ihrer Nähe ein bestimmtes gedämpftes Geräusch wahrnahm. Es war ein Klang, der wohl dazu geeignet war, das Ohr einer Person zu erregen, die so zartherzig war wie sie selbst. Jemand schluchzte ganz erbärmlich in der Dunkelheit, nur wenige Meter von ihr entfernt.

Joan blieb abrupt stehen, ein wenig verängstigt, und blickte sich um. Ihre Augen gewöhnten sich allmählich an die Dunkelheit, und plötzlich erblickte sie einen weißen Schimmer fast an ihrem Knie. Der Schimmer nahm die Form eines hauchdünnen Ballkleides an.

Joan ging die Situation mit ihrer gewohnten Schnelligkeit an.

„Ich sage", sagte sie, „was ist los? Lass mich dir helfen."

Das Schluchzen verstummte, und die weiße Gestalt richtete sich erschrocken auf.

„Wenn es Ihnen nichts ausmacht", fuhr Joan fort, „drehe ich das elektrische Licht an."

Es klickte, und die Strahlen einer einzelnen, ziemlich staubigen Glühlampe erhellten die Szene und mit ihr die schlanke Gestalt der kleinen Vergissmeinnicht-Dame, die einsam auf einer Rolle roten Teppichs saß.

Ihr Gesicht war vor plötzlicher Scham gerötet, denn ihre Schultern bewegten sich immer noch, und ihre Wangen glänzten vor Tränen, die sie verwirrt mit einem völlig unzureichenden Stück Taschentuch abtupfte.

Joan lag, ungeachtet ihres neuen Kleides, im Nu auf der staubigen Teppichrolle. Sie legte ihren Arm um das Mädchen.

„Meine Liebe", sagte sie gebieterisch, „was ist los? Sag es mir."

Das Mädchen sagte es ihr. Es war eine einfache Geschichte und nicht ganz neu, aber sie enthielt trotzdem Elemente der Tragödie.

Das war ihr Coming-Out-Ball. Sie zeigte auf ihren weggeworfenen Blumenstrauß, der auf dem schmutzigen Boden lag. Ihr Vater hatte es ihr in die Hand gegeben, einen kleinen emaillierten Anhänger um ihren Hals gehängt und ihr einen Kuss gegeben – sie erzählte ihre Geschichte mit der ganzen Treue eines Kindes bis ins Detail – und hatte sie mit Ermahnungen in die Obhut ihres Bruders geschickt Um nicht zu viele Herzen zu brechen, auf der langen, vierzehn Meilen langen Fahrt nach Midfield – eine Zeit voller ekstatischer Vorfreude auf das Ereignis, auf das sie sich schon immer gefreut hatte, seit sie ihre Haare hochgesteckt hatte.

Ihr Bruder hatte bei ihrer Ankunft einen Tanz mit ihr gebucht, den er anschließend unter vielen Entschuldigungen mit der Begründung abgesagt hatte, dass er gerade ein Mädchen kennengelernt hatte, mit dem er unbedingt tanzen *musste*, und sie zwei jungen Männern vorgestellt, deren Programme bereits ausgebucht waren ; Danach hatte er sich in die Menge gestürzt, wohlwissend, dass seine Pflicht erfüllt war, und ließ seine Schwester von halb neun bis Viertel nach zwölf tapfer lächelnd, mit prickelnden Füßen und dem Herzen bis zum Hals stehen. Die Musik pulsierte in ihren Ohren, Jugend und

Lachen schwirrten leicht an ihr vorbei – berührten sogar ihren Rock; und sie war ganz und gar allein. Sie war erst achtzehn; sie war das hübscheste Mädchen (vielleicht mit Ausnahme von Joan Gaymer) im Raum; Es war ihr erster Ball – und kein Mann hatte sie zum Tanzen aufgefordert. Im Vergleich zu manchen ist das vielleicht eine Kleinigkeit, aber Männer haben sich für weniger Geld das Gehirn weggeblasen.

Lange bevor sie ihre ganze erbärmliche kleine Erzählung ausgeweint hatte, lag ihr Kopf auf Joans Schulter, und dieser launenhafte junge Mensch, der sich nichts von allem außer der Tatsache bewusst war, dass es sich hier um eine Schwester in Not handelte, ging mit der Situation um, als wäre sie zwanzig Jahre lang die Freundin ihrer Gefährtin Senior statt zwei.

„Ich habe es fast drei Stunden lang ausgehalten“, sagte das Mädchen entschuldigend, „und dann kam ich – ich kam hierher.“

„Nun, meine Liebe“, sagte Joan entschieden, „du wirst nicht länger hier bleiben. Du kommst direkt mit mir zurück in den Ballsaal.“

„Ich kann nicht“, antwortete das Mädchen, „ich konnte es nicht *ertragen* !“

„Sie kommen mit mir zurück in den Ballsaal“, wiederholte Miss Gaymer bestimmt. „Es stehen noch sechzehn Tänze an, und du wirst die Sohlen deiner Pantoffeln durchtanzen, mein Kind!“

„Du bist furchtbar nett“, sagte das Mädchen wehmütig, „aber du wirst mir jetzt keinen Partner finden können.“

„Ich kann dich mit sechzehn finden“, sagte Joan.

Das Kind blickte sie verwundert an und stellte eine Frage.

„Ich? Oh, ich werde mich ausruhen, ich will eins“, antwortete Fräulein Gaymer *großartig Mendax* . „Tatsächlich wäre es eine Wohltätigkeit Ihrerseits, sie mitzunehmen. Sie sind alle dumm und können nicht tanzen.“

Aber das Mädchen schüttelte den Kopf.

„Sie würden es gern vorschlagen“, sagte sie, „aber es ginge nicht. Stellen Sie sich vor, wie wütend sie wären, wenn sie einen Tanz bei Miss Gaymer gebucht hätten und nur …“

"Kennen Sie mich?" fragte Joan überrascht.

„Jeder kennt dich“, sagte das Mädchen.

Joan errötete rosig. Es war ein Kompliment nach ihrem Herzen.

„Ich sage, wie heißt *du* ?“ Sie fragte.

„Sylvia Tarrant."

Joan nickte. „Ich weiß es jetzt", sagte sie. „Sie wohnen in der Nähe von Gainford ."

Die Tarrants waren Neulinge. Sylvias Vater war ein pensionierter Seemann und Witwer und hatte sich erst kürzlich in der Gegend niedergelassen, was den Mangel an Bekanntschaften seiner Tochter erklären würde.

„Ja", sagte Sylvia. „Aber wirklich, ich könnte deine Partner nicht nehmen. Sie wären wütend, wenn sie mich statt dich kriegen würden."

Miss Gaymer drehte sich um und betrachtete das Gesicht und die Gestalt neben ihr.

„Alles, was du willst, mein Kind", sagte sie, „ist ein *Anfang*. Nach dieser Nacht wirst du auf keinem Ball, zu dem du gehen möchtest, zwei Sekunden lang allein gelassen. Tatsächlich verstehe ich nicht, wie ich." „Ich werde jemals in der Lage sein, überhaupt Partner zu finden", fügte sie klagend hinzu.

Bei dieser Idee lachte das Mädchen und sah glücklicher aus, was genau das war, was Joan von ihr wollte. Ihr Geist kehrte zurück.

Joan erhob sich zügig.

„Nun, Sylvia", sagte sie, „ich werde dich für zwei Minuten verlassen, weil ich einen Mann finden möchte, den ich vorbeischicken und allen meinen Partnern sagen kann, dass du zugestimmt hast, sie aufzunehmen. Dann werde ich es tun." Kommen Sie zurück und fangen Sie an. Richten Sie sich einfach gerade aus. Hier ist eine lose Haarspitze: Ich rolle sie auf. Da! Ihre Augen werden von Minute zu Minute besser. Schütteln Sie Ihren Rock aus und schauen Sie sich selbst an in diesem Spiegel, und du wirst einfach perfekt sein. Bis dann!"

„Da kommt jemand", sagte Sylvia, drehte sich von ihrer Toilette um und blickte über ihre Schulter.

Eine männliche Gestalt füllte den Durchgang. Es war Hughie, der durch Joans Abwesenheit seines Partners beraubt war – ein Ergebnis der Wahrung seiner Würde in der Angelegenheit Nummer acht – und auf der Suche nach einem ruhigen Plätzchen umherstreifte, wo er sich den Luxus einer Pfeife gönnen konnte.

Joan, die Nummer acht völlig vergessen hatte, empfing ihn mit ungeheuchelter Freude und brachte ihn schnell dorthin zurück, wo er hergekommen war. Unterwegs erklärte sie ihm atemlos die Situation.

„Hughie, dieses arme Kind ist hierhergekommen, ohne eine Seele zu kennen, und hat drei Stunden lang an der Wand gestanden. Zur Zeit gibt es keinen Partner für Liebe oder Geld, also muss sie einfach meinen haben. Nimm meinen ." Programm – Moment, ich trage einige dieser Initialen ein – und gehe zu allen Männern, deren Namen darauf stehen, und sage ihnen, dass es mir sehr leid tut, aber ich habe Kopfschmerzen und kann nicht tanzen Heute Abend mehr, aber sie sollen sofort zu mir an meiner Säule kommen und einem Ersatz vorgestellt werden, den ich für sie bereitgestellt habe.

„Glauben Sie, dass sie sich genau auf die Idee eines Ersatzes *einlassen werden?*" schlug Hughie sanft vor.

„Ihre Aufgabe", sagte Miss Gaymer und kehrte plötzlich zu ihrem gewohnten Verhalten zurück, „ist es, zu tun, was ich ihnen sage! Lauf, Hughie. Sag kein Wort darüber, dass der arme Junge keine Partner gefunden hat, oder? „Sagen wir, sie kam zu spät – was auch immer! Verstehen Sie?"

Hughie nickte.

„Ich verstehe", sagte er. „Sie kam zu spät, und Sie haben Kopfschmerzen. Das sind die beiden wesentlichen Fakten des Falles – nicht wahr?"

„Ja. Beeilen Sie sich!" sagte Joan und gab ihrem Vormund einen Stoß.

„Joey", sagte Hughie, „du bist ein Volltreffer!"

<hr>

Eine halbe Stunde später waren die Mitglieder des Midfield Hunt Ball elektrisiert, als sie sahen, wie Miss Joan Gaymer zwischen zwei komatösen und ausgehungerten Begleitpersonen saß, die Tänzer mit nachsichtigem Blick beobachtete und im Allgemeinen den Eindruck einer Person vermittelte, deren Zeit für diese Torheiten abgelaufen ist .

Dann begannen sich die Köpfe in eine andere Richtung zu drehen. Die Leute fragten einander, wer das kleine Ding mit den Vergissmeinnicht sei, das wie eine Fee tanzte und offenbar alle üblichen Bewunderer von Miss Gaymer in die Enge getrieben hatte. Hatte ihr Aussehen etwas mit Miss Gaymers Ruhestand zu tun? Ein Anfall von Groll – oder? Die Köpfe wedelten weise und die Augenbrauen waren hochgezogen. Arme Joan! Wie alle Großen der Welt hatte sie ihre Kritiker.

Sylvia selbst war zu diesem Zeitpunkt bereits in den Wolken verschwunden. Wenn sie nicht damit beschäftigt war, Joans Auftrag zu befolgen, die Sohlen ihrer Pantoffeln durchtanzen zu lassen, gab sie unterwürfigen jungen Männern Interviews, die in respektvollen Trupps umherstürmten und hofften, dass sie, auch wenn sie bei dieser Gelegenheit enttäuscht waren, das Vergnügen bei den County Bachelors haben würden ' am Donnerstag zwei Wochen.

Noch nie gab es einen solchen Triumph. Das Mädchen, strahlend und flatternd, lächelte und errötete und schrieb hoffnungslose Hieroglyphen auf die Rückseite ihres Programms , während Miss Joan Gaymer, die abgesetzte, in den Schatten gestellte, zufrieden daneben saß und die Wahrheit ihres eigenen Diktums, dass alles Sylvia ist, voll und ganz erkannte Tarrant wollte, war ein Anfang.

Später am Abend bemerkte Hughie Marrable mit seinem wachsamen Auge , dass Joan aus der Menge der Matronen verschwunden war, und er spekulierte, wo sie sein könnte. Er selbst genoss eine kurze Zeit der Freiheit, während sein vorübergehender Partner dringende private Reparaturen beantragt hatte und in die höher gelegenen Regionen verschwunden war, und ihm kam der Gedanke, dass Joan möglicherweise ohne Abendessen auskommen würde.

Eine kurze Untersuchung ergab, dass sie sich weder im Ballsaal noch im Speisesaal befand. Dann ergriff ihn eine Eingebung. Während er einen vergleichsweise ruhigen Moment abwartete, stattete er der letztgenannten Wohnung einen hastigen Besuch ab, und nachdem er eine Spende auf den Beistelltisch gelegt hatte, schlüpfte er verstohlen um die große Leinwand herum und durch den dunklen Flur.

Seine Instinkte hatten ihn nicht im Stich gelassen. Miss Joan Gaymer saß friedlich auf dem roten Teppich. Ihr Kopf lag mit dem Rücken an der Wand, und die Strahlen des staubigen elektrischen Lichts glitzerten auf ihrem kupferfarbenen Haar. Ihre Augen waren geschlossen, aber sie öffnete sie, als Hughie sich näherte, und blinzelte wie eine schläfrige Dryade.

„Hallo, Hughie!" sie beobachtete. „Damals hast du fast ein Paar Handschuhe gewonnen. Das ist ein langer Abend!"

Hughie begann, Gegenstände auf den Boden zu legen.

„Abendessen", bemerkte er kurz.

Er stellte einen Teller Mayonnaise, einen weiteren Teller Kleinigkeiten, eine etwa halbvolle Flasche Champagner und ein Glas bereit.

„Hughie", sagte Joan, „du bist der einzige echte Freund , den ich auf der Welt habe! Ich habe fast *geweint* , um etwas zu essen zu haben. Das und andere Leute tanzen zu sehen, nicht mich. Hughie, es war einfach schrecklich! Das hatte ich Keine Ahnung: Hätte ich noch viel länger da gesessen , wäre ich in Tränen ausgebrochen. Ich hatte auch vergessen, dass ich mit der Verschenkung aller meiner Partner auch mein Abendessen verschenkte. Wenn ich daran gedacht hätte, hätte ich nur einen behalten —

ein kleines. Aber egal, jetzt ist die Pest abgewendet. Dafür bin ich dir etwas schuldig. Wie hast du es geschafft, all diese Dinge zu tragen?"

„Große Hände", sagte Hughie. "Eine halbe Minute!"

Aus seiner Gesäßtasche holte er zwei Gabeln, eine Serviette und eine Flasche Sodawasser hervor.

„Mir ist eingefallen, dass du dein Getränk verdünnt magst", sagte er und schenkte beide Flaschen auf einmal ein. „Mir ist es neulich beim Abendessen aufgefallen."

„Hughie, du bist ein Schatz!" sagte Joan impulsiv.

"Sag wann!" bemerkte Hughie unsicher.

———

Es war fünf Uhr morgens. Die Band hatte „Whisper and I Should Hear" gespielt, gefolgt von „John Peel", gefolgt von „God save the King", gefolgt von noch einmal „John Peel", gefolgt von erneut „God save the King" und dem Jetzt legten die Musiker ihre Instrumente mit einer Miene der Endgültigkeit weg, was darauf hindeutete, dass ihrer bescheidenen Meinung nach der Midfield Hunt Ball sein Geld wert gewesen war.

Die Manors-Gruppe, alle zwölf, wurde wissenschaftlich in einen Omnibus gepackt, der für zehn unbequeme Sitzplätze ausgelegt war, und Joan wartete im Portikus darauf, dass sie an die Reihe kam. In diesem Moment kam Sylvia Tarrant, gefolgt von einem etwas verlegenen Bruder, die Treppe hinunter. Ihre Wangen waren übermäßig rosa und ihre Augen leuchteten.

Sie sah Joan und blieb stehen.

„Ich hatte Angst, dass ich dich vermissen würde", sagte sie. "Gute Nacht!"

"Gute Nacht!" sagte Joan.

Das kleine Mädchen – sie war einen Kopf kleiner als Joan – legte ihre Hände auf die Schultern ihrer neuen Freundin und stellte sich auf die Zehenspitzen.

„Ich würde dich gerne küssen", sagte sie schüchtern.

"Oh meine Liebe!" sagte Joan ziemlich nervös. „Natürlich – wenn Sie möchten. Da!"

Auf dem Heimweg war sie ungewöhnlich still, und als sie Manors erreichten, sagte sie Mrs. Leroy gute Nacht und huschte nach oben in ihr

Zimmer. Der Rest der Gruppe löste sich zehn Minuten später auf und Hughie blieb allein mit seinem Gastgeber und seiner Gastgeberin zurück.

„Ich habe noch nie erlebt, dass ein Kind Kopfschmerzen hat", sagte Frau Leroy ziemlich besorgt, als Hughie ihre Kerze anzündete. „Ich hoffe, es ist alles in Ordnung."

„Sie ist so gut wie Regen", sagte Hughie. „ Sie hat alle ihre Partner aufgegeben – jeden Mann von ihnen – ich meine – es tut mir leid! Ich glaube nicht, dass sie es mir sagen wollte –"

„Sie können jetzt genauso gut fertig werden", sagte Frau Leroy gelassen.

Hughie tat es. Frau Leroy nickte.

„Es war wie bei ihr", sagte sie leise, „besonders wenn sie dir sagte, du sollst darüber Stillschweigen bewahren. Viele Frauen hätten vielleicht ihre Tänze aufgegeben, aber nur sehr wenige hätten der Versuchung widerstehen können, aus ihrer Großzügigkeit Kapital zu schlagen. Erzähl es niemals." „Mir wieder einmal, elendes Geschöpf", fuhr sie fort und wandte sich plötzlich ihrem komatösen Gatten zu, „dass eine Frau unfähig ist, einer anderen Frau Gutes zu tun!"

„ Gewiß , meine Liebe ", antwortete Kapitän Leroy und versuchte verzweifelt, den Mund zu schließen und die Augen zu öffnen.

„Aber natürlich", unterbrach Hughie unerwartet, „gibt es nur wenige Frauen wie Joey."

Dann biss er sich auf die Lippe und wurde dunkelrot.

Da Mrs. Leroy eine Frau war, achtete sie äußerlich nicht darauf, aber ihr Mann, der ein unscheinbares Wesen war, drehte sich um und betrachtete seinen Gast mit unverhohlenem Interesse.

„Was für *ein Scheiß* !" bemerkte er und schüttelte seinen schläfrigen Kopf.

„Gute Nacht, alter Mann!" sagte Hughie hastig.

KAPITEL XIV

NUR FÜR UNTERNEHMEN

AM NÄCHSTEN Morgen machte Hughie Miss Joan Gaymer einen Heiratsantrag.

Es war keine beeindruckende Anstrengung – nur sehr wenige Vorschläge sind es. Aber eine Aufführung dieser Art kann das Ziel eines Spektakels verfehlen und dennoch, durch die Nachsicht des Hauptzuschauers, ihr Ziel erreichen. Trotzdem scheiterte Hughie, und zwar aus verschiedenen Gründen.

Erstens machte er direkt nach dem Frühstück einen Heiratsantrag, was, wie Joey lange später gegenüber Mrs. Leroy pathetisch bemerkte, genau die Art von Brutalität war, die er tun würde. Eine Frau, besonders wenn sie jung ist, möchte in einem bestimmten Stil gewonnen oder zumindest umworben werden. Ein abgelegener Ort, gedämpftes Licht, vielleicht ein Mond; wenn möglich, entfernte Musik – all diese Dinge erzählen. Wenn Hughie Bühneneffekten dieser Art etwas mehr Aufmerksamkeit geschenkt hätte, hätte er sein Mündel vielleicht zugänglicher gefunden. Da er ein Marrable war, schob er diese Nebensächlichkeiten beiseite und kam direkt zu dem, was er sich liebevoll vorstellte, ohne zu wissen, dass Romantik und Liebeswerbung für ein junges Mädchen eine großartige und herrliche Aussicht bilden, die das Auge erfüllt und die gesamte Landschaft während der Ehe einnimmt ist eine kleine schwarze Wolke am fernen Horizont.

Seine eigentliche Vorgehensweise bestand darin, sich schwerfällig neben sein Mündel zu setzen, während sie in einer Ecke des Rasens die Morgensonne genoss, und zu sagen:

„Joey, ich möchte mit dir reden – geschäftlich."

„In Ordnung, Wärter", antwortete Miss Gaymer sanftmütig; „Feuer los!"

„Ich nehme an, Sie wissen", sagte Hughie ein wenig bestürzt, „dass alle Ihre Angelegenheiten in meinen Händen liegen?"

„Das tue ich, Pech gehabt!" sagte Miss Gaymer offen. „Und das erinnert mich daran, lieber Hughie, dass ich gerne eine Kleinigkeit als Rechnung hätte. Du wirst dem armen Joey doch nichts abschlagen, oder?"

très câline bezeichnet hätte .

„Ich denke, ich sollte dir besser ein Taschengeld gewähren", sagte Hughie.

Joans Augen tanzten.

"Oh du *Aufreißer*! Wie viel?"

„Das kann ich nicht sagen", antwortete Hughie, „bis ich in der Stadt war und die Banker gesehen habe."

"Wann gehst du?"

„Morgen: Deshalb wollte ich heute mit dir reden. Du siehst, dein Geld ist sozusagen in zwei Teile geteilt. Ein Los ist so gebunden, dass es bis zum armen Onkel nicht angerührt werden kann Jimmys Tod ist tatsächlich bewiesen.

Joans blaugraue Augen waren besorgt.

„Hughie", sagte sie, „gibt es *Hoffnung* ? Ich denke immer noch gerne daran."

Hughie schüttelte den Kopf. „Nicht viel", sagte er. „Tatsächlich keine. Es ist bekannt, dass er mit dieser verrückten Expedition von Hymack den Kongo hinaufging, um die Gummifrage vor Ort zu studieren, und in dem letzten Brief, den er nach Hause schickte, stand, dass er an Schwarz leide. Wasserfieber, und es ist auch bekannt, dass die Expedition ohne ihn zurückkam. Und – das alles war vor zwei Jahren, Joey."

Joan nickte unterwürfig.

„Armer Onkel Jimmy!" sagte sie leise.

„Trotzdem", fuhr Hughie energisch fort, „man weiß nie. Ich habe einen Mann losgeschickt, um Nachforschungen anzustellen, und wenn er scheitert, werde ich vielleicht selbst gehen. Aber bis wir etwas Bestimmtes erfahren, kann das Testament nicht bewiesen werden. Er hat mir sehr ausführliche Anweisungen hinterlassen, was zu tun ist, falls er nicht zurückkommt, also muss ich sie ausführen. Es gibt genug, damit du weitermachen kannst. Ich werde morgen in die Stadt laufen, und wenn ich zurückkomme, werde ich Ich werde Ihnen sagen, wie viel es kostet und wie viel ich Ihnen pro Jahr erlauben kann.

Miss Gaymer faltete ihre Hände und seufzte glücklich.

„Wir *werden* eine Zeit haben, Hughie!" Sie sagte. „Ich lasse mich behandeln."

„Danke", sagte Hughie ernst.

Es herrschte langes Schweigen. Hughie fühlte sich plötzlich unwohl – er hatte den zweiten Teil seines Vormittagslehrplans erreicht – und unternahm alberne Versuche, sich eine Zigarette zu drehen. Sein Mündel saß mit einem verzückten Ausdruck in ihren weit geöffneten Augen da und stellte sich im Geiste eine Reihe wohltätiger Unternehmungen vor (von einem türkisfarbenen Anhänger für Mildred Leroy bis hin zu einer neuen Mütze für den Koch), die durch die plötzliche Aussicht auf Reichtum möglich wurden.

Daraufhin räusperte sich Hughie herzzerreißend und sagte mit einer Stimme, die, wie er später zugab, völlig falsch war :

„Joey, ich denke, du und ich sollten uns besser heiraten.“

Miss Gaymer, die an so etwas mehr gewöhnt war als ihr Begleiter, drehte sich um und musterte ihn ruhig.

"Und warum?" Sie fragte.

Auf diese Frage gab es nur eine mögliche Antwort, und Hughie hätte sie mit der ganzen Kraft seines Herzens, seiner Seele und seines Körpers geben sollen. Aber – nun ja, Zurückhaltung ist eine merkwürdige und lähmende Sache. Er sagte nur : –

„Ich denke, es wäre sehr passend, nicht wahr?“

„Für dich oder für mich?“ fragte Miss Gaymer.

„Für uns beide“, antwortete Hughie. "Nicht für mich !" „Fügte er hinzu, seine gewohnte Bescheidenheit überwältigte ihn.“

"Inwiefern?" fuhr Miss Gaymer mit unnatürlicher Ruhe fort.

„Nun – Onkel Jimmy war sehr daran interessiert“, sagte Hughie verzweifelt.

„Du bist ein pflichtbewusster Neffe, Hughie“, bemerkte Joan anerkennend.

„Und dann“, fuhr der Verehrer fort, „da ich zu Ihrem Vormund ernannt wurde und all das, denke ich, dass ich in der Lage bin, für Sie zu sorgen, für Ihr Geld zu sorgen und so weiter.“

„Sie meinen, es würde Ihnen die Verwaltung meiner Angelegenheiten erleichtern?“ sagte Miss Gaymer hilfsbereit.

„Ja“, sagte Hughie und hatte das Gefühl, dass er weiterkam.

„Noch weitere Gründe?“ fragte Miss Gaymer mit einem fügsamen Anschein von intelligentem Interesse.

Hughie gab sich große Mühe und klammerte sich an seinen Stuhl, bis die Adern an seinen Händen hervortraten. *Geburt montes* – endlich.

„Nun, Joey“, sagte er schließlich, „wir waren schon immer Freunde und so. Ich meine, wir kennen uns schon seit langer Zeit, nicht wahr? Du hast mir sogar einmal angeboten, mich zu heiraten.“ – er lachte nervös – „als du ein Kind warst. Erinnerst du dich? Mir scheint, wir sollten gut miteinander auskommen – was? Was ist deine Meinung?"

Lächerlichkeit Muss !

Miss Gaymer setzte sich in ihrem Stuhl auf und drehte sich zu dem unglücklichen jungen Mann neben ihr um.

„Und du *traust* dich", sagte sie, „mit einem solchen Vorschlag zu einem Mädchen wie mir zu kommen! Du sitzt da und erzählst mir, dass du mich von Onkel Jimmy übernommen hast wie ein – wie ein Paket von einem Gepäckträger, und das." Mein Geld und meine Angelegenheiten sind dir aufgebürdet, daher wäre es vielleicht am einfachsten und würde dir Ärger ersparen, wenn du mich heiratest! *Mich!* " wiederholte sie, „die Männer mit dem Stock abwehren müssen!"

Der letzte Satz war ein Fehler. Es war der unkünstlerische und egoistische Höhepunkt einer vollkommen gerechtfertigten Tirade. Joan erkannte die Tatsache in dem Moment, als sie die Worte ausgesprochen hatte, aber der arme Hughie war zu sehr damit beschäftigt, sich in sein Schneckenhaus zurückzuziehen, um etwas zu bemerken. Zum ersten Mal in seinem Leben hatte er sein Herz auf seine eigene Weise offengelegt, und das war das Ergebnis. Nie wieder! Er brannte innerlich wie ein Kind, das von den Erwachsenen ausgelacht wurde.

„Es tut mir leid", sagte er steif. „Mein Fehler! Das wird nicht noch einmal vorkommen."

Joeys Ohr war vom Klang seiner Stimme gefesselt und ihr Gewissen bereitete einen Stich. Sie tätschelte Hughies Arm freundlich.

„Alter Junge", sagte sie plötzlich zerknirscht, „ich habe dich wütend gemacht und dir wehgetan. Ich bin mies – tut mir leid, meine ich! (Ich bin ein bisschen verärgert, wissen Sie)", sagte sie sagte und lächelte entwaffnend. „Aber ich *kann nicht* Heirate dich , wirklich. Ich konnte es derzeit überhaupt nicht *ertragen , verheiratet zu sein*. Es scheint so – so unnötig. Ich weiß nicht, was ich davon haben soll. Das ist wohl egoistisch, aber ich werde versuchen, Ihnen den Standpunkt eines Mädchens zu erklären. Du bist in mancher Hinsicht ein schreckliches Kind, also mache ich es ganz einfach."

Sie streichelte mütterlich seinen Ärmel und fuhr fort:

„Vor Jahren, mein Lieber, war die einzige Möglichkeit für ein Mädchen, ihre Freiheit oder eine männliche Gesellschaft zu erlangen, die Heirat. Jetzt bekommt sie von beidem so viel, wie sie will, und wenn sie heiratet , verliert sie alle Freiheiten und den größten Teil des Mannes." Gesellschaft. Warum sollte sie also überhaupt heiraten?"

Hughie schwieg vor diesem Poser. Er fühlte sich nicht in der Lage, in die Tiefe einer Auseinandersetzung einzutauchen: Man muss an der Oberfläche bleiben, wenn man diese Dinge mit einem zwanzigjährigen Mädchen bespricht.

„Also werde ich, wenn überhaupt, jahrelang nicht heiraten", fuhr Miss Gaymer mit der Miene einer Person fort, die eine völlig neue Theorie aufstellt. „Zumindest nicht, bevor ich *passée* werde, und nur dann, wenn ich einen Mann finden könnte, mit dem es mir nicht unheimlich wird, den Rest meines Lebens mit ihm zu verbringen andere Männer fallen weg, alle netten jedenfalls, und das würde niemals gehen. Meinen Sie nicht, dass mein System vernünftig ist?"

„Für die Männer ist es hart", sagte Hughie.

„Ja, arme Lieben!" sagte Miss Gaymer mitfühlend. „Trotzdem ist ein Mann so ermüdend und vieles ist so schön!"

Mit dieser prägnanten und nicht unmeisterlichen Zusammenfassung der Heiratsfrage, aus der Sicht eines modernen Mädchens, lenkte Miss Gaymer das Gespräch auf andere Kanäle und die Idylle endete.

Eine halbe Stunde später wurden sie ins Haus gerufen, um sich für eine Bootsfahrt vorzubereiten.

Joan wandte sich mit ihrer gewohnten Offenheit einen Moment lang den Gedanken zu, bevor sie die Abgeschiedenheit der Bäume verließen und sich dem Thema widmeten, das ihnen am meisten am Herzen lag.

„Hughie", sagte sie leise, „tut es sehr weh?"

„Ich weiß es noch nicht genau", sagte Hughie.

„Ich meine, bist du traurig oder wütend – was? Normalerweise geht es bei einem Mann so oder so", bemerkte dieses erfahrene Mädchen.

„Das weiß ich auch nicht", sagte Hughie nachdenklich; „Das einzige Gefühl, das ich gerade habe, ist, dass es mir unendlich leid tut. Aber ich trete nicht."

„Ich glaube", bemerkte Miss Gaymer mit plötzlicher und verzeihlicher Härte, „dass ich Ihnen überhaupt nicht am Herzen liege. Tun Sie das jetzt auch?"

Sie waren ein sehr ehrliches und aufrichtiges Paar. Eine ganze Minute lang sahen sie einander ins Gesicht , ohne zu sprechen. Dann sagte Hughie :

„Joey, ich weiß es einfach nicht! Ich dachte, ich wüsste es vor einer halben Stunde, und ich hätte es letzte Nacht geschworen, als –"

Er hat sich selbst überprüft.

"Wenn was?" fragte Joan schnell.

„Nichts", sagte Hughie. „Das ist jetzt doch ziemlich nebensächlich, nicht wahr?"

Joan, deren Neugier mit Ehrlichkeit zu kämpfen hatte, nickte widerstrebend.

„Jedenfalls", fuhr Hughie fort, „dachte ich das damals, aber ich bin froh, wenn ich es jetzt weiß. Tatsächlich", fügte er in einem plötzlichen Anflug von Selbstvertrauen hinzu, „kann ich dich manchmal um jeden Preis nicht ausstehen, Joey." Liebling!"

"Ah!" sagte Miss Gaymer und nickte klug. „Ich sehe, Sie wissen noch nicht, was Sie denken. Aber Sie *werden es* auf die eine oder andere Weise tun, sobald Sie von mir weg sind."

Eine Woche später fand am selben Ort ein weiteres Interview zwischen den beiden statt.

„Diesmal geht es nur ums Geschäft, Joey!" sagte Hughie mit ziemlich mühsamer Fröhlichkeit.

„In Ordnung. Hattest du eine schöne Zeit in der Stadt?" fragte Miss Gaymer in der unvermeidlichen Art von Frauen und Orientalen, die es nicht mögen, in geschäftlichen Angelegenheiten ohne ein paar anständige Vorbereitungen auf den Punkt zu kommen.

„Ja, danke. Ich habe alte Freunde wieder aufgenommen und mich im Allgemeinen eingelebt", sagte Hughie. „Ich habe eine Wohnung und ein komischer Diener – Scotchman – wird dich eines Tages vorstellen. Er –"

Er vertiefte sich in eine ziemlich weitschweifige Beschreibung von John Alexander Goble. Offensichtlich war er genauso wenig darauf bedacht, zur Sache zu kommen wie Joan.

Schließlich erkundigte sich Miss Gaymer:

„Nun, Hughie, hast du meine Angelegenheiten geregelt?"

„Ja", sagte Hughie langsam. „Möchten Sie Einzelheiten?"

„Mercy, nein! Ich habe keine Ahnung vom Geschäft, und ich glaube auch nicht, dass du das weißt, Hughie. Oder *?* "

„Nicht viel“, gestand der Treuhänder. „Allerdings muss ich dir sofort sagen, Joey, dass dein Einkommen nicht annähernd so hoch sein wird, wie ich erwartet hatte –“

„Richtig O !“ antwortete Joan fröhlich. „Wann fange ich mit dem Arbeitshaus an?“

„Ganz so schlimm ist es nicht“, sagte Hughie, „aber –“

„Was bin ich wert?“ fragte die praktische Miss Gaymer.

„Das kann ich dir nicht genau sagen “, sagte Hughie zögernd. „Sie sehen“ – er schien seine Worte ziemlich sorgfältig zu wählen – „den Nominalwert der Investitionen und ihren tatsächlichen Bargeldäquivalent …“

Joan steckte ihre Finger in ihre Ohren.

"Stoppen!" schrie sie, „oder ich werde schreien! Ich kann einen Vermögenswert nicht von einer Verbindlichkeit unterscheiden, außer, dass Maklerprovision rechnerisch ein Achtel ausmacht, und – egal! Ich würde es nie verstehen. Wie viel soll ich pro Jahr haben?“ ? Erzähl es mir."

„Angenommen, es wäre nur eine Kleinigkeit“, sagte Hughie langsam, „was würden Sie tun?“

Miss Gaymer zog nachdenklich die Stirn in Falten.

„Du meinst, wenn ich nicht genug zum Leben hätte?“

Hughie nickte.

„Nun, ich glaube nicht, dass ich eine Gouvernante sein sollte. Ich liebe Kinder, aber Kinder sind ihrer Gouvernante gegenüber immer vollkommen teuflisch, und ich sollte ihre Mütter auch nicht ausstehen können. Nein: Gouvernanten sind aus.“ ! Es würde mir jedoch nichts ausmachen, Schreibmaschine oder Sekretärin zu sein – nicht, dass ich schreiben oder auch nur buchstabieren kann –, vorausgesetzt, es wäre für einen wirklich netten Mann. Ein Autor, wissen Sie, oder ein Kabinettsminister . Er könnte Er ging im Zimmer umher, zerzauste seine Haare und klopfte sich das Zeug von der Brust, und ich saß da wie eine kleine Maus, in einem hübschen schwarzen Rock und einer weißen Seidenbluse , an der *vielleicht* ein oder zwei Nelken befestigt waren, und sah sehr hübsch aus süß und alles niedermachend.

„Es ist ein hübsches Bild“, sagte Hughie trocken.

„Ja, nicht wahr?“ sagte Miss Gaymer mit echter Begeisterung. „Ich denke“, fuhr sie fort und steigerte sich zu noch größeren Höhen, „dass ich am liebsten auf die Bühne gehen würde . Natürlich wäre es nicht im

Geringsten gut, wenn ich auf die richtige Bühne gehen würde – Rollen lernen und …" das alles; aber ein Stück wie „Die lustige Witwe", mit unterschiedlichen Kleidern für jeden Akt und nur ein paar Refrains zum Singen, wäre erstklassig! *Sag mal,* ich bin ein Armer, Hughie!"

„Das bist du nicht – Gott sei Dank!" war Hughies brutale, aber ernste Antwort.

„Also gut! Beißen Sie mir nicht den Kopf ab!" sagte Miss Gaymer mit ungetrübter guter Laune. „Lass uns weitermachen. Wie viel wirst du mir geben?"

„Von wie viel kannst du leben?"

„Nun, ich habe mit Ursula Harbord darüber gesprochen – Sie kennen sie, nicht wahr?"

„Das tue ich", sagte Hughie und verzog das Gesicht.

„Sehr gut, beleidige sie nicht. Sie ist das klügste Mädchen, das ich kenne", sagte Joan herzlich. „Sie gehört zum Team von ‚The New Woman' und kann einen Mann in etwa zwei Minuten in die Schranken weisen."

„ Das habe ich herausgefunden", sagte Hughie resigniert. „Beliebte Art von Mädchen. Aber du hast gesagt –?"

„Ich fragte Ursula", fuhr Joan fort, „nach den Lebenshaltungskosten in der Stadt und so weiter, und wir einigten uns darauf, eine gemeinsame Wohnung zu teilen. Sie sagte, ich könnte mit dreihundert im Jahr auskommen."

Joan hielt erwartungsvoll inne und wartete auf eine Antwort auf ihre unausgesprochene Frage.

„Das", sagte Hughie, nachdem er einen Moment gezögert hatte, als wollte er im Kopf rechnen, „ist genau das, was ich Ihnen geben kann."

Nach dem Abendessen waren im Dämmerlicht der Veranda vor dem Wohnzimmerfenster ein Paar erzdiakonische Schuhschnallen, der Schimmer eines weißen Abendmantels einer Dame und ein leuchtender Zigarrenstummel zu erkennen. Zwei Olympioniken, für die das menschliche Herz wie ein offenes Buch war, diskutierten über sterbliche Angelegenheiten.

„Gibt es keine Möglichkeit, es durchzuziehen?" fragte eine Stimme.

„Viel", antwortete der andere. „Aber die Dinge zwischen ihnen sind so verpfuscht, dass wir es eine Weile langsam angehen lassen müssen. Warum, oh, warum machen Männer, denen man vertrauen kann, dass sie fast *alles* auf gewöhnliche Weise tun, ihre Liebesaffären immer so durcheinander? Warum sind *Sie zum Beispiel* nicht verheiratet, Mr. D'Arcy?"

„Um auf den Punkt zurückzukommen", sagte der ehrwürdige Herr ausweichend, „was sollte Hughie tun? Nehmen Sie sie bei den Schultern und schütteln Sie sie? Ich habe gewusst, dass sich eine solche Methode als äußerst wirksam erwiesen hat", fügte er ziemlich unvorsichtig hinzu.

„N-nein", sagte Mrs. Leroy, „das glaube ich nicht – nicht in Joeys Fall. Es würde einige Frauen – tatsächlich die meisten Frauen – in kürzester Zeit zur Vernunft bringen. Aber das Kind ist zu übermütig . Ihr Stolz würde eine solche Behandlung niemals verzeihen. Eine bessere Möglichkeit wäre, wenn er mit jemand anderem Liebe machen würde."

„Das kommt nicht in Frage, Hughie zu sein. Er könnte nur mit jemand anderem schlafen , wenn er es ernst meint; und das würde Ihr Ziel eher vereiteln, Mrs. Leroy."

„ *Mein* Objekt?"

„Na ja, dann unseres. Aber gibt es keinen anderen Weg?"

„Ja. Er muss in irgendwelche Schwierigkeiten geraten. Im Moment ist er zu beliebt: Jeder mag ihn. Wenn sie sich gegen ihn wenden würden , würde sie sich schnell genug erholen. Ja, er muss in *Schwierigkeiten geraten* ."

„Nun, vielleicht wird er es", sagte der Ehrwürdige Erzdiakon hoffnungsvoll.

BUCH VIER
DER UNGERECHTE VERWALTER

Kapitel XV

DEPUTATIONEN – MIT EINEM UNTERSCHIED

HUGHIE betrat seine Gemächer in der Jermyn Street und klingelte in seinem Wohnzimmer. Es war eine gemütliche Junggesellenwohnung mit Sporttrophäen an den Wänden, riesigen Sesseln um den Kamin und vielen Pfeifen auf dem Kaminsims.

Es war elf Uhr an einem schönen Morgen im März, und Hughie war in Putney gewesen, um gegen die Cambridge-Mannschaft, die bei der frühen Flut eine komplette Probe gerudert hatte und zwischen den Brücken ein wenig auf und ab gehen musste, eine Acht zu holen.

Plötzlich öffnete sich die Wohnzimmertür und John Alexander Goble erschien auf der Schwelle. Seit seinen unwiederbringlichen Tagen an Bord der Orinoco hatte sich eine neue und schreckliche Ehrbarkeit in ihm breit gemacht, und in seiner nüchternen, einfachen Kleidung sah er mehr denn je wie ein kalvinistischer Geistlicher aus. Er betrachtete seinen Arbeitgeber mit einigem Missfallen.

„Dein Frühstück liegt seit zwei Stunden im Kotflügel", bemerkte er bitter.

„Tut mir leid, John. Ich fürchte, ich habe vergessen, es zu widerrufen. Ich hatte welche in Putney."

"Zu welcher Stunde?" fragte der unerbittliche Mr. Goble.

„Ungefähr halb sieben mit der Mannschaft."

„Es ist elf Uhr nachts . Du wirst noch etwas Mair kriegen können , das weiß ich . Auf Wiedersehen , es ist schade, gutes Essen zu verschwenden. Warte, bis ich es bekomme."

Hughie, der in den Händen seines Gefolgsmanns wie Wachs war, nahm gerade an einer lauwarmen Zusammenstellung teil und öffnete seine Briefe.

Er warf einen Blick auf das erste.

"John!" er hat angerufen.

Mr. Goble erschien aus dem Schlafzimmer.

„Hast du mich angeheult? " er erkundigte sich.

„Ja. Haben hier um zehn zwei Herren angerufen?"

"Ja."

"Wer waren sie?"

„Dein Kerl, Gaymer, und noch einer .“

"Wer war er?"

„Das kann ich nicht sagen.“

"Wie war er?"

Mr. Goble suchte nach einem passenden Vergleich über ihn.

„Er war nur ein langer Schluck Wasser “ , verkündete er schließlich mit einer Miene der Endgültigkeit.

„Sah er aus – wie ein Schauspieler?“ fragte Hughie mit einem Anflug von Intuition.

„Schlimmer noch“, antwortete Goble.

„Ähm – ich glaube, ich kenne ihn. Danke, das reicht. Übrigens erwarte ich ein paar Freunde zum Mittagessen. Captain und Mrs. Leroy – und Mr. D'Arcy. Sie kennen ihn, nicht wahr? ?"

„D'Arcy? Ja, mir geht es gut mit ihm. Ein fetter Yin mit einem Lum - Hut, der mit einer Schnur zusammengebunden ist . Ein papistisch aussehender Körper“, kommentierte Mr. Goble traurig.

Er zog sich nach unten zurück, um über die Zweifelhaftigkeit des Unternehmens nachzudenken, in das sich sein Arbeitgeber offenbar einmischte, und Hughie wandte sich wieder seinen Briefen zu.

Der Anblick des nächsten ließ ihn plötzlich erstrahlen, denn auf der Rückseite des Umschlags stand die Adresse von Joans Wohnung. Aber er kühlte ab, als er es umdrehte und die Aufschrift las. Es war in der Handschrift der Dame, mit der Joan die Wohnung teilte.

„ SEHR GEEHRTER HERR MARRABLE [hier stand],—

„Joan und ich kommen dich morgen gegen zwölf besuchen –“

„Sie bleiben besser zum Mittagessen.“ Hughie berührte die Glocke und fuhr fort:

„Die liebe Joan ist in gewisser Weise sehr jung und hat keine Ahnung vom Wert des Geldes; aber da sie die Angelegenheit kürzlich mit *mir besprochen hat* , würde sie gerne ein paar Worte mit Ihnen über ihre finanzielle Situation wechseln.

„Wie herrlich zu sehen, wie die Blätter wieder
hervorkommen ! – Glauben Sie mir, mit freundlichen
Grüßen,

„ URSULA HARBORD ."

„'Liebe Joan würde gerne' – *oder*?" kommentierte Hughie. „Ich fürchte
allerdings, dass es Ursula Harbord ist, mit der ich die paar Worte reden
werde. Hades!"

Er stand auf und durchquerte den Raum zum Kamin, wo er mit
unnötiger Heftigkeit gegen die Kohlen trat. Dann seufzte er schwer und
nahm ein Foto, das auf dem Kaminsims stand.

Joan hatte nichts als die Wahrheit gesagt, als sie Hughie sagte, dass er
seine wahren Gefühle entdecken würde, sobald er sich von ihr entfernte.
Sechs oder acht Monate lang war er mit der Gründlichkeit und
Entschlossenheit seiner Natur seiner täglichen Arbeit nachgegangen. Er
hatte das kleine Anwesen Manors verwaltet, begann sich in der Politik zu
versuchen, hatte wieder mit dem Rudern begonnen und versuchte, sich
allgemein für den Lebensverlauf zu interessieren, auf den er sich auf seinen
Reisen so sehr gefreut hatte. Er hatte sogar versucht, Schlussfolgerungen mit
einigen *Debütantinnen zu ziehen* , die ihm von geschäftstüchtigen Mammas
vorgestellt worden waren. Aber wie auch immer sein Leben verlaufen
mochte, seine Gedanken und Wünsche konzentrierten sich weiterhin auf ein
einziges Objekt – ein sehr beunruhigendes und schwer fassbares Objekt –
und so sehr er sich auch bemühte, es gelang ihm weder, Freude noch Nutzen
aus seiner gegenwärtigen Existenz zu ziehen.

Mit anderen Worten: Er hatte eine Liebesaffäre vermasselt.

Die meisten Männer – und übrigens auch die meisten Frauen – machen
diese Erfahrung mindestens einmal in ihrem Leben, und niemand erlebt sie
jemals auf die gleiche Weise . Einer schimpft, ein anderer trübt sich, ein
Dritter vergisst, ein Vierter wartet ab, ein Fünfter sucht woanders Trost, ein
Sechster vergräbt sich in Arbeit oder Verschwendung. Hughie, der die
Theorie vertrat, dass auf dieser Welt letztendlich alles gut wird, wenn man
lange genug durchhält, und dass ein Mann im Zweifelsfall „bei der Arbeit des
Tages stehen und Anweisungen abwarten" sollte, wie Kiplings
„Brückenbauer", war stetig weitergekommen , weil es seine Natur war, so
etwas zu tun. Im Moment war es eine mühsame Arbeit – eine mechanische,
oberflächliche Angelegenheit, bei der weder eine Belohnung noch eine
Erleichterung in Sicht war –, aber er war entschlossen, seine Pflicht
gegenüber Joan weiterhin nach besten Kräften zu erfüllen und sich, soweit
er konnte, zu engagieren unvereinbare *Rollen* als strenger Wächter,

unerwünschter Verehrer und – für ihn das Paradoxste von allen – vertrauter Freund.

Denn es bestand kein Zweifel daran, dass Joan ihn mochte. Sie vertraute ihm, konsultierte ihn – ja, gehorchte ihm, selbst als er ihren absurdesten Äußerungen widersprach und ihren liebsten Unternehmungen einen schweren Fußmarsch setzte. Dies tat er, ohne mit der Wimper zu zucken. Die Tatsache, dass er als Liebhaber versagte, schien kein Grund zu sein, warum er als Vormund versagen sollte.

Nicht, dass Joan sich seinem *Regime bereitwillig unterworfen hätte* . Für Hughies im Wesentlichen männlichen Geist waren ihre Einstellungsänderungen ein völliges Rätsel. Sie schienen keine logische Reihenfolge oder Verbindung zu haben. Sie würde ihm aus dem Weg gehen oder ihn genauso unerwartet aufsuchen. Sie könnte hoffnungslos eigensinnig oder entwaffnend fügsam sein. Eines Tages würde sie sich wie ein verwöhntes Kind benehmen; andererseits wäre sie eine echte Großmutter für ihn. Manchmal flammte sie auf und schimpfte gegen ihren beständigen Vormund als Tyrannen und Monster ; ein anderes Mal nahm sie ihn unter mütterliche Fittiche und steuerte ihn auf eine Weise durch eine Gartenparty oder einen Empfang, die ihm das Gefühl gab, ein verlorenes Kind in den Händen eines gütigen Polizisten zu sein. Bei einer Gelegenheit, an die er sich besonders erinnerte, hatte sie ihn eine ganze halbe Stunde lang wegen seiner starren Unbeweglichkeit und seines Mangels an *Finesse beschimpft* ; Am selben Nachmittag hatte er gehört, wie sie ihn heftig gegen den Vorwurf der Dumpfheit verteidigte , den zwei leichtsinnige Mädchen am Teetisch vorgebracht hatten.

All dies war für einen Mann, der Subtilität hasste und seine Freunde und Feinde gern in einfachen Zahlen markierte, sehr verwirrend. Es brachte auch seine eigene Meinung durcheinander. Joeys abwechslungsreiches Verhalten hinderte ihn daran, selbst zu entscheiden, ob er sie wirklich mochte oder nicht. Im Moment war er sich nur sicher, dass er sie liebte.

In der Zwischenzeit kam sie zu ihm – wegen ihrer finanziellen Situation. Das versprach keine Romantik . Und Ursula Harbord kam auch. Helfen! Sicherlich war das Leben im Augenblick ein mieses Geschäft. Und es war so voll und herrlich gewesen, bevor er die weite Welt verlassen und sich auf so etwas eingelassen hatte. Es hätte auch so anders sein können, wenn nur –

Der arme Hughie legte Joans Foto zurück, seufzte erneut – und hustete verwirrt. Über seiner Schulter erschien im Kaminglas ein Trauerbild.

„Hast du geklingelt ?“ fragte eine Grabstimme.

„Ja, John. Miss Gaymer und eine Freundin von ihr kommen heute Morgen zu mir. Sie werden wahrscheinlich zum Mittagessen bleiben. Sie können das Essen dort drüben abräumen.“

Er kehrte zu seinen Briefen zurück. Nur eines blieb ungeöffnet und stammte nachweislich von einem Mann, mit dem er im Herbst ein Shooting vereinbart hatte.

„Dies scheint eine kleine Erleichterung von der gegenwärtigen heiteren Lage zu versprechen“, sinnierte er. „Vier Männer auf einem schönen, trostlosen Moor, ohne Frauen! Gott sei Dank! Hundert Pfund pro Anteil. Nun, Gott weiß, Treuhänderschaft ist ein unrentables Geschäft, aber ich denke, ich kann es einfach machen. Ich werde es sofort akzeptieren.“ "

Er begann, ein Telegramm zu schreiben. Junggesellen haben die Angewohnheit, ihre Korrespondenz auf diese Weise zu führen.

„Hier sind sie Whigmalearies “, verkündete Mr. Goble leidenschaftslos.

Er führte Lance Gaymer und den theatralischen Mr. Haliburton herein.

„Nach Komplimenten“, wie es in offiziellen Kreisen heißt, kam Lance zur Sache.

„ Märchenhaft “, sagte er nach einem fast unmerklichen Blickwechsel mit Haliburton, „halten Sie meine Schwester nicht ziemlich knapp bei Kasse?“

Hughie drehte sich um und starrte ihn voller Erstaunen an.

Mr. Haliburton, der in jeder Pore Gentleman-Takt ausstrahlte, erhob sich sofort.

„Ihr beiden würdet zweifellos gerne allein sein“, sagte er. „Ich darf mich nicht in Familienangelegenheiten einmischen. Ich rufe dich in einer halben Stunde an, Lance.“

Auch Hughie war aufgestanden.

„Sie brauchen sich keine Mühe zu machen, Mr. Haliburton“, sagte er. „Lance kommt mit dir.“

Herr Gaymer war auf solch schnelle Maßnahmen wie diese offensichtlich nicht vorbereitet.

„Aber schau mal – sage ich – was zum Teufel meinst du?“ er stotterte.

„Ich meine“, antwortete Hughie bedächtig, – er hatte fast jubelnd erkannt , dass es sich hier wieder einmal um eine Situation handelte, die nicht mit Samthandschuhen angegangen werden musste – „dass ich der alleinige

Treuhänder und Vormund Ihrer Schwester bin und dass Sie nichts haben." was auch immer mit der Verfügung über ihr Eigentum zu tun hat, und –"

„Ich glaube, du vergisst", sagte Lance trotzig, „dass ich ihr Bruder bin."

„Ich vergesse es nicht", sagte Hughie. „Jimmy Marrable auch nicht. Es war kein Versehen seinerseits, das Joans und Ihres Erbe sozusagen in getrennten Fächern eingesperrt hat. Er hat dir vor langer Zeit ein unabhängiges Einkommen verschafft, Lance, weil er besonders darauf bedacht war, dir keine Chance zu geben dass er sich zu gegebener Zeit in Joans Angelegenheiten einmischt. Aus irgendeinem Grund hatte er mich für die Stelle ausgewählt und wollte, dass ich freie Hand hätte. Deshalb werde ich nicht zulassen, dass Sie sich in meine Abteilung einmischen. Das tut mir leid Ich muss es so brutal ausdrücken, aber in Wirklichkeit waren Sie in letzter Zeit höllisch bösartig. Dies ist der vierte Hinweis, den Sie in den letzten sechs Wochen zu diesem Thema gemacht haben. Ich weiß nicht, ob Ihr Unternehmen von brüderlicher Liebe inspiriert ist oder der Wunsch, ein bisschen Geld zu verdienen, aber was auch immer es ist, ich glaube nicht, dass Sie viel Wechselgeld von mir bekommen werden. Ich bin auch gegen Ihren jüngsten Schritt – Herrn Haliburton hinzuzuziehen, vermutlich als Komplizen oder Zeugen, oder wie auch immer du ihn nennen möchtest.

„Wirklich, Herr Marrable !" Mr. Haliburtons Stimme zitterte vor Gentleman-Empörung.

Hughie klingelte.

„Schau her, Marrable ", platzte Lance wütend heraus, „du steckst in ein Loch, das kann ich dir sagen! Wir – ich kenne zufällig diesen Jimmy Marrable. " hinterließ mindestens dreißig- oder vierzigtausend Pfund für Joeys unmittelbaren Gebrauch; und ich bin mir ziemlich sicher, dass er auch etwas für mich hinterlassen hat. Jetzt-"

„Es tut mir leid, dass ich Sie nicht bitten kann, zum Mittagessen zu bleiben", sagte Hughie, „aber es kommen ein paar Freunde. Führen Sie diese Herren hinaus, John."

Die Abordnung wurde von dem teilnahmslosen Mr. Goble rücksichtslos nach unten geführt, und Hughie blieb seinen eigenen Überlegungen überlassen. Er füllte meditativ eine Pfeife.

„Ich frage mich", sagte er, zündete eine Kerze an und schnaufte, „woher der junge Lance seine Figuren hat Bevor er ankam, hatte ich ein Interview. Ich wusste natürlich, dass er es mir nie verziehen hatte, dass ich die Leitung von Joeys Angelegenheiten übernommen hatte: Er hat es mir immer so schwer wie möglich gemacht. Vielleicht möchte er eine Kleinigkeit für sich: seine Schlussbemerkungen eher zeigte in diese Richtung. Aber was um alles in der Welt macht Freund Haliburton in dieser Galeere? Ich glaube, er war die ganze Zeit im Hintergrund. Welches Interesse hat *er* an der Höhe von Joeys Vermögen? Ich weiß nicht viel über ihn, aber Ich würde ihm keinen Meter trauen. Vielleicht schuldet Lance ihm Geld. Sind sie weg, John?"

„Ja", antwortete Mr. Goble. „Sie gingen ganz ruhig", fügte er bedauernd hinzu.

Er begann, den Tisch für das Mittagessen zu decken.

„Ich sage, John", begann Hughie unbeholfen.

"Ja?"

„Es gibt eine Sache, über die ich mit Ihnen sprechen möchte. Ich habe in letzter Zeit Geld verloren und muss auf einige Luxusgüter verzichten, die ich mir nicht leisten kann. Ich – ich fürchte, Sie sind einer von ihnen. Ich habe immer einen Mann geschätzt." „Diener sind eine Extravaganz", fuhr er eilig fort, „und ich muss Sie bitten, sich nach einem anderen Ort umzusehen. Nehmen Sie sich natürlich Zeit und verlassen Sie mich nicht, bis Sie geeignet sind. Das werde ich gerne tun." Gib dir einen Charakter und so weiter. Verstehst du?"

Es herrschte Stille, während Mr. Goble eine Serviette faltete. Dann antwortete er: „Gut!" Dann fügte er nach einer Pause hinzu: „Du hast also dein Geld verloren ? Ja! Aha! Mphm !"

„Ja. Es tut mir unendlich leid", sagte Hughie reuig. „Ich möchte dich nicht verlieren. Vielleicht ist es nur vorübergehend –"

„Das wird Ihnen noch eine Weile nicht gelingen ", bemerkte Mr. Goble mürrisch. „Ich bin ein kranker Körper, der sich bewegen kann ."

„Aber John, du verstehst es nicht. Ich kann es mir nicht leisten, dich länger als –" zu behalten.

„Da ist ein Taxi!" bemerkte Herr Goble.

Hughie schaute aus dem Fenster.

„So ist es", sagte er hastig. „Ich zeige sie dir, John. Du machst weiter mit deiner Arbeit."

Mit drei Schritten war er auf der anderen Seite des Zimmers und konnte hören, wie er in Känguru-Manier die Treppe hinunterstieg.

Mr. John Goble atmete schwer in einen Löffel und rieb ihn mit der Ellenbogenspitze.

„Ich bin Gewinner „ Was seine Besucher sind ", überlegte er bissig. „ Natürlich öffnet er die Tür immer selbst für alle seine Besucher!" Natürlich weiß ich nicht, wer sie ist! Ach nein!"

Er wedelte mit gebrochenem Herzen mit dem Kopf und gab einen deprimierenden Laut von sich, den ein schottischer Bruder als ein Lachen höchster Belustigung erkannt hätte.

Zu ihm trat Miss Ursula Harbord ein. Sie trug *einen Zwicker* und ein salbeigrünes Kostüm aus Kunststoff – eines der zahlreichen Verbrechen, die im Namen der Freiheit begangen wurden. Sie war Joan Gaymers neueste Modeerscheinung; und unter ihrer überzeugenden Anleitung begann Joan zu lernen, dass die Männer, die ihr ganzes Leben lang ihren geringsten Launen gedient hatten, gleichzeitig Monster der Doppelzüngigkeit und hirnlose Idioten waren; und dass angesichts einiger leidenschaftlicherer und ungrammatischer Artikel in „The New Woman" die Frauen bald zu sich kommen und an der Spitze der Zivilisation marschieren würden , und dass Menschen wie Ursula Harbord an der Spitze der Frauen marschieren würden.

verunsicherte Miss Harbord Joans häusliche Instinkte und beunruhigte Hughie erheblich.

Joan folgte ihr ins Zimmer; ganz und gar die Jeanne des letzten Sommers, wenn wir den beunruhigenden Auftritt einer jungen Frau mit beträchtlicher persönlicher Anziehungskraft in Betracht ziehen, die durch den Erlass der Mode zumindest für diese Saison gezwungen ist, ihre Gesichtszüge unter einem Hut zu verbergen, der wie ein Hut aussieht erfolgloser Kompromiss zwischen Papierkorb und Geschirrdeckel.

„Nun, John", fragte sie auf ihre freundliche Art, „hast du dich in London ganz eingelebt?"

„Aye, mem."

„Schottland nicht vermissen?" fuhr Joan fort, zog ihre weißen Handschuhe aus und setzte sich in einen Sessel.

„ Nichts Nennenswertes", sagte John.

„Ich dachte", fuhr Miss Gaymer fort und betrachtete Mr. Gobles kimmerische Gesichtszüge, „dass Sie vielleicht Ihr Herz dort gelassen haben."

„Meine Haare ? Wofür sollte ich so etwas tun ?" fragte der wörtliche Mr. Goble. „Ein Haar ist nichts , was ein Körper beschädigen kann „ Ohne ", erklärte er. „Es ist nicht wie eine Rippe. " Du kriegst nur den Ane , also kannst du es dir nicht leisten , ihn irgendwo zu lassen .

Miss Gaymer gab das Thema lächelnd auf, und aller Wahrscheinlichkeit nach kicherte der Geist von Sydney Smith.

„Wann werden Sie uns in Manors noch einmal besuchen?" war Joans nächste Frage.

„Ich bin nicht sicher", sagte Mr. Goble. „Mr. Marrable hat mir gerade Bescheid gegeben."

„Oh, John!" sagte Joan, „was hast du gemacht? Sein Porzellan zerbrochen ?"

„Trinkt er seinen Wein?" schlug Miss Harbord vor und wandte sich von einer verächtlichen Betrachtung von Hughies Bestand an aktueller Literatur ab.

„Ich tue mir leid , ich gebe keine Genugtuung", sagte John.

„Aber, John, ich bin mir *sicher,* dass du es bist!" sagte Joan. „War das der Grund, den er angegeben hat?"

„Er sagte, er würde es aufgeben , einen Diener zu behalten ."

Miss Harbord, die den Hals verrenkt hatte, um etwas auf der Straße zu sehen, drehte sich abrupt um.

„Warum? Hat er Geld verloren?"

„Das kann ich nicht sagen, Mem", sagte Mr. Goble hölzern. Er teilte die Abneigung seines Herrn gegenüber Miss Harbord.

Diese Dame schüttelte resigniert den Kopf.

"Ich dachte auch!" Sie sagte. „Joan, Liebes –"

In diesem Moment trat Hughie ein und Miss Harbords Feuer wurde abgelenkt.

„Mr. Marrable , sind Sie diesen Taxifahrer losgeworden?" erkundigte sie sich widerspenstig.

"Eher!" sagte Hughie. „Er ging wie ein Lamm."

„Er war betrunken", bemerkte Miss Harbord eiskalt.

„Ich habe es nicht bemerkt", sagte Hughie. „Er war ziemlich fügsam. Anscheinend haben Sie ihn im Hyde Park Terrace engagiert und sind unterwegs an zwei Geschäften vorbeigekommen."

"Das ist richtig."

„Und Sie haben ihm einen und drei Pence für eine Fahrt von über zwei Meilen und einen Aufenthalt von etwa zehn Minuten gegeben."

„Seine legale Kost. Wir haben ihn genau eine halbe Stunde angestellt."

„Aber haben Sie ihm gesagt, dass Sie ihn stundenweise engagieren?"

„Natürlich nicht! Sie *kriechen einfach* , wenn Sie das tun. Das hätten Sie vielleicht gewusst, Mr. Marrable ."

„Nun, jetzt ist alles in Ordnung", warf Joan fröhlich ein.

„Mr. Marrable ", beharrte Miss Harbord, „ich fürchte, Sie waren schwach gegenüber ihm. Wie viel haben Sie ihm gegeben?"

„Nichts aus dem Weg", sagte Hughie unbehaglich. „Du bleibst doch zum Mittagessen, nicht wahr? Ich erwarte die Leroys und D'Arcy. Danach können wir alle zu einer *Matinée* gehen ."

Miss Harbord nahm den Gesichtsausdruck einer Person an, die sich nicht von schönen Worten überzeugen lässt, und versuchte , Miss Gaymers Aufmerksamkeit zu erregen – ein Unterfangen, das jedoch deutlich scheiterte, als die letztere Dame von ihrem Platz aufstand und zum Fenster schlenderte.

„Mr. Marrable ", begann Miss Harbord und nahm ihr Gleichnis im Alleingang auf, „Joan möchte sich mit Ihnen über Geldangelegenheiten unterhalten."

„ Nein , das tue ich nicht, Hughie", sagte Miss Gaymer prompt über ihre Schulter.

„Na dann, Liebes", sagte Miss Harbord ruhig, „das sollten Sie tun. Frauen überlassen diese Dinge ohnehin viel zu sehr den Männern. Joan hat die altmodische Vorstellung", fügte sie zu Hughie hinzu, „dass das nicht ganz so ist." Schön, dass Mädchen etwas über Geldangelegenheiten wissen: daher ihre Zurückhaltung. Ich werde jedoch ihren Fall für sie führen."

Miss Harbord schlug die Beine übereinander, warf sich in einer Weise in ihren Stuhl zurück, die ihre Verachtung für den Schein und weibliche Vorstellungen von Anstand am deutlichsten zum Ausdruck brachte, und begann:

„Sagen Sie mir, Mr. Marrable , welche Zinsen bekommt Joan für ihr Geld?"

Hughie starrte ihn schwach an. Vor einer halben Stunde hatte er Mr. Lance Gaymer mit einer fast genau ähnlichen Frage an die Tür gestellt. Aber Lance Gaymer war ein Mann, und Miss Harbord war, so sehr sie es auch verheimlichte , eine Frau; und Hughies alte Hilflosigkeit lähmte ihn erneut.

„Der übliche Zinssatz", sagte er lahm, „liegt bei etwa vier Prozent."

Ursula Harbord nickte, als würde sie sagen: „Das habe ich erwartet!" und zog eine zerknitterte Zeitung aus ihrem Muff.

„Das", sagte sie fast nachsichtig, „zeigt Ihre Unwissenheit über die Welt, Mr. Marrable . Wenn Sie sich ein wenig mehr in die Angelegenheiten einmischen und einer regelmäßigen Beschäftigung nachgehen würden, hätten Sie mehr Möglichkeiten, Dinge für sich selbst zu entdecken, und das wäre der Fall." Ich habe mir die Demütigung – ich nehme an, Sie halten es für eine Demütigung? – erspart, von einer Frau beraten zu werden."

Der gequälte Hughie murmelte etwas darüber, dass es ein Vergnügen sei.

„Hier", fuhr Miss Harbord fort und klatschte auf die Zeitung, während ein Metzger aus dem East End das letzte Beefsteak bei seiner Samstagabendauktion klatscht, „ich habe den Bericht über die Halbjahresversammlung der International Trading Company, Limited, wo …" Es wurde eine Dividende von sieben Prozent beschlossen, was einer Dividende für das ganze Jahr von vierzehn Prozent entspricht. Sehen Sie *jetzt , was ich – was Joan will?"*

„Hughie", sagte Joan, die gerade den Raum besichtigte, „wo hast du dieses schöne Leopardenfell her? Habe ich es schon einmal gesehen?"

„Erschossen, Joey. Ich bitte um Verzeihung, Miss Harbord?"

„Sehen Sie, was Joan von Ihnen möchte?" wiederholte diese finanzielle Amazon.

„Ich fürchte, das tue ich nicht ganz … Aber ich werde gleich weitermachen", antwortete der fügsame Hughie.

„Sicherlich ist die ganze Sache ganz klar! Sie müssen Joans Kapital aus dem herausnehmen, was auch immer es ist, und damit Aktien der International Trading Company kaufen. Und stellen Sie sicher, dass Sie *Vorzugsaktien bestellen* , Mr. Marrable . Sie sind die beste Sorte bekommen. Das ist alles; aber ich sollte Sie nicht auf diese Dinge hinweisen müssen."

Hughie musterte seine Lehrerin unentschlossen. Hat es sich gelohnt? Bemühen Sie sich , ihr einige der ersten Finanzprinzipien zu erklären, oder wäre es einfacher, zu grinsen und es zu ertragen? Er entschied sich für die letztere Alternative.

„Die Aktien", fuhr Miss Harbord fort, die offenbar beschlossen hatte, ihre Peitschen mit ein paar ausgewählten Skorpionen zu ergänzen, „sollten so günstig wie möglich gekauft werden. Sie steigen und fallen, wissen Sie, wie – ein –"

„Affe auf einem Stock?“ schlug Hughie mit der Miene eines Menschen vor, der unbedingt helfen wollte.

Miss Harbord lächelte nachsichtig.

„Nein, nein! Wie ein – ein Barometer, sagen wir mal; und Sie müssen auf Ihre Gelegenheit achten. Es gibt ein Ding namens „Par“, zu dem sie gehen – jeder wird Ihnen sagen, was es ist – und das ist ein Sehr guter Zeitpunkt, sie zu kaufen.

Hughie, der um Atem rang, stand auf und gesellte sich zu Joan in die Fensternische, während Miss Harbord unter viel protzigem Knistern die Zeitung zusammenfaltete und weglegte.

„Hughie“, sagte Joan im Schutz des Lärms, „du bist wütend.“

„Überhaupt nicht“, antwortete Hughie und wischte sich verstohlen die Augen. „Ein bisschen verblüfft – das ist alles. Keine Ahnung, dass dein Freund in diesen Dingen so versessen ist.“

„Sie *ist* schlau, nicht wahr?“ sagte Joan mit ungekünstelter Aufrichtigkeit. „Aber, lieber Hughie, kümmere dich nicht darum, wenn es dich beunruhigt. Meine Angelegenheiten müssen für dich ein furchtbares Ärgernis sein, aber Ursula war so erpicht darauf, dass ich kommen sollte –“

„Ich bin froh, dass du das getan hast, Joey. Es hat sich gelohnt“, sagte Hughie schlicht.

„Natürlich“, fuhr die ungebildete Miss Gaymer fort, „für Leute wie Ursula sind diese Dinge so einfach, als würde man von einem Baumstamm fallen, aber für Sie und mich, die wir nichts vom Geschäft verstehen, sind sie ziemlich schwer zu bewältigen, nicht wahr.“ Sie?"

„Ganz recht“, stimmte Hughie kleinlaut zu. „Aber schau mal, Joey“, fuhr er fort, „brauchst du wirklich Geld?“

" Natürlich ist sie!" sagte Miss Harbord, die die Offensive belauschte und wieder aufnahm.

„Ich *könnte* noch ein paar Kleider gebrauchen, Hughie “ , sagte Miss Gaymer wehmütig, „wenn es nicht lästig wäre, diese Investitionen ein wenig zu ändern, wie Ursula rät. Wenn es jedoch nicht geht, dann wir.“ Mehr werde ich dazu nicht sagen.

„Würden Ihnen weitere hundert im Jahr etwas nützen?“ sagte Hughie plötzlich.

glaube ich ! Kann es ohne eine furchtbare Überraschung gemeistert werden?“ rief Miss Gaymer, und ihre Augen leuchteten bereits vor dem Anblick blusenlanger und doppelter Weiten.

„Ja", sagte Hughie knapp. „Ich werde – ich werde die notwendigen Änderungen vornehmen und dafür sorgen, dass das Geld auf Ihr Bankkonto überwiesen wird."

"Du Liebling!" sagte Miss Gaymer aufrichtig.

„Hundert Pfund? Es könnten mehr sein!" beobachtete die Tochter des Pferdeblutegels auf dem Sofa. Vierzehn Prozent wühlten noch immer in ihrem napoleonischen Gehirn.

Hughie ging zum Schreibtisch und zerriss ein Telegraphenformular.

„ Kapitän Leroy!" verkündete Mr. Gobles Stimme im Türrahmen.

Dieser lockere Paladin betrat den Raum und deutete an, dass seine Frau ihn mit der Nachricht geschickt hatte, dass sie in zehn Minuten eintreffen würde.

„Das bedeutet zwanzig", sagte Joan. „Ursula, wir haben gerade noch Zeit, herumzulaufen und uns den Hut anzusehen, von dem wir dachten, dass wir uns besser nicht entscheiden sollten, bis wir von Hughie erfahren haben, weshalb wir ihn besucht haben . Jetzt kann ich ihn mit gutem Gewissen anprobieren." Direkt zurück, Hughie!"

Sie huschte davon, wobei die voraussichtlichen hundert Pfund offensichtlich ein Loch in ihre Tasche brannten (oder wo auch immer eine Frau im gegenwärtigen Modezeitalter ihr Geld aufbewahrt), gefolgt von Miss Harbord.

Hughie wandte sich an Leroy.

„Nehmen Sie eine Zigarette, alter Mann", sagte er, „und setzen Sie sich mit einem Glas Sherry hin, während ich mich für das Mittagessen fertig mache. War unten in Putney."

Leroy gehorchte. Als Hughie eine Viertelstunde später aus seinem Schlafzimmer zurückkehrte, stellte er fest, dass Mrs. Leroy angekommen war. Sie und ihr Mann waren in ein leises Gespräch vertieft, das sie beim Eintreten ihres Gastgebers ziemlich abrupt abbrachen.

Hughie schüttelte die Hand, fegte ein paar Zeitungen vom Sofa und bot seinem neu angekommenen Gast einen Platz an.

„Nein, danke, Hughie", sagte Frau Leroy; „Am liebsten schaue ich aus dem Fenster."

Sie ging durch den Raum und blickte mit dem Rücken zu Hughie auf die Straße hinunter. Ihr Mann war offenbar von der Angemessenheit dieser Einstellung beeindruckt, erhob sich und gesellte sich zu ihr.

„Tatsache ist, Hughie", begann Mrs. Leroy und starrte entschlossen auf das Haus gegenüber, „Jack und ich wollen mit dir reden wie ein Vater und eine Mutter, und das gelingt mir leichter, wenn ich wegschaue."

„Hier das Gleiche", bestätigte Leroy schroff.

Hughie zuckte zusammen und musterte mit unbehaglichem Misstrauen die beiden schuldbewussten Rücken vor ihm. Sicherlich würde er nicht mit einer dritten Variation desselben Themas beschenkt werden!

„Mach weiter, Jack!" war Mrs. Leroys nächste Bemerkung.

„Das geht nicht, mein Lieber ", antwortete der Herr nach offensichtlicher Anstrengung.

„Nun, Hughie", fuhr Mrs. Leroy energisch fort, „da dieser Feigling mich im Stich gelassen hat, muss ich es selbst sagen. Ich möchte Ihnen sagen, dass die Leute reden."

„Ursula Harbord zum Beispiel", sagte Hughie trocken.

"Ja, woher wusstest du das?"

„Sie hat mir heute Morgen einen Vortrag gehalten. Sie hat mir zu verstehen gegeben, dass sie mich tief im Verdacht hat, ein Schurke zu sein, und hat keinen Versuch gemacht, ihre Überzeugung zu verbergen, dass ich ein Narr bin."

„Na ja, das ist natürlich alles Unsinn", sagte Frau Leroy zu einer Fliege an der Fensterscheibe; „Aber wirklich, Hughie, mit all dem Geld, das ihr Onkel Jimmy ihr hinterlassen hat, solltest du Joey doch mehr geben können, als du tust, *nicht wahr* ? Das Kind muss in ganz bescheidenen Verhältnissen leben – nicht wirklich arm, Du weißt schon, aber kaum so, wie eine Erbin leben sollte. Du zahlst ihr überraschend wenig Zinsen auf ihr Geld, sagt Jack – nicht wahr, Jack?"

Kapitän Leroy gab keine Antwort, aber der tiefe Karminrotton in seinem Nacken sagte: „Schleichen!" so deutlich wie möglich.

„Und du weißt, dass er der letzte sein würde, der etwas gegen dich sagen würde – nicht wahr, Jack?"

"Eher!" sagte Leroy mit donnernder Stimme.

„Hughie", sagte Mrs. Leroy und drehte sich impulsiv um, „wollen Sie sich mir nicht anvertrauen?"

Hughie warf auf seine übliche Weise eine Kohle in den Rost und seufzte.

wirklich nicht ", sagte er.

„Tatsache ist, alter Mann", unterbrach Leroy als Antwort auf die bittenden Blicke seiner Frau, „wir wollten überhaupt nichts sagen, aber die Frau hielt es für das Beste – wenn man bedenkt , wie die Leute reden und so." Das. Kann *ich* von Nutzen sein? Habe ich spekuliert oder so?"

„Nein, Jack, das habe ich nicht", sagte Hughie knapp.

Frau Leroy warf ihrem Mann einen hilflosen Blick zu und sagte verzweifelt:

„Aber, Hughie, wir können so etwas nicht stehen lassen! Du weißt einfach nicht, *worum* es in den Geschichten geht. Das ruiniert auch deine Chancen bei Joey. Sie hält dich für eine Nudel."

„Ich weiß es", sagte Hughie.

„Nun, schauen Sie mal", sagte Leroy, „können Sie uns nicht eine Art Erklärung geben – etwas Garn, das wir über den Ort verbreiten könnten, um diesen Stand der Dinge zu erklären –"

„Wie ist der Stand der Dinge?" sagte Hughie hartnäckig. Er war in einer unangenehmen Stimmung.

„Nun, Hughie", sagte Mrs. Leroy und behielt ihr Geld, „hier ist Joan, der bekanntermaßen viel Geld für den unmittelbaren Gebrauch übrig geblieben ist – sie gibt es selbst zu –, die ganz bescheiden und billig lebt und offensichtlich nicht gut lebt." Die Leute fragen nach dem Grund. Es gibt zwei Erklärungen. Die populärere ist, dass Sie das Geld komplett veruntreut oder verspekuliert haben. Die andere, die in der *Elite vorherrscht* –"

„Die Leute, die wirklich Bescheid wissen, wissen Sie", erklärte Leroy.

„Ja: *Sie* sagen", fuhr seine Frau fort, „dass Joan dich nicht heiraten wird, also hast du dich gerächt, indem – durch –"

„Indem wir den Nachschub unterbrechen", schlug Hughie vor.

„Ja, bis –"

„Bis sie ausgehungert ist und sich unterwirft – was?"

„Das ist ungefähr die Größe, alter Sohn", sagte Leroy.

Es entstand eine lange Pause. Schließlich sagte Hughie : –

„Nun, es ist eine schöne Geschichte; aber ehrlich gesagt bin ich derzeit nicht in der Lage, ihr zu widersprechen."

Mrs. Leroy verzichtete darauf, die Fensterschnur zu flechten, drehte sich um, ging entschlossen zum Kamin und legte eine Hand auf Hughies Arm.

„Hughie", sagte sie in einem Tonfall, von dem ihr Mann später bestätigte, dass er Enten aus einem Teich gelockt hätte, „was hast du getan? Sag es *uns* !"

Leroy folgte seiner Frau durch den Raum. „Lass es ruhig sein, alter Mann", sagte er mit der Miene eines Beichtvaters.

Hughie lächelte dankbar. Er nahm Mrs. Leroys zwei Hände in seine eigenen und legte die andere auf Jack Leroys Schulter.

„Jack und Milly", sagte er ernst, „meine beiden Kumpels! – Ich würde es dir lieber erzählen als irgendjemandem anderen; aber – ich kann einfach *nicht ! Es ist nicht mein Geheimnis! Du wirst wahrscheinlich* eines Tages alles darüber erfahren ." Zum jetzigen Zeitpunkt muss ich Sie bitten, meine Versicherung anzunehmen, dass ich nicht so schwarz bin, wie ich dargestellt werde.

„Hughie", sagte Mrs. Leroy, „Sie sind einfach dumm! Wir sind nicht aus reiner Neugier zu Ihnen gekommen –"

„Das weiß ich", sagte Hughie herzlich.

„Und ich denke, Sie könnten uns eine Art Ahnung geben – eine Art günstige Nachricht –, die ich jedenfalls an Joey weitergeben könnte –"

„Joey!" sagte Hughie unwillkürlich; „Herr bewahre es!"

Mrs. Leroy, erschrocken über die Heftigkeit seines Tons, hielt inne; und ihr Mann fügte niedergeschlagen hinzu:

„In Ordnung, alter Mann! Lass es sein! Tut mir leid, dass du es nicht geschafft hast, dich uns anzuvertrauen. Wäre nicht weitergegangen . Ziemlich krank wegen der ganzen Sache – was? Kein Wunder! Geld ist sowieso der Teufel ."

Irgendwie trafen Leroys Worte Hughie härter als alles, was bisher gesagt worden war. Er schwankte. Schließlich ,-

„Wir haben den Hut gekauft und ich bin völlig *ausgehungert* ", verkündete Joan, als sie in der Tür erschien. „Und wir haben Mr. D'Arcy mitgebracht. Hughie, sind das Regenpfeifer-Eier? Ooh!"

Dies war keine Atmosphäre zum Atmen vertraulicher Geheimnisse. Die Partei nahm ihr übliches Verhalten beiläufiger britischer *Unbekümmertheit wieder an* und begann, sich um den Mittagstisch zu versammeln. Nur Mr. D'Arcys rechte Augenbraue stellte Mrs. Leroy eine Frage, die mit einem leichten, aber bedauernden Schulterzucken beantwortet wurde.

Hughies Wohnung war L-förmig, und das Festmahl wurde im kleineren Arm verteilt, wo Zugluft und Türen nicht im Weg waren. Folglich würde jeder, der den Raum betrat, den Esstisch nicht sehen, es sei denn, er drehte sich nach links und ging um die Ecke.

Hughie half gerade bei den Eiern des Regenpfeifers – es ist zu befürchten, dass Miss Gaymer eine Benjamin-Portion davon bekam –, als Mr. Goble plötzlich neben ihm erschien und ihm ins Ohr flüsterte:

"Er schon wieder!"

Hughie murmelte eine Entschuldigung, verließ den Tisch und ging um die Ecke zum anderen Teil des Raumes. Lance Gaymer war gerade eingetreten. Sein Gesicht war gerötet und seine Augen glitzerten, und Hughies halbausgesprochene Einladung, hereinzukommen und etwas zu Mittag zu essen, verklang auf seinen Lippen.

„Hallo, Lance!" sagte er lahm.

Mr. Gaymer antwortete in der bedächtigen und bedeutungsvoll feierlichen Stimme eines Mannes, der zu drei Teilen betrunken ist:

„Soweit ich weiß, gibt es hier eine Party."

„Ja", sagte Hughie und versuchte , seinen Besucher durch die Tür zu drängen.

„Was ich sagen möchte", fuhr Mr. Gaymer mit ansteigender Stimme fort, „ist, dass ich Sie beschuldige, das Eigentum meiner Schwester unterschlagen zu haben, und ich werde die Sache für Sie verdammt heiß machen. Ja – Sie! *Gehen* Sie und erzählen Sie es." Deine Mittagsparty steht vor der Tür!" Er schloss mit einem Schnauben. „Und – glucken – glucken!"

Zu diesem Zeitpunkt war er vorsichtig in den Flur zurückgedrängt worden, fast außer Hörweite der Anwesenden. Gleichzeitig schloss sich Mr. Gobles große Hand von hinten um seinen Mund, und nachdem er so einen guten Kauf getätigt hatte, drehte er seinen Besitzer geschickt um und führte ihn die Treppe hinunter.

Am Mittagstisch herrschte totenstille Stille. Hughie fragte sich, wie viel sie gehört hatten . Nicht, dass es eine große Rolle gespielt hätte, denn Master Lances Anschuldigungen, die der alkoholischen Direktheit Rechnung trugen, ähnelten weitgehend denen, die bereits von konventionelleren Deputationen gegen Hughie erhoben wurden.

Bevor Hughie zu seinem Platz zurückkehrte, ging er zum Fenster und blickte auf die Straße hinunter.

Mr. Lance Gaymer wurde von den freundlichen Händen von Mr. Guy Haliburton in ein wartendes Hansom gebracht.

Nachdem Hughie alles gesehen hatte, was er erwartet hatte, kehrte er mit zögernden Schritten zu seinen Pflichten als Gastgeber zurück.

Es war ein heikler Moment, der viel Fingerspitzengefühl erforderte. Sogar Mildred Leroy zögerte. Joan war rot angelaufen, ob vor Scham, Wut oder Mitgefühl, war schwer zu sagen. Mr. D'Arcy betrachtete sie neugierig.

Aber schwerfällige Ehemänner stürmen manchmal mit Erfolg dorthin, wo die vorsichtigsten und diplomatischsten Ehefrauen sich davor fürchten, hinzutreten. Jack Leroy räusperte sich.

„Nun, Hughie, mein Sohn", bemerkte er, „wenn du mit der Befragung all deiner Freunde auf der Fußmatte fertig bist, gibst du deinen Gästen vielleicht eine Chance. Wenn so viele alte Freunde an deinem Tisch versammelt sind . " Das wollen wir auf Ihre Gesundheit trinken, mein Junge! Füllen Sie Ihr Glas auf, Miss Harbord! Kein Fersenklopfen, Milly!"

Diese ganze Rede hatte eine unbedeutende *Bonhomie , die genau den richtigen Ton traf.* Mrs. Leroy warf ihrem Mann einen dankbaren Blick zu und hob ihr Glas. Die anderen taten dasselbe. Aber es war Joan, die zuerst sprach.

„Hughie!" sie weinte mit leuchtenden Augen.

„Hughie!" schrie jeder . "Gute Gesundheit!"

In Zeiten unseres Wohlstands sind unsere Freunde immer kritisch, oft ungerecht, im Allgemeinen lästig und manchmal völlig verabscheuungswürdig. Aber es ist nicht zu übersehen, dass sie in Schwierigkeiten eine sehr präsente Hilfe sind.

Hughie fühlte sich plötzlich unfähig zu sprechen. Er senkte stumm den Kopf und attackierte wütend das Ei eines Regenpfeifers.

Kapitel XVI

Woran die Nächstenliebe lange leidet und Johanna ihr Stichwort verpasst

HUGHIE verbrachte die nächsten Monate hauptsächlich mit Grübeleien.

Er fragte sich, was Mr. Haliburtons Spiel sein könnte. Was machte er hinter Lance Gaymer? Dass dieser sich für berechtigt hielt, seine Nase in die Angelegenheiten seiner einzigen Schwester zu stecken, war durchaus verständlich – aber warum sollte er Haliburton mit hineinziehen? War dieser malerische Raufbold ein echter Freund von Lance, der sich in einem brüderlichen Bemühen engagierte , Jimmy Marrables überaus unsymmetrische Verteilung seines Eigentums wieder in Ordnung zu bringen, oder war er lediglich ein Mitglied dieser weitreichenden und auffällig fähigen Bruderschaft (in Sportkreisen als „The Nuts" bekannt? „), für den die gesamte Menschheit Freiwild ist und dessen einziger Glaubensartikel ein abgedroschenes Sprichwort über das Thema „Ein Narr und sein Geld" ist, der seinem gewöhnlichen Beruf nachgeht, „ein bisschen zu machen"? Mit anderen Worten: Ziehte Lance Gaymer Haliburton oder drängte Haliburton Lance Gaymer?

Hughie dachte auch über viele andere Dinge nach, insbesondere:

(*a*) Joan.

(*b*) Mehr Joan; gepaart mit düsteren Spekulationen darüber, wie alles enden würde.

(*c*) Noch mehr Joan; verbunden mit dem wachsenden Wunsch, noch einmal bis ans Ende der Welt zu gehen und sich selbst zu verlieren.

Doch vorerst verlief das Leben ereignislos. Seit Lances Feuerwerk auf Hughies Mittagsparty hatten Hughies Freunde es sorgfältig vermieden, in Gegenwart ihres verstorbenen Gastgebers das Wort Geld zu erwähnen; und Meister Lance selbst, der sich offensichtlich darüber im Klaren war, dass er sich, so hervorragend seine Absichten und reinen Beweggründe auch sein mochten, völlig zum Arsch gemacht hatte, mied Hughies Gesellschaft gänzlich.

Von Joan Hughie sah er wenig, bis er Anfang Oktober in Manors ankam, um Fasane zu schießen.

Er wurde fast mit Tränen der Zuneigung von John Alexander Goble begrüßt, der von Jack Leroy als Butler übernommen worden war, als Hughie seine Dienste aufgab; und fand das Haus voller junger Männer und Mädchen, das Billardzimmer übersät mit vielfarbigen Gewändern und die Atmosphäre aufgeladen mit der Elektrizität eines großen Unternehmens, das im Entstehen begriffen war.

„Theatralik!" erklärte Frau Leroy resigniert, als sie ihm seinen Tee reichte. „Eher Tableaux. Zumindest ist es eine Art Varieté-Unterhaltung", schloss sie verzweifelt, „im Gemeindehaus . Zu Gunsten der einen oder anderen Wohltätigkeitsorganisation, aber das spielt keine Rolle."

„Joeys neuestes, nehme ich an?"

„Ja, das Kind ist ganz wild drauf. Was, Süße?" (Dies an die kleine Hildegard, in einer Haltung des Flehens an ihrer Seite.) „Kuchen? Sicherlich nicht! Du gehst in einer halben Stunde zum Tee ins Pfarrhaus. Erinnerst du dich, was passiert ist, als du das letzte Mal zwei Tees getrunken hast? "

Stodger dachte nach und erinnerte sich; plädierte aber mildernd:

„Aber ich habe *alles* im Pfarrhaus gemacht, Mama."

„Sie war krank", erklärte ihre Schwester und wandte sich höflich an Hughie.

"Zweimal!" bestätigte Stodger , nicht ohne Stolz.

„Ja; in einem anständigen Becken, das die Gemeinde zur Verfügung gestellt hat", fuhr Duckles verschwommen fort. Sie hatte vor kurzem begonnen, die Kirche zu besuchen, und ihre Lektüre während der Predigt hatte ihr ein neues und fruchtbares Feld für Zitate eröffnet.

„Erzähl mir mehr über die Tableaus, Jack", sagte Hughie hastig, während Mrs. Leroy den Abgang ihres rituellen Nachwuchses nach oben beschleunigte.

„Sie geben Unmengen an Geld für sie aus. Das wird wohl keinen Pfennig Profit machen, glaube ich nicht; aber die Show sollte in Ordnung sein. Sie bekommen einen ‚Profi‘." bis hin zur Inszenierung .

„Mein Wort, sie machen es! Hallo, Joey!"

Der Auftritt von Miss Gaymer brachte die theatralische Konversation auf Hochtouren; und für den Rest des Essens, und tatsächlich auch für die nächsten Tage, lebte und atmete Hughie in einer Welt, die aus klapprigen Landschaften, feuerfesten Flaschenzügen und heißer Größe bestand, bewohnt von Menschen, die ständig redeten, meist böse und die meisten nur mit Unterbrechungen ihre Fütterungszeiten.

Eines Nachmittags nahm Joan ihn mit in die Halle, angeblich als Begleiter, in Wirklichkeit aber, um ein paar große Ebenen zu verschieben, die zu breit waren, als dass weibliche Arme sie umspannen könnten.

Kapitän Leroy hatte sich bereits in dieser Funktion angeboten, aber seine Dienste waren mit der Begründung, die Landschaft sei nicht konkav, brutal abgelehnt worden.

„Die Programme werden heute gedruckt. Wir werden die Tableaus in der ersten Hälfte haben", plapperte Joan weiter, während sie durch die Plantagen gingen. „Bekannte Bilder, wissen Sie. Einige davon sind absolut schön. Ich bin in drei", fügte sie ziemlich naiv hinzu.

Hughie fragte nach Einzelheiten.

„Nun, das erste soll „Der Spiegel der Venus" sein – viele Mädchen, die in einen Pool schauen."

„Bist du dabei?"

„Nicht viel! *Das* gilt für all das Gesindel, das sich ohne Einladung eingedrängt hat – die Mellishes , die Crumfords und die Joblings . (Sie kennen die Menge!) Es gibt noch ein anderes Bild für ihre Männer: *solche* Schrecken, mein Lieber ! Aber damit sind sie für den ersten Teil erledigt: Sie müssen erst bei den Wachsfiguren wieder auftauchen. Dann gibt es noch etwas ganz Süßes – Die Frau des Spielers."

„Wer soll sie sein?"

„Sylvia Tarrant. Sie sitzt unter einem Baum in einem alten Garten und sieht traurig aus", plapperte Joan ohne Pause, „während ihr Mann mit ein paar anderen Männern auf dem Rasen dahinter spielt. Du wirst weinen! Ich komme danach – Two Strings to." ihr Bogen. Ein Mädchen, das Arm in Arm mit zwei Männern geht. Sie sieht ganz zufrieden mit sich aus: Die Männer haben beide Kamelhöcker ."

"Wer sind Sie?"

„Es ist noch nicht ganz geklärt. Ich habe ihnen gesagt, dass sie es untereinander ausfechten könnten. Ich gehe jedoch davon aus, dass es Binks und Cherub sein werden. Aber sie müssen sich bald entscheiden, denn die Zeit drängt und Mr. Haliburton sagt –"

"WHO?"

„Herr Haliburton."

„Haliburton?" sagte Hughie und blieb stehen.

„Ja. Wussten Sie das nicht? Er leitet uns. Er ist heute Morgen heruntergekommen."

„Bleibt er im Haus?" war Hughies nächste Frage.

„Nein, wir konnten ihn nicht reinbringen. Er wohnt im Bull im Dorf“, sagte Joan. „Ich wünschte, wir hätten Platz für ihn gefunden“, fügte sie mit Absicht hinzu. Sie wusste, dass die meisten Männer Mr. Haliburton weder liebten noch damit einverstanden waren, dass ihre Freundinnen mit ihm vertraut wurden; und dies allein reichte völlig aus, um sie für die Gunst dieses falsch eingeschätzten Helden zu prädisponieren .

Im Grunde ihres Herzens war Miss Gaymer nur eine kleine *Eprise* mit Mr. Haliburton und schämte sich, wie es sich für jemanden gehört, der über solchen Dingen steht, ein wenig. Sie hatte in seinen dunklen Augen und seiner seidigen Art etwas ziemlich Überzeugendes gefunden, aber da sie alles andere als ein empfänglicher junger Mensch war, ärgerte sie sich eher über ihre eigene Schwäche. Dennoch blieb die Tatsache bestehen. Sie hatte Mr. Haliburton in London oft gesehen – wie, konnte sie sich kaum erklären, obwohl Mr. Haliburton es möglicherweise hätte tun können – und hatte, nicht ganz ungerührt, den Geschichten über ein Erbe zugehört, das um der Kunst willen aufgegeben wurde, von einem das Stammhaus wird von einem hitzköpfigen, aber liebenswerten „alten Pater“ verriegelt; und zu verschiedenen halb humorvollen, halb pathetischen Überlegungen darüber, was hätte sein können, wenn diese Welt nur ein gerechterer Ort wäre.

Joan, die nicht wusste, dass Mr. Haliburtons Stammsitz über einem Tabakladen irgendwo zwischen der Rückseite der Oxford Street und dem Soho Square gelegen hatte und dass sein „alter Vater“ sich erst kürzlich von der Position des Oberkellners in einem Theater zurückgezogen hatte Restaurant in der Maiden Lane , um seine ganze Aufmerksamkeit der perfekteren Färbung eines bereits karneolischen Rüssels zu widmen, empfand er deutliches Mitleid mit ihrer romantischen Freundin. Wenn ein junges Mädchen anfängt, Mitleid mit einem Mann zu haben, ist die Position voller Möglichkeiten; und wenn eine hartnäckige und blinde Autorität eingreift und die Verbote sozusagen verbietet, werden die Möglichkeiten zu Wahrscheinlichkeiten und im Extremfall zu Gewissheiten.

Joan warf Hughie einen schrägen Blick zu. Dieser teilnahmslose junge Mann kam mit gemessenen Schritten voran und runzelte heftig die Stirn. Sie fuhr fort, nicht ganz unzufrieden:

„Das nächste Tableau ist Flora Macdonalds Farewell – sehr schottisch. Ein Mann in einem Kilt steht in der Mitte –“

Sie plapperte weiter, aber Hughies Aufmerksamkeit schweifte ab.

Wieder Haliburton! Die Idee gefiel ihm nicht. Folglich war es nicht ganz überraschend, wenn Hughie, als Joan innehielt und fragte, ob er Königin Elizabeth oder eine Suffragette als geeignetstes Vehikel für einen von Mrs. Jarleys liebsten „Keuchen“ ansah, geantwortet hätte :

„Joan, wie ist dieser Kerl hierher gekommen? War er von dir engagiert oder hat er sich angeboten?“

„Er hat sich angeboten – sehr freundlich!“ sagte Joan steif.

„Ich nehme an, er wird bezahlt?“

„Ja, natürlich – ein oder zwei Guineas. Das ist sein Beruf“, sagte Joan ungeduldig. „Haben Sie Einwände?“

Der Anlass erforderte viel Fingerspitzengefühl, und der arme, schwerfällige Hughie seufzte vor Vorfreude. Joan hörte ihn.

„Was *ist* das Problem?“ fragte sie eher amüsiert als wütend. „Raus damit, alte Gewissenhaftigkeit?“

„Joey“, sagte Hughie, „mir gefällt die Idee nicht, dass du dich mit diesem Kerl einlässt.“

Im Großen und Ganzen hätte es nicht schlimmer sein können.

„Mir kommt es so vor“, sagte Miss Gaymer verächtlich, „dass es nicht die Frauen sind, die boshaft sind, sondern die Männer. Ich frage mich, warum jeder Mann, den ich kenne, so auf den armen Mr. Haliburton eingestellt ist. Dumme Kinder wie Binks und Cherub kann ich verstehen, Aber *du*, Hughie – du solltest über so etwas stehen. Was ist mit dem Mann los, dass ihr ihn alle so beschimpft? Sag es mir!“

Hughies Antwort auf diese Tirade war lahm und nicht überzeugend. Das moderne Mädchen ist in verschiedenen Angelegenheiten, über die es keinen anderen Informanten als seine eigenen Intuitionen gehabt haben kann, so erstaunlich weltgewandt, dass es geneigt ist, die Andeutung zu ergründen, dass es bestimmte Phasen im Leben gibt, mit denen es noch nicht zufrieden ist weiß nichts; und jeder Versuch, ihr dasselbe anzudeuten, wird verächtlich als ein Stück männlicher Überlegenheit begrüßt. Folglich glaubte Joey, alles über Mr. Haliburton zu wissen; worin sie offensichtlich Unrecht hatte, aber nicht gänzlich tadelnswert; Denn wenn Ihr Wissen über die menschliche Natur insoweit nahezu perfekt ist, fällt es Ihnen schwer zu glauben, dass es nicht bis zum Ende reicht.

Es war ein äußerst unbefriedigendes Gespräch. Alles, was Hughie tat, war, seine Meinung über Herrn Haliburton zu bekräftigen, ohne in der Lage (oder willens) zu sein, neue Fakten zur Untermauerung dieser Meinung vorzulegen; und das einzig offensichtliche Ergebnis bestand darin, dass Joan noch heftiger zugunsten von Haliburton beeinflusst wurde als zuvor und dass Hughie sich wie ein Verleumder und Wichtigtuer fühlte. Es war eine Erleichterung, als Joan das Gespräch abrupt wechselte und sagte:

„Hughie, hast du in letzter Zeit etwas von Lance gesehen?“

Nein, das hatte Hughie nicht. "Warum?"

„Ich mache mir Sorgen um ihn", sagte Joan, stieg von ihrem hohen Ross und verfiel in ihre vertrauliche Stimmung. „Er hat mir ziemlich regelmäßig geschrieben, auch nachdem er diesen Freak geheiratet hatte, und wir hatten uns immer gern, auch wenn wir uns manchmal gestritten haben . Aber er scheint sich in letzter Zeit ganz aus der Sache zurückgezogen zu haben. Weißt du, was er ist?" tun?"

„Das kann ich sicher nicht sagen", sagte Hughie.

„Könnten Sie es für mich herausfinden?"

„ Natürlich werde ich das tun", sagte Hughie und vergaß angesichts der freudigen Tatsache, dass Lances Schwester ihn gerade gebeten hatte, ihr einen Dienst zu erweisen, die gegenwärtige Unbeholfenheit seiner Beziehung zu Lance völlig. „Ich gehe und suche nach ihm. Vielleicht ist er krank oder hat kein Geld. Aber können Sie nicht von – von – Neuigkeiten über ihn bekommen?"

Er blieb plötzlich stehen. Er hatte gerade eine Frage stellen wollen, die ihm gerade ziemlich ungroßzügig vorgekommen war.

„Du meinst von Mr. Haliburton?" sagte Joan mit ihrer üblichen Direktheit. „Ich habe ihn gefragt, aber er sagt, dass er Lance schon lange nicht mehr gesehen hat; also fürchte ich, ich muss dich belästigen, Hughie. Ich mag das nicht, weil ich weiß, dass du nicht gehen willst." ihm aus dem Weg gehen, nachdem –"

„Das ist doch egal!" sagte Hughie hastig. „Ich werde gehen und nach ihm suchen."

Joan wandte sich ihm dankbar zu.

„Du bist ein guter Kerl, Hughie", sagte sie. „Ich weiß nicht, was ich ohne dich tun soll."

Hughie strahlte töricht. Ihre Worte bedeuteten natürlich nichts; Dennoch wärmten sie ihn vorerst. Er dachte nie daran, aus Joans impulsiven Zuneigungsausbrüchen Kapital zu schlagen. Er betrachtete sie als eine Art Trostpreis – mehr nicht. Seit seiner ersten Zurückweisung hatte er nie mehr versucht, mit ihr zu schlafen. Die Erinnerung an diesen unwürdigen Streit ließ ihn noch immer zittern, und es wäre ihm sowieso nie in den Sinn gekommen, den Angriff zu erneuern . Wie ein Mann hatte er die ziemlich große Annahme, dass eine Frau immer das meint, was sie sagt, als selbstverständlich angesehen. Joan mit weiteren Aufmerksamkeiten zu belästigen, besonders in seiner Ausnahmestellung, empfand er als Gemeinheit.

Trotzdem schien es, als hätten das Mädchen und er in letzter Zeit ihre Beziehungen zueinander angepasst. Joan spielte jetzt nie mehr mit ihm, ermutigte ihn in einem Moment und verspottete ihn im nächsten, wie es bei den meisten ihrer treuen Bandmitglieder der Fall war. Ihre Haltung war die einer guten Kameradin. Sie begnügte sich damit, schweigend in seiner Gesellschaft zu sitzen, was ein echter Beweis für ihre Freundschaft ist; sie brachte ihm ihre kleinen Sorgen und kümmerte sich gelegentlich um seine; und in jeder Hinsicht zeigte sie ihm, dass sie ihn mochte und ihm vertraute. Ein eitlerer oder klügerer Mann hätte angesichts dieser Zeichen den Mut der Gnade gefasst. Hughie tat es nicht. Er war Johannas Vormund und hatte als solcher Anspruch auf ihr Vertrauen; auch ihre sehr gute Freundin und als solche Anspruch auf ihre Zuneigung. Das war alles. Es war natürlich Pech, dass sie ihn nicht genug mochte, um ihn zu heiraten, aber auf Pech muss man in dieser Welt auch vorbereitet sein. Er würde sich mit der Zeit an die Situation gewöhnen : In der Zwischenzeit dürften keine Luftschlösser mehr in der Luft liegen.

„Ich sage dir was", fuhr er sofort fort. „Ich werde am Mittwoch in der Stadt sein. Dann werde ich Lance aufsuchen."

„Aber, Hughie", rief Joan bestürzt, „Mittwoch ist der Tag der Unterhaltung. Dazu *müssen Sie* kommen. Was ist Ihre Verpflichtung, wenn es nicht indiskret ist, nachzufragen?"

„Zahnarzt", sagte Hughie düster.

"Zahnarzt?" Joan lachte, oder besser gesagt, krähte auf ihre typisch kindliche Art. „Hughie beim Zahnarzt ! Es scheint so lustig zu sein", erklärte sie entschuldigend.

„Es wird das Gegenteil von lustig sein", sagte Hughie streng, „wenn er mich erwischt. Wissen Sie, wie lange es her ist, seit ich auf dem Zahnarztstuhl gesessen habe? Acht Jahre, nicht weniger!"

„Du wirst es fangen!" sagte Miss Gaymer selbstbewusst. „Aber du darfst an diesem Tag einfach nicht hingehen. Ich möchte dich bei der Show haben. Kannst du das Datum nicht ändern?"

„Der Attentäter hat mir zu verstehen gegeben", sagte Hughie, „dass es ein außerordentliches Glück für mich war, dass er mich überhaupt mitnehmen konnte; und er deutete vielmehr an, dass ich, wenn ich die Verabredung nicht einhalten würde, keinen weiteren erwarten müsse." auf dieser Seite des Grabes. Außerdem steht am nächsten Mittwoch unser einziger freier Drehtag an. Ich auch –"

Miss Gaymer warf ihm einen kalten und anklagenden Blick zu.

„Gestehen Sie, elender Mischling!" Sie sagte. „Sie haben diesen Termin mit dem Zahnarzt absichtlich vereinbart, um dem Theater zu entgehen."

„Schuldig, Mylord!" antwortete der Verbrecher resigniert.

„Nun, Sie werden mit einer Warnung entlassen", sagte Joan gnädig, „aber Sie müssen trotzdem kommen. Das *werden* Sie, nicht wahr, Hughie?"

„Wird meine Anwesenheit einen so großen Unterschied machen?" sagte Hughie, für ihn ziemlich kühn. Er forderte eine heftige Brüskierung heraus, und er wusste es.

Joan blickte ihn für einen Moment an.

„Ja", sagte sie ziemlich unerwartet, „das wird es."

„Dann komme ich", sagte Hughie energisch . „Um zehn gehe ich zum Zahnarzt. Ich erledige das, lade Lance zum Mittagessen ein und komme mit dem Nachmittagszug herunter. Um wie viel Uhr beginnt die Show?"

"Acht."

„Der Zug kommt um halb acht. Ich komme direkt zum Gemeindehaus _"

„Du bekommst kein Abendessen", sagte Joan warnend.

"Egal!" sagte Hughie heldenhaft. „Danach gibt es doch ein Abendessen, nicht wahr?"

"Ja."

„Dann werde ich durchhalten. Ist es übrigens wichtig, wenn ich keine Abendgarderobe anhabe?"

„Nicht ein bisschen, wenn es Ihnen nichts ausmacht. Natürlich werden die ersten Reihen voller Leute sein, die ihre fröhlichen Lumpen tragen", sagte Joan. „Aber wenn Sie schüchtern sind, kommen Sie hinter die Kulissen. Dann können Sie ein Auge auf mich – und Mr. Haliburton – haben!" fügte sie mit einem provokanten kleinen Blick hinzu.

Hughie machte sich ordnungsgemäß auf den Weg in die Stadt, versprach treu, zu den Theateraufführungen zurückzukommen, und fragte sich vage, warum Joan so stark darauf bestanden hatte. Joan verspürte eher die Neigung, sich selbst zu wundern. Sie war im Moment ein wenig verwirrt über ihre eigenen Impulse. Aber ihr Geist war von einem schwachen Selbsterhaltungstrieb erfüllt, und sie fühlte sich irgendwie deutlich glücklicher, als Hughie versprach, zu kommen.

Es blieb jedoch wenig Zeit für Selbstbeobachtung. Die Proben – „mit der Betonung auf dem Leichenwagen", wie Mr. Binks während einer längeren Probe anmerkte – zogen sich in langsamer Länge dem Ende entgegen; Tickets verkauften sich wie warme Semmeln; und bald kam der große Tag.

Laientheater sind eine Ermüdung für das Fleisch, aber im richtigen Sinne betrachtet, mangelt es ihnen keineswegs an Unterhaltung. Die Gesetze des Dramas, wie sie vom Amateur interpretiert werden, unterscheiden sich in mehreren wichtigen Einzelheiten erheblich von denen, die von der professionellen Branche befolgt werden – deren Mitglieder, wie man bedenken muss , glücklich sein müssen, um zu leben; und mit diesen sollte sich der beabsichtigte Theaterbesucher sofort vertraut machen.

Hier ist eine *Zusammenfassung* :—

(1) Denken Sie daran, dass die Aufführung ausschließlich zum Nutzen der Darsteller organisiert wurde und dass Sie und der Rest des Publikums lediglich hinzugezogen wurden, um die Sache lohnenswert zu machen .

(2) Geben Sie alle Hoffnung auf Pünktlichkeit beim Start oder auf Angemessenheit bei der Länge der Intervalle auf. Amateur-Szenewechsler und Musiker mögen es ebenso wenig, wenn ihre „Turniere" eingeschränkt werden, wie die auffälligeren Mitglieder der Besetzung.

(3) Bedenken Sie, dass es beim Spiel *nicht* um die Sache geht, sondern um die Spieler. Der aufregendste dritte Akt ist im Vergleich zu der Aufregung und Spannung, die entsteht, wenn man zuschaut, ob Johnny Blank Connie Dash in der Heiratsantragsszene *wirklich küssen wird oder ob dies tatsächlich der Fall ist (mindestens zwei Drittel des Publikums wissen), genauso dämlich* Wenn man in den letzten sechs Monaten nicht miteinander gesprochen hat, wird das übliche Amateur- *Ne plus Ultra zur Folge haben* – eine Art frustrierter Kuss, der um etwa 15 Zentimeter zu kurz kommt. Auch hier wird die Freude, den Helden in einem mitreißenden Apostroph an die Galerie schwanken zu hören, durch das Wissen verstärkt, dass er es mit der Krone seines Hutes liest und den Ort verloren hat: während die realistische und überzeugende Miene der Ehrerbietung, mit der Wenn der Butler die Herzogin anspricht, wird er von einem Publikum, das sich bewusst ist, dass er im Privatleben zufällig der Ehemann dieser Dame ist, umso leichter erkannt und geschätzt.

Die Unterhaltung, auf die wir nun die unwillige Aufmerksamkeit des Lesers lenken müssen, sollte aus drei Teilen bestehen. Erstens die Tableaux Vivants – dreißig Sekunden Tableaus bis etwa zehn Minuten äußerer Dunkelheit und Orchesterauswahl; dann eine Komödie; und schließlich Mrs. Jarleys Wachsfigurenkabinett.

Der größte Raum hinter den Kulissen war den Künstlerinnen *vorbehalten* ; ein zugiger Gang, der hauptsächlich mit brennenden Kerzen und Sodawasser-Siphons ausgestattet war, wurde den Herren zugewiesen. Die *Loge des Dames* war eine karge und trostlose Wohnung, aber an den Wänden waren Tische und Spiegel aufgestellt; und hier manövrierten sich etwa fünfzehn oder zwanzig Jungfrauen mit eiskalter Höflichkeit oder hemmungslosen Ellbogenstößen (je nach ihrer sozialen Stellung) um Positionen, die der Selbstbetrachtung förderlich waren .

Joan und Sylvia Tarrant versammelten sich in der Mitte des Saals.

„Ich denke, wir sollten uns hier besser anziehen, mein Lieber", sagte Joan fröhlich, „und den Adel und den Adel überlassen, um die Frisiertische zu kämpfen. Schließlich", fügte sie selbstzufrieden hinzu, „müssen wir uns am wenigsten auf Vordermann bringen." jeder von ihnen."

Die Tableaus waren im Großen und Ganzen ein Erfolg, auch wenn es einige Zeit dauerte, bis das Publikum sie besichtigen durfte. Der Musikdirektor, ein nervöser Mensch mit einer *Vorliebe* für angewandte Wissenschaft, hatte den größten Teil von zwei Tagen damit verbracht, eine elektrische Glocke von heroischen Ausmaßen zu reparieren, die vom Dirigentenpult aus gesteuert wurde und dem Herrn, der für die Beleuchtung verantwortlich war, ins Ohr läutete Vereinbarungen. Ein sorgfältig getipptes Dokument (ein weiteres Nebenprodukt der Vielseitigkeit des Musikers) teilte diesem überreizten Beamten mit, dass ein Ring „Bühnenlicht an" und zwei Ringe „Bühnenlicht aus" bedeuteten.

Kurz bevor sich der Vorhang für das erste Tableau öffnete, drückte der Dirigent einmal seinen Knopf. Nach einer Pause von etwa zwei Sekunden, als die Bühnenbeleuchtung keine Lust zum Angehen zeigte – der Kontrolleur der Beleuchtungskörper pflegte tatsächlich zärtlich ein hoffnungslos perforiertes Trommelfell –, war der aufgeregte Musiker überzeugt, dass die Glocke nicht geläutet hatte , klingelte noch einmal. Deshalb wurde gerade, als sich der Vorhang hob, jede einzelne Lampe auf der Bühne, vom Fußlicht bis zu den Dachlatten, hastig gelöscht. Es herrschte Verwirrung. Der Schaffner drückte hektisch und ununterbrochen seinen Knopf; der Elektriker verlor völlig den Kopf und begann, Schalter auszuschalten , die das Licht in den Umkleidekabinen und im Flur selbst steuerten; während das treue Orchester, plötzlich sowohl des Lichts als auch der Führung beraubt, mit heroischem, aber fehlgeleitetem Enthusiasmus versuchte , die Flagge durch schrille Improvisationen unterschiedlichster und individueller Art hochzuhalten.

Das Publikum, das auf alles vorbereitet war, saß ungerührt da; aber aus den Umkleidekabinen und dem Vorraum waren schmerzerfüllte Schreie zu hören. Über allem erhob sich die Stimme des Schaffners, der laut nach dem

Blut des Elektrikers rief und sich nicht trösten ließ. Das erste *Tableau vivant* hatte den Charakter einer „extra Wendung" und war im Programm nicht vorgesehen . Es fand in der Mitte der Bühne statt und zeigte zwei überhitzte Herren (einer trug einen *Schlagstock* und der andere *einen En déshabille*) erklärt (*fortissimo*) einem Dritten (der ständig sein rechtes Ohr streichelte) im Licht einer einzelnen Wachsvesta den Sinn eines maschinengeschriebenen Dokuments.

Nach diesem unentgeltlichen Beitrag zur Fröhlichkeit des Ablaufs trat das offizielle Programm in Kraft und dem Publikum wurden verschiedene attraktive und romantische Visionen eröffnet. Sicherlich waren die Tableaus gut montiert. Der Erfolg von „A Gambler's Wife" und „Two Strings to her Bow" stand außer Frage. Auch Haliburton hatte einen beeindruckenden Auftritt in Orchardsons „Hard Hit" – dem berühmten Glücksspielbild mit den unzähligen auf dem Boden verstreuten Kartenspielen –, in dem sich der gebrochene Spieler mit der Hand auf der Türklinke umdreht, um einen letzten Blick auf die drei Männer zu werfen die ihn gemeistert haben.

Natürlich gab es kleinere Schönheitsfehler. Die Gelassenheit der schönen Band, die entdeckt wurde – als der Dirigent zu seinem Stuhl zurückgejagt und der verwirrte Elektriker durch einen Mann mit beständigerem Talent ersetzt wurde –, wie sie in „Der Spiegel der Venus" über ihre eigenen Reize nachdachte, wurde völlig zerstört – ja, verwandelt hilfloses Kichern – durch einen völlig unerwarteten Ausruf von „Gute alte Gertie!" Ausgehend von einem jungen Mann in der ersten Reihe – offenbar ein Bruder –, der sich vor allem durch eine geschminkte Krawatte und ein rotes Seidentaschentuch auszeichnete, und offenbar (wenn man die Konsequenzen beurteilen darf) auf eine massig gebaute junge Frau gerichtet war, die in dritter Reihe kniete Ende auf der Eingabeaufforderungsseite. Während eines weiteren Bildes, als Prinz Charles starr in den Armen von Flora Macdonald stand, saß das Publikum dreißig atemlose Sekunden lang gebannt da, während die Schottenstrümpfe des unglücklichen Prinzen Zentimeter für Zentimeter aus der Nähe seiner Knie rutschten, über die Grenzlinie hinaus, wo künstliches Braun entstand Es wurde aufgehört, und natürliches Weiß begann bis zu seinen Knöcheln – ein *Contretemps* , der, wie Mr. D'Arcy gegenüber Mrs. Leroy bemerkte, der ansonsten etwas leblosen Darstellung einen Hauch von Lebendigkeit verlieh.

Die Komödie war kein voller Erfolg. Es handelte sich um eines jener charakteristischen Produkte dessen, was man die Back-Drawing-Room-Schule nennen könnte, bei der Komplikationen kurz nach dem Aufgehen des Vorhangs mit der Zustellung und Lektüre eines bestimmten Briefes beginnen und sich am Ende von ungefähr automatisch anpassen Fünfunddreißig Minuten lang mit der Einleitung eines weiteren, der alles erklärt, Meinungsverschiedenheiten klärt, Verlobungen beschleunigt und den

Vorhang vor allen Charakteren senkt, die in sorgfältig zusammengestellten Paaren in einer Reihe stehen.

Diese etwas abgedroschene und konventionelle Handlung wurde durch die Launen des talentierten Herrn, der den Lakaien spielte, der für die Zustellung der Briefe verantwortlich war, angenehm variiert. Er überbrachte den zweiten Brief zuerst, mit dem Ergebnis, dass die Heldin ausrief: „Wie dumm ich gewesen bin! Gerald war mir die ganze Zeit treu geblieben! Ich muss sofort zu ihm gehen! Wir können morgen heiraten!" " nachdem das Drama etwa drei Minuten lang im Gange war – eine Katastrophe, die nur durch ein vollkommen napoleonisches „Würgen" des komischen Mannes und einen völlig ungeübten Auftritt (mit offensichtlicher Unterstützung von hinten) des Lakaien mit dem richtigen Buchstaben überwunden werden konnte.

entgingen diese Abweichungen vom normalen Verlauf des Dramas der Mehrheit des Publikums; denn die Schauspieler waren, sei es aus Nervosität oder offener Langeweile, jenseits der ersten drei Sitzreihen unhörbar. Selbst hier wurde das Kunststück, dem Verlauf des Dialogs zu folgen, durch den anhaltenden und hektischen Applaus zweier offensichtlich „toter Köpfe" in der ersten Reihe – arme Verwandte des Herrn, der den Lakaien spielte –, der, da sie frei saßen, fast unmöglich gemacht Offensichtlich betrachteten sie es als ihre Pflicht, jedem Ein- und Ausstieg ihres großzügigen Verwandten zu applaudieren, selbst wenn er mit dem falschen Brief kam oder mit dem Ellbogen abgewiesen wurde, um den richtigen zu holen. Das einzige Mitglied der Kompanie, das seine Pflichten einigermaßen gründlich erfüllte, war der Souffleur, ein pensionierter Major mit einer Lunge aus Messing. Offensichtlich hatte er mit dem wahren Instinkt eines starken Mannes entschieden, dass man es selbst tun muss, wenn man etwas gut machen will. Infolgedessen hallte seine Stimme in einem unaufhörlichen Monolog durch den Saal, dem es zwar an der Abwechslung mangelte, die mit den Befreiungen einer ganzen Truppe untrennbar verbunden ist, er aber viel dazu beitrug, die Insassen auf den hinteren Bänken über die Feinheiten der Handlung *auf dem Laufenden zu halten* . Der beste Lacher des Abends wurde jedoch durch die Kühnheit eines der Schauspieler hervorgerufen, der den Souffleur plötzlich mit der sanften, aber deutlichen Bemerkung unterbrach: „Na gut, alter Mann, das weiß ich!"

Dann kam Mrs. Jarleys Wachsfigurenkabinett. Der Vorhang öffnete sich vor der üblichen Gruppe historischer und aktueller Persönlichkeiten, die im Halbkreis um die Bühne saßen, die meisten von ihnen zuckten vor beginnender Hysterie und alle mieden entschlossen den Blick des Publikums. Plötzlich erschien Mrs. Jarley (Binks), begleitet von Master Jarley (Cherub, in einem Matrosenanzug und weißen Socken), und vertiefte sich in einen leicht mühsamen Monolog, wann ihr Sprössling über die Bühne ging und, was … Staubwischen, Ölen und andere Vorgänge stimulierten jede der Figuren, die man möglicherweise mit Wachsfiguren hätte verwechseln können, zu einer angemessenen Darstellung von Leben und Aktivität.

Eine „Mrs. Jarley " gleicht der anderen sehr, und das Publikum, das unter einem leichten Anfall theatralischer Verdauungsstörungen zu leiden begann, reagierte etwas langsam auf Binks' altes „Keuchen" und unergründliche aktuelle Anspielungen. Erst als eine Bank im hinteren Teil der Bühne, auf der sich Oliver Cromwell, General Booth, Dorando und eine Suffragette befanden, plötzlich nach hinten umkippte und ihre Sitze mit vier beunruhigenden Schlägen in den Abgrund entließ, der zwischen den Lehnen gähnte Aufgrund der Inszenierung und der Wand kann man davon ausgehen, dass die Unterhaltung einen ordentlichen Aufschwung erhalten hat. Nach dem ersten Gefühl der Überraschung und des Grolls darüber, dass sie auf dem Nacken im Staub lagen , reagierten die vier Herren (die sich, wie zu befürchten ist, auf ihren ersten Auftritt auf irgendeiner Bühne vorbereitet hatten, in (in üblicher Manier) nahm die Situation mit heldenhafter Resignation an. Da sie sich daran erinnerten, dass es sich um Wachsfiguren handelte und dass sie aus keinem anderen Grund nicht aufstehen konnten, verharrten sie in ihrer jetzigen Haltung, unsichtbar für das bloße Auge, abgesehen von ihren Beinen, die gerade in die Luft ragten. Das schwächelnde Publikum, das sich einbildete, die ganze Katastrophe sei Teil der Aufführung, applaudierte lautstark, und Mrs. Jarley nutzte die Gelegenheit, um eine prägnante *improvisierte* Rede über den Charakter zu halten, der aus den Fußsohlen heraus gelesen wurde.

Die Aufführung endete mit einem Lied und einem Refrain, die speziell für diesen Anlass komponiert und von Mrs. Jarley und ihren Darbietungen in krampfhafter Antistrophe gesungen wurden. Frau Jarley begann,-

„Manche Damen haben eine Figur – eine, selbstgebaut ! Aber ich habe ziemlich viele, wie Madam Tussaud. Und welche Art von Figur Sie auch immer besitzen möchten, befehlen Sie mir einfach , sie anzufertigen, und ich werde es tun. Ich kann dich zu wächsernen Figuren machen , die gehen oder mit den Armen winken oder sich umdrehen und hinter sich schauen können –"

Hier stolperte die Sängerin bei dem Versuch, die Handlung mit dem Wort in Einklang zu bringen, schwer über ihre eigene Schleppe und wurde nur durch den auf wundersame Weise *belebten* und plötzlich ausgestreckten Arm Heinrichs des Achten, der dicht hinter ihr saß , vor dem völligen Sturz bewahrt . Binks fuhr völlig ungestört fort:

„Und einige von ihnen (die weiblichen!) können sprechen, und es ist wunderbar, wie nützlich die Leute sie finden."

„ Schicken Sie also sofort nach Mrs. Jarley ! Und sie wird jedes Merkmal reproduzieren, das Sie haben. Es wird Ihnen eine Menge Ärger ersparen , wenn Sie einen wächsernen Doppelgänger haben, der Ihre Arbeit erledigt, wenn Sie es lieber nicht tun würden!"

„Na dann, Wachsfiguren! Alle zusammen! Gib ihnen einen Vorsprung, Sousa!"

Mr. Sousa (zweiter von hinten, auf der anderen Seite) begann gehorsam, seinen *Taktstock zu bewegen* , wobei er Sunny Jim teilweise skalpierte, und die Wachsfiguren sangen im *Fortissimo* mit einem deutlichen, aber ungleichmäßig verteilten *Accelerando* gegen Ende:

„Dann schicken Sie sofort nach Mrs. Jarley ! Und sie wird jedes Merkmal, das Sie haben, reproduzieren. Sie wird sich um Ihre Angelegenheiten kümmern , Ihre Stiefel schwärzen und auch Ihren Tee kochen, wenn Sie nur eine setzen würden Penny im Schlitz!"

Die Melodie war gut und der Refrain hatte Schwung. Doch nun ergab sich eine Schwierigkeit. Die zweite Strophe hätte von einem der verstorbenen Gäste auf der Rückbank gesungen werden sollen – genauer gesagt von Dorando ; und Mrs. Jarley , die den Umstand erkannte, war gerade dabei , selbst damit zu beginnen, als eine gedämpfte Stimme, die offenbar aus den höllischen Regionen kam, in die ersten Zeilen eindrang. Dorando , schwach, aber verfolgend, war offensichtlich entschlossen, seinen Vertrag zu erfüllen, auch wenn er es kopfüber tun musste. Aus verschiedenen Gründen (hauptsächlich Staub und beginnender Schlaganfall) war seine Artikulation nicht alles, was man sich wünschen konnte, und der Vers, der von der genialen Erfindung eines gewissen Tommy Sparkes erzählte, der, angesichts der Aussicht auf körperliche Züchtigung,

„Habe sofort nach Mrs. Jarley geschickt und ihr erklärt , dass es ihm heiß gehen würde"—

woraufhin diese findige Dame

„Ich habe eine Figur gemacht, klein und rötlich, um Tommys Zweitbesetzung zu sein. Und die Figur hat – was Tommy hätte bekommen sollen!"

ging dem Publikum verloren. Aber jeder nahm den Refrain mit Willen auf, und die dritte Strophe begann ihre Laufbahn unter den glücklichsten Auspizien.

Bei dieser Gelegenheit wurden die Zeilen unter den Figuren selbst verteilt.

„Jetzt hat Mrs. Bumble-Doodle einen Ball gegeben"—

begann Königin Elizabeth;

„Aber siebenundzwanzig Männer, alle telegraphiert, um es zu sagen" –

fuhr Peter Pan fort;

„Das haben sie doch sehr bereut"—

sang Sunny Jim;

„Zu erkennen, dass sie einfach nicht entkommen *konnten !*"—

brüllte eine Stimme (die von Oliver Cromwell) unter der Plattform.

„Sagte Mrs. Bumble-Doodle verzweifelt" –

fuhr Master Jarley fort , nachdem ein Gelächter verstummt war;

„Der Ball wird ein Misserfolg sein – daran besteht kein Zweifel!"

verkündete Pierrette endgültig.

„Die Mädchen werden dort keinen einzigen Partner finden"—

jammerte eine Wachsfigur in einem Kilt (möglicherweise Rob Roy oder Harry Lauder) –

Es gab eine Pause. Das Klavier hielt erwartungsvoll inne, und alle Wachsfiguren drehten (höchst unprofessionell) den Kopf, um zu sehen, was mit Cherry Ripe passiert war, der nun an der Reihe war, die nächste Strophe zu singen. Anscheinend hatte diese Dame ihre Aufmerksamkeit abschweifen lassen, denn sie musterte das Publikum und vernachlässigte ihr Stichwort. Das plötzliche Schweigen – oder möglicherweise die Aufmerksamkeit von Meister Jarley , der geschäftig herbeikam und ihr eifrig Mund und Ohren einölte – schien sie an ihren irrigen Verstand zu erinnern.

"Entschuldigung!" bemerkte sie ruhig und sang mit klarer Stimme:

„Oh, was für ein Schlamassel! Wie kommen wir da raus?"

„Sie hat sofort nach Mrs. Jarley geschickt!"

deklamierte diese Dame triumphierend,

- „Und die Mädchen waren ganz zufrieden mit dem, was sie bekamen. Stimmt , ein Dummkopf kann nicht flirten; aber er zerreißt dir nicht den Rock, oder sagt, dass er tanzen kann, wenn er es nicht kann !"

„So, dann *alle* zusammen!"

Mrs. Jarley , Wachsfiguren und Publikum stimmten in den Schlusschor ein. Sogar die vier umgekehrten Casabiancas hinten halfen mit geschwungenen Beinen.

„Sie schickte sofort nach Mrs. Jarley ! Und die Mädchen waren ganz zufrieden mit dem, was sie bekamen. Sie blieben von der bezaubernden Jugend verschont , die sagt: ‚Ich mag das Tanzen nicht besonders , aber es macht mir nichts aus, draußen zu sitzen.' mit dir – äh, was?'"

Aber Cherry Ripe sang nicht. Sie sagte sich:

„Nicht in der Halle und nicht hinter den Kulissen! Ich frage mich, wo er hingekommen sein kann! Er hat *natürlich* seinen Zug verpasst, aber er hätte vielleicht schon vor Stunden telegraphiert. Nun, Hughie, *Mann ami* , wenn du so mit Einladungen umgehst –"

Aber der Vorhang war gefallen, und alle Wachsfiguren schlurften von ihren Hochstühlen und marschierten in die Umkleidekabinen. Cherry Ripe folgte ihrem Beispiel, legte einen Arm um Pierrette und sagte:

„Komm mit, Sylvia! Zuhause, Abendessen und ein Tanz! Das ist jetzt das Programm ."

Als Joan Manors erreichte, erkundigte sie sich bei Herrn Goble:

„Ist Mr. Hughie zurück, John?"

„„Tat, nein, mem."

„Irgendein Telegramm oder so?" fragte Joan nachlässig.

„ Was auch immer das ist! Er wird bis zum nächsten Morgen nicht zurück sein, das weiß ich ", sagte Mr. Goble.

Zwei Stunden später, als das Abendessen vorbei war und der Tanz seinen Höhepunkt erreichte, trat Mr. Haliburton an Joan heran.

„Unser Tanz, glaube ich, Cherry Ripe?" er sagte.

Cherry Ripe stimmte zu.

„Wirst du kommen und im Wintergarten sitzen?" fuhr Haliburton fort. „Ich möchte dir etwas Besonderes sagen."

Joan betrachtete ihn einen Moment lang heimlich.

"In Ordnung!" Sie sagte.

Kapitel XVII

In dem Wohltätigkeit zu Hause beginnt und
Hughie seinen Zug verpasst

DER Zahnarzt seinen Grabhaken beiseite und begann, etwas, das wie eine Miniaturkreissäge aussah, in das Ende der elektrischen Bohrmaschine einzupassen.

Hughie lag auf dem Stuhl und redete sich entschieden ein, dass der Mann dies offenbar tat, weil es wirklich notwendig war, und nicht aus reiner Wollust. Er steckte vorsichtig seine Zunge in das Loch und berechnete, dass dies die endgültige Freigabe sein würde eine Arbeit von höchstens drei Minuten.

„Es scheint kaum zu glauben", sagte der Zahnarzt mürrisch und setzte mit seinem Fuß die Maschine des Bohrers in Bewegung, „dass Ihre Zähne seit acht Jahren nicht mehr gepflegt wurden. Bitte etwas breiter!"

Hughie erkannte , dass er so unmissverständlich als Lügner bezeichnet wurde, wie ein Mann nur sein kann; aber in diesem Moment kam die Bohrmaschine voll in Gang und er hielt sich lediglich an den Armlehnen des Stuhls fest.

„Ein Mann", fuhr der Zahnarzt fort, während er den Bohrer entfernte und die Höhle plötzlich mit eiskaltem Wasser ausspritzte, „leer, bitte!" sollte seine Zähne alle sechs Monate kontrollieren lassen, eine Frau alle drei ."

„Ein Mann", antwortete Hughie (der glaubte, dass die Arbeiten mit dem Bohrer abgeschlossen seien), „muss seine Zähne untersuchen lassen, wenn er kann. Das heißt", fügte er schnell hinzu, – der Zahnarzt setzte absichtlich ein neues Werkzeug in den Bohrer ein ,-„Ich war die letzten acht oder neun Jahre im Ausland."

„Abseits der Zivilisation vielleicht", sagte der Zahnarzt mitfühlend und verschaffte seiner operierenden Hand eine gute Hebelwirkung, indem er Hughies Unterkiefer als Drehpunkt nutzte.

"Ganz!" gurgelte Hughie, dessen Kopf im Moment fest an die Westenknöpfe seines Inquisitors geklammert war.

„Dann", sagte der Zahnarzt in deutlich besänftigtem Tonfall, „dürfen wir nicht zu streng mit Ihnen sein. Halten Sie bitte die Zunge runter!"

Er beendete seine Ausgrabungs- und Überschwemmungsarbeiten, schob bedauernd den Arm der Bohrmaschine weg und begann, den Mund seines Opfers mit etwas Material zu füllen, das wie verwesende Schwammtaschen schmeckte.

„Deine Zähne haben ihre Gesundheit auf ganz unerklärliche Weise bewahrt", fuhr er mit der Miene eines gerechten Mannes fort, der sich gewissenhaft bemüht, einen Kummer zu minimieren . „Hier gibt es noch ein weiteres kleines Loch", – er fuhr mit einem spitzen Gegenstand weit hinein, um seine Aussage zu beweisen – „aber darüber hinaus gibt es nichts weiter zu beanstanden."

Er begann, in einem kleinen Mörser eine geheimnisvolle Mischung zu zerstoßen, und fuhr fort:

„Sie müssen bei Ihrer Ernährung sehr vorsichtig gewesen sein."

„Keine Süßigkeiten", sagte Hughie lakonisch. „Und ich habe mein Fleisch früher sehr oft direkt vom Knochen gegessen. Das hält die Zähne weiß, nicht wahr?"

Der Zahnarzt legte den Mörser mit einiger Bedacht hin und starrte ihn an. Alles, was in Form von Leichtfertigkeit von den Insassen der Folterkammer ausgeht, beeinträchtigt das Gespür eines Oberpeinigers dafür, was beruflich angemessen ist. Aber Hughie lag mit offenem Mund und geschlossenen Augen im Stuhl und zeigte keinerlei Anzeichen einer humorvollen Absicht. Dennoch darf dies nicht noch einmal passieren. Der Zahnarzt sah sich nach einem Knebel um. Er holte irgendwo eine lange, schlangenförmige Gummianordnung hervor, die in einer hakenförmigen Düse endete. Dies hängte er über Hughies Unterarm οδονTων , wodurch seine Äußerung effektiv unterdrückt und sein Anteil an der Unterhaltung auf eine Art Morsecode aus einzelnen Gurgeln und langgezogenen Zischen reduziert wurde, die an das Entleeren einer Badewanne erinnern.

Dann nahm er seinen Mörser und fuhr mit der Miene eines Menschen fort, der die Kraft eines Riesen großmütig einsetzt :

„Vielleicht haben Sie die Antipoden besucht?"

„ Gug – guck – guggle!" ging von der mit Gummi ausgekleideten Öffnung vor ihm aus.

„Ah! Das muss sehr interessant gewesen sein", fuhr der Zahnarzt fort. „Hatten Sie viele Gelegenheiten, die Frage der Kolonialpräferenz mit den führenden Männern da draußen zu diskutieren?"

"Gluckern!" kam die Antwort.

„Das war bedauerlich. Aber vielleicht konnten Sie sich eine Vorstellung von der allgemeinen Haltung Australiens zu dieser Frage machen?"

„Grrrrr! Guggle, guggle! Ch'k , ch'k !" bemerkte Hughie.

„Persönlich", fuhr der Zahnarzt fort, während er die pulverisierte Substanz im Mörser zwischen Finger und Daumen rollte und eine Spirituslampe anzündete, „bin ich ein glühender Verfechter der Prinzipien dieses wirklich großen Mannes, des unsterblichen Richard Cobden. Sind Sie es?" ?"

Hughie, der einen Moment gedankenlos den Knebel hob, antwortete – mit verhängnisvoller Deutlichkeit.

Es war eine verrückte Tat. Der Zahnarzt nahm einfach ein humorvoll aussehendes, birnenförmiges Gerät, füllte es an der Spirituslampe mit rotglühender Luft und gab seinen Inhalt mit einem glühenden Strahl in den ausgegrabenen Zahn ab.

***

Zwanzig Minuten später wurde Hughie auf die Straße geführt und stand zweifelnd auf der Türschwelle. Er weiß nicht was zu tun ist.

Genau genommen hätte seine nächste Aufgabe darin bestehen sollen, Mr. Lance Gaymer beim Mittagessen zu unterhalten. Aber dieser Aufdecker betrügerischer Treuhänder hatte nicht auf Hughies schriftliche Einladung geantwortet. Daher die storchartige Haltung Hughies vor den Räumlichkeiten des Zahnarztes. Persönlich hatte er nicht die geringste Lust, Lance Gaymer beim Mittagessen oder einer anderen Mahlzeit zu unterhalten. Andererseits hatte er Joan versprochen, ihren Bruder aufzusuchen und sich zu erkundigen, ob mit ihm alles in Ordnung sei. Da der Berg sich also weigerte, zu Mohammed zu kommen oder auch nur seine Briefe zu beantworten, musste Mohammed seinen Stolz in die Tasche stecken und zum Berg gehen.

Der Prophet begrüßte dementsprechend ein Fuhrwerk und wies den Taxifahrer gerade an, zur Residenz des Berges in Maida Vale zu fahren – übrigens eine paradoxe Adresse für einen Berg –, als etwas Seltsames geschah. Nein, es war eine Vorsehung; denn wenn Hughie nicht entschlossen seinen Mut zusammengenommen und dem Zahnarzt gesagt hätte, er solle hineingehen und das kleine Loch im letzten Zahn schließen – eine Behandlung, die dieser zufriedene Genießer gerne auf eine andere Gelegenheit verschieben würde –, hätte er dieses Hansom begrüßt zwanzig Minuten früher und verpasste so seine gerechte Belohnung.

Mrs. Lance Gaymer kam plötzlich um eine Ecke des ruhigen Platzes und überquerte die Straße direkt vor Hughies Hansom. Hughie stieg ab und begrüßte sie.

„Warum", rief Mrs. Lance, „ich erkläre, es ist Mr. Marrable!"

Sie lächelte Hughie auf eine so berauschende Weise an, dass der Kutscher diskret in Richtung des Pferdes hustete. Dieses intelligente Tier gab keinen Kommentar ab, sondern drehte sich um und sah den Taxifahrer an.

„Ich freue mich, dich kennenzulernen!" sie fuhr schelmisch fort.

„Hat Ihr Mann gestern einen Brief von mir bekommen, Frau Gaymer, wissen Sie?" fragte Hughie.

Nein, Mrs. Gaymer war sich sicher, dass er das nicht getan hatte. Der arme Junge war vor einer Woche mit der „Grippe" zu Bett gegangen ; Mrs. Lance hatte also seine Korrespondenz für ihn geführt und konnte daher dafür bürgen, dass Hughies Brief nicht angekommen war . Sie wagte die Vermutung, dass Hughie möglicherweise an Maida Vale geschrieben hatte.

Ja. Hughie hatte.

„Das ist es dann!" sagte Frau Lance. „Wir sind vor sechs Wochen von dort weggezogen. Wir leben jetzt in Balham."

Hughie war mit den Kastenunterschieden in den Vorstädten nicht ausreichend vertraut, um sicher zu sein, ob dies ein Aufstieg oder ein Abstieg auf der sozialen Skala war, also äußerte er lediglich die Hoffnung, dass Lance wieder gesund würde.

„Wenn ich darf, möchte ich ihn besuchen kommen", sagte er. „Ich habe ihn gebeten, mit mir zu Mittag zu essen , aber ich denke, das kommt im Moment nicht in Frage."

„Da haben Sie Recht", sagte Mrs. Lance in deutlich zurückhaltendem Ton. „Er ist nicht das, was man als rüstig bezeichnen würde. Er trifft sich mit niemandem."

„Ich sollte nicht lange bleiben", drängte Hughie.

„Ist es ein Geschäft?" fragte Frau Gaymer mit einem Anflug von Feindseligkeit.

„Ja", sagte Hughie.

Mrs. Gaymer musterte ihn neugierig. Zu den meisten Menschen hätte sie schlicht und unwahr gesagt, dass ihr Mann nicht in der Lage sei, jemanden zu sehen, denn sie hatte ihre eigenen Gründe, Besucher in Balham gerade jetzt davon abzuhalten. Aber sie hegte schon immer eine Schwäche für Hugh Marrable . Er behandelte sie genauso, wie er alle Frauen behandelte – mit einer gewissenhaften Höflichkeit, die, obwohl sie leichtfertige Mädchen in seinem Bekanntenkreis ein wenig langweilte, von einer Dame, deren sozialer Status mehr als nur zweideutig war, in vollem Umfang geschätzt wurde. Nur wenn man insgeheim Zweifel daran hat, eine echte Dame zu sein, weiß man es zu schätzen, als solche behandelt zu werden.

„Könnten Sie morgen kommen?" sagte sie schließlich.

„Ich muss heute Abend nach Manors zurückkehren", sagte Hughie. „Könnte ich heute Nachmittag nach Balham kommen? Oder, noch besser, kommst du jetzt mit mir irgendwo zum Mittagessen und wir können danach dorthin fahren ? Oder musst du zum Kranken zurück?" fügte er mit einem Hauch von Hoffnung hinzu.

Mrs. Lance erklärte sich jedoch bereit, zum Mittagessen zu kommen, bestand jedoch darauf, mindestens eine Stunde vor Hughie nach Balham kommen zu dürfen. Das Haus war *so* unordentlich! Sie erklärte.

Dementsprechend überbrachte Hughie, nachdem er sich in Gedanken für ein Lokal entschieden hatte, in dem er wahrscheinlich keinem seiner eigenen Freunde begegnen würde und das dennoch Mrs. Gaymers Vorstellungen von ausreichend „stilvoll" entsprechen würde, seinen gerechten Auftrag dorthin Hansom; Und plötzlich beschäftigte er sich mit dem traditionellen *Nonplusultra* der Ausschweifung – der Bewirtung der Frau eines anderen Mannes zu einer Mahlzeit in einem öffentlichen Restaurant.

Nachdem Mrs. Lance ihre Bemühungen, ihrem Gastgeber klarzumachen, dass sie mit solchen Dingen durchaus vertraut sei, aufgegeben hatte, war sie amüsant genug. Sie sprach den Kellner – einen unartikulierten Germanen – mit „Johnny" an und legte Wert darauf, dem Manager ein paar Worte zu sagen, als er an ihrem Tisch vorbeikam. Sie rauchte nach dem Mittagessen eine Zigarette und war so freundlich, Hughies Champagnergeschmack zu loben – eine Marke, die er auf der Weinkarte verschwommen als das süßeste und klebrigste Getränk erkannt hatte, das jemals aus Stachelbeeren destilliert wurde. (Es war die Sorte Champagner , die gut zu Schokoladencremes passt: „Chorus Girls' Entire", erinnerte er sich, dass sie ihn früher nannten.) Auf jeden Fall fand er Mrs. Lances uneingeschränkte Zustimmung, und Hughie wurde das zum ersten Mal klar Schließlich kann eine Universitätsausbildung für einen späteren Zeitpunkt von Nutzen sein.

Plötzlich fragte Mrs. Lance : –

„Kennen Sie irgendwelche Theatermanager, mein lieber Junge?"

Ja, Hughie hatte ein oder zwei gefunden. "Warum?"

„Nun", sagte Mrs. Lance ausladend, „Sie haben mich immer wie Fleisch und Blut behandelt, was mehr ist als das, was einige Ihrer Verwandten getan haben; das sage ich Ihnen. Schließlich habe ich meine Gefühle.", gleich wie-"

„Was ist mit den Theatermanagern?" fragte Hughie taktvoll.

„Oh ja. Glaubst du, du könntest einen von ihnen bitten, mir einen Laden zu geben? Der Refrain würde reichen. Ich war schon einmal dabei", sagte Mrs. Gaymer offen.

„Warum willst du dorthin zurück?"

„Ich – ich habe Lust darauf – das ist alles", antwortete Frau Gaymer in einem durchaus nicht überzeugenden Ton.

Hughie fragte sich, ob Lance und seine Frau einander langsam überdrüssig wurden.

„Ich kenne ein oder zwei Männer", sagte er, „ die sich für einige der Musical-Comedy-Syndikate interessieren. Soll ich es mit denen versuchen?"

„Werden Sie das tun ? Wenn Sie das tun, werden Sie eine Ente sein", sagte Mrs. Gaymer.

Nach der Übergabe dieses unaufgeforderten Zeugnisses bemerkte Hughies Gast, dass sie wohl auf dem Heimweg sei, und nachdem Hughie sie in ein Taxi gesetzt und den Fahrer bezahlt hatte, zog er sich, mit zähflüssigem Champagner verstopft und sich übermäßig unwohl fühlend, in seinen Club zurück, um dort zu warten, bis es soweit war sei es Zeit für ihn, ihr zu folgen.

Wenn man sich die doppelte Reihe förderfähiger Wohnungen anschaut, die die Talbot Street in Balham bilden, hätte man kaum vermutet, dass eine von ihnen das unterstützen würde, was das Inland Revenue Schedule als „männlichen Diener" bezeichnet. Und doch, als Hughie bei Nummer Neunzehn klingelte, wurde die Tür von einem solchen Wohlstandsgespann geöffnet. Er war ein älterer Herr mit einem tränenden, aber humorvollen Auge und einer Nase, die auf frühere Stadien einer Elefantiasis hindeutete. Er trug einen Frack von ausgesprochen modischem Schnitt (der ihm natürlich nicht passte) und das reguläre weiße Hemd mit Kragen, wobei letzterer zwei Nummern zu klein war; aber seine Stiefel und Hosen gehörten offenbar einer ganz anderen Gesellschaftsschicht an.

„Name von Marrable ?" erkundigte er sich und lächelte Hughie wohlwollend an.

"Ja."

„Treten Sie ein. Wir haben schon seit einer halben Stunde auf Sie gewartet . Wischen Sie Ihre Stiefel nicht auf der Matte ab. Das ist eins und acht wert."

Nach dieser einigermaßen bemerkenswerten Zuversicht führte der Haushofmeister der Gaymers den Besucher nach oben. Hier öffnete er mit wahrhaft theatralischer Erhabenheit eine Tür und verkündete:

„' Hier ist der junge Kerl für dich, mein De-"

„Danke, James, das reicht", warf Mrs. Lance Gaymer ein, mit einer sehr guten Nachahmung der Art einer Musical-Komödie-Herzogin. „Wie geht es Ihnen, Herr Marrable ?"

Sie trug die verblasste Pracht eines Teekleides, dessen Material eher protzig als haltbar war; und sah im Dämmerlicht des Salons – die Jalousien waren teilweise heruntergelassen – auf eine kitschige Art äußerst hübsch aus.

Sie entschuldigte sich für die Vertrautheit ihres Vorgesetzten. Mr. Marrable würde zweifellos wissen, was alte Diener waren. Dennoch muss unbedingt mit James darüber gesprochen werden .

„Du trinkst eine Tasse Tee mit mir", fuhr sie fort, „und dann kommen wir vorbei und sehen Lance, Junge! Klingel bitte, bitte."

Hughie tat es, und es folgte eine ziemlich anstrengende Viertelstunde. Er bahnte sich seinen Weg durch einen Sumpf unwahrscheinlicher Themen, während Mrs. Lance, die sichtlich beunruhigt darüber war, dass es keinen Tee gab, *verzweifelt* einsilbig antwortete. Hughie war sich etwa in der Mitte des Gesprächs bewusst, dass in den unteren Regionen ein leises Krachen zu hören war, und fragte sich dunkel, ob das Unglück das Nachmittagsessen heimgesucht hatte. Wenn ja, hatte er keinen Zweifel daran, wer vom Hauspersonal von Nummer Neunzehn dafür verantwortlich war.

Endlich öffnete sich die Tür und der unschätzbare James erschien.

„Diesmal hast du es geschafft!" bemerkte er ernst. „Das Gefühl dieser Teekanne kam mir sofort in den Sinn. Das muss schon so lange gewesen sein. Du wirst jetzt keinen Tee mehr bekommen. Und außerdem wird diese Teekanne noch kommen . " weg von der Erfindung –"

trieb Mrs. Lance Gaymer ihren tadelnden Tagelöhner mit stummen, aber hektischen Zeichen durch die Tür, und seine abschließenden Bemerkungen gingen draußen im Flur unter.

Bald darauf kehrte sie zurück und lächelte tapfer. Hughie empfand plötzlich Mitleid und Bewunderung. Lances Frau war schließlich die richtige Art von Mädchen.

„Ich muss mich *wirklich* entschuldigen –", begann sie.

Aber Hughie unterbrach sie. Er stand auf und sah ihr offen ins Gesicht.

„Mrs. Gaymer", sagte er, „bitte machen Sie sich bei mir nicht die Mühe, den Schein zu wahren. Ich habe mich nie darum gekümmert und werde es auch nie tun. Sagen Sie mir, was machen Sie mit einem Gerichtsvollzieher im Haus?"

Mrs. Lance brach zusammen und weinte – vor allem vor Erleichterung – und plötzlich saß Hughie zu seiner großen Überraschung neben ihr, tätschelte ihre große, aber wohlgeformte Hand und flüsterte ihr tröstende und ermutigende Worte ins Ohr.

---

im schäbigen Esszimmer unten ein Gespräch mit Mr. Albert Mould , dem Makler – dem verstorbenen James, dem Butler. Der letztgenannte Herr, dessen prächtigere Kleidungsstücke jetzt durch Kleidungsstücke von gleichem gesellschaftlichen Ansehen wie seine Stiefel und Hosen ersetzt worden waren, schrieb mühsam eine Quittung mit Hughies Füllfederhalter und folgte den Bewegungen der Feder mit der Spitze einer hervorstehenden Zunge. Bald war er fertig.

„Da sind Sie, Sir", sagte er und atmete schwer auf das Papier, um die Tinte zu trocknen. „Siebenundzwanzig, fünfzehn, acht – und danke! Was mich beeindruckt", fügte er nachdenklich hinzu, „ist, wie du mich entdeckt hast. Was hat mich verraten? Mir scheint, ich sah *ganz* gut aus. Ich habe das getragen ." Der Abendmantel des jungen Kerls und eines seiner Hemden, und ich dachte die ganze Zeit, ich sähe wie ein Leckerbissen aus. War es meine Hose ?"

Um die Gefühle seines Gastes nicht zu verletzen, stimmte Hughie zu, dass es seine Hose *sei* .

„Es ist ein seltsamer Handel, dieser von Ihnen", sagte er.

Irgendwie muss man seinen Lebensunterhalt verdienen " , sagte Mr. Mould entschuldigend, „genauso wie jede andere Eibenbohne . Es ist kein schlechter Job, wenn man bedenkt, wie Jobs eben sind. Sie machen natürlich viel weiter, wenn man Zuerst wird man reingelegt, und normalerweise weint die Frau; aber sie findet es bald heraus, weil man ihnen keinen Arm geben will. Du machst deine Bestandsaufnahme und machst es dir in der Küche gemütlich , mit einem Pint von irgendetwas in deiner Hand und einem „Eine Pfeife in deinem Gesicht, und in weniger als einem Handumdrehen bist du fast ein Mitglied der Familie . Naja, ich habe es schon früher geschafft , das Baby zu waschen."

„Wirst du nie rausgeworfen?" fragte Hughie.

„Das bin ich " , antwortete Mr. Mould in einem Tonfall, der sanft die Taktlosigkeit der Frage tadelte, „aber nicht oft. Schließlich komme ich nur *rein .* " agin ; und es handelt sich um sieben Tage wegen Körperverletzung, Vergewaltigung , zusätzlich zur Zwangsvollstreckung. Die meisten von ihnen haben das Gefühl, sich daran zu erinnern, also belustigen sie mich sozusagen . Sie reden fair mit mir und geben mir Aufgaben im Haushalt. Trotzdem war es eine kleine Überraschung, als meine Ladyschaft heute gegen zwei Uhr zu mir kommt und mich fragt, ob mir eine Krone guttun würde und wenn ja, ob es mir etwas ausmachen würde, mitzuspielen . ein oder zwei Stunden lang ein Butler sein . Ich kam mir irgendwie wie ein Idiot vor, wenn ich so gekleidet war, aber ich war immer der Typ, der einem Rock entgegenkam. „Ich war von klein auf schwach gegenüber Frauen", fügte er autobiografisch hinzu. „Das ist für mich?", als Hughie die Haustür öffnete und den Abschiedsgast auf eine besonders akzeptable Art und Weise begrüßte. „Vielen Dank, Kapitän! *Guten* Tag!"

Er schlurfte die Stufen hinunter und die Straße entlang, offensichtlich auf dem Weg, Hughies halbe Krone abzulösen, und der Spender dieses Trinkgelds kehrte ins Esszimmer zurück, wo er Mr. Moulds mühsam geschriebene Quittung vom Tisch nahm. Dann ging er nach oben und hatte großes Mitleid mit Mr. und Mrs. Lance. Er hatte auf seine überaus praktische Art und Weise für sie getan, was er konnte, und sie wieder auf die Beine gestellt; aber – für wie lange? Schulden! Mühlsteine! Arme Dinger!

Auf dem Treppenabsatz begegnete er Mrs. Gaymer mit großen Augen und ungläubig.

„Lance würde dich jetzt gerne sehen", sagte sie. "Hier drin!" Sie öffnete eine Tür. „Und – und – ich sage", fügte sie halb flüsternd hinzu, „Sie wollen doch sicher nicht sagen, dass er gegähnt hat *!* "

Als Antwort reichte Hughie ihr unbeholfen die abgestempelte Quittung und ging ins Schlafzimmer.

Sein Interview mit Lance dauerte anderthalb Stunden. In dieser Zeit passierte viel zwischen ihnen, und als Hughie aufstand und sagte, er müsse gehen, hatte jeder seine Meinung über den anderen völlig revidiert. Die meisten von uns haben das Richtige irgendwo in sich verborgen, wie stark es auch von Torheit, Eitelkeit oder dem Wunsch, eine Show zu machen, überlagert sein mag. Es gibt nur wenige Männer, die ihre Bekanntschaft nicht verbessern , wenn man erst einmal durch die Fassade gelangt.

Der arme Lance, der sich in tiefen Gewässern abmühte, entdeckte plötzlich in dem mürrischen und unauffälligen Hughie einen fröhlichen Helfer und – was für ein stolzes Wesen am wertvollsten ist – einen völlig unkritischen Vertrauten. Hughie seinerseits entdeckte, was er zuvor eher bezweifelt hatte, nämlich, dass Lance ein Mann war. Darüber hinaus enthüllte er nun eine wahrhaft menschliche und ziemlich traurige Geschichte von echtem Können und geheimem Ehrgeiz, stark beeinträchtigt durch jugendliche Selbstsicherheit und Mangel an Ballast.

Sie diskutierten in diesem schmuddeligen Schlafzimmer über viele Dinge: Lances Vergangenheit; Onkel Jimmys kleines Taschengeld, viele Jahre im Voraus verpfändet; die Gläubiger, denen er zusammen mit dem Gesetz des Landes die Anwesenheit des vielseitigen Herrn Mould unter seinem Dach zu verdanken hatte ; seine Zukunft; die journalistische Arbeit, die ihm versprochen wurde, sobald er wieder fit sein sollte; Frau Lance; und auch Herr Haliburton.

Joans Name wurde kaum erwähnt. Lance zeigte in dieser Angelegenheit ein neugeborenes Feingefühl. Seine aufdringliche Fürsorge für seine Schwester war erloschen; Er wusste jetzt, dass keine Frau jemals bereuen musste , Hugh Marrable vertraut zu haben ; und er begnügte sich damit, es dabei zu belassen.

„Nun, ich muss umziehen", sagte Hughie schließlich. „Mach dich fit und werde fit! Es ist schön zu hören , dass Arbeit auf dich wartet, wenn du wieder unterwegs bist. Grand Tonic, das! Bis dann!"

Er schüttelte Lance die Hand und die beiden trennten sich unauffällig. Lance hielt keine feste Rede: Er schätzte Hughies Wunsch, dass es keine Danksagungen oder zerknirschten Dankbarkeitsbekundungen geben sollte. Er sagte nur : –

„Hughie, du bist ein Sportler!"

Dann ließ er sich mit einem glücklichen Seufzer auf seinem Kissen nieder. Er hatte Hughie das höchste Kompliment gemacht, das er zu machen vermochte – und das kostet einen Engländer Mühe.

Also trennten sie sich. Aber Mrs. Lance ließ Hughie nicht so leicht davonkommen. Als sie ihn nach unten begleitete, um ihm die Tür zu öffnen, ergriff sie plötzlich seine Hand und küsste sie. Tränen liefen ihr über die Wangen.

Hughie wurde rot.

„Ich sage, Mrs. Lance", sagte er in unbeholfenem Tonfall, „es ist alles in Ordnung, wissen Sie! Es wird ihm bald wieder ganz gut gehen."

„Lass mich weinen", sagte Mrs. Lance entspannt. „Es tut mir gut."

Sie standen zusammen in der Dunkelheit der schäbigen kleinen Halle, und Hughie, der die extravagante, aber heimelige Gestalt vor sich betrachtete, fragte sich, was die Zukunft für diesen kleinen Haushalt bereithalten würde. Es hing natürlich alles davon ab –

„Mrs. Lance", sagte er plötzlich, „sag mir – liebst du ihn?"

"Ich tue!" antwortete Mrs. Lance mit einer Stimme, die ihr Patschuli und ihre gefärbten Augenbrauen für einen Moment ins Nichts verbannte.

„Und liebt er dich?"

„Das *tut er* – Gott sei Dank!"

„Dann geht es euch beiden gut", sagte Hughie und nickte weise. „Nichts ist wichtig – außer das!"

„Das stimmt", sagte Frau Gaymer. „Aber – ich frage mich, woher *du das* wusstest!" fügte sie neugierig hinzu.

"Auf Wiedersehen!" sagte Hughie.

Als Hughie auf der dunkel werdenden Straße stand, begann eine Kirchenuhr zu läuten. Er schaute auf seine Uhr.

Es war sechs Uhr und er hatte treu versprochen, um acht bei Joeys Unterhaltung zu sein! Er hatte zwar gute Gründe für seine Abwesenheit, aber ein Grund wird nicht immer als Entschuldigung akzeptiert.

„Diesmal habe ich es ziemlich zerrissen!" dachte er mürrisch.

Er hatte recht.

Früh am nächsten Morgen kam er mit dem Zeitungszug am Dorfbahnhof an und machte sich zu Fuß auf den Weg nach Manors. Ein schläfriges Hausmädchen fegte gerade den Flur, der mit *Konfetti übersät war* – bei den Feierlichkeiten gestern Abend waren einige Cotillion-Figuren dabei gewesen –, und als Hughie sich auf den Weg zu seinem Ankleidezimmer machte, um vor dem Frühstück ein Bad zu nehmen und sich zu rasieren, kam er Nicht ohne Genugtuung dachte er darüber nach, dass Joey trotz der bevorstehenden Wutausbrüche etwas entgangen war, indem er seinen Zug verpasst hatte.

Auf seinem Frisiertisch fand er eine Notiz, die in Joans Handschrift an ihn adressiert war. Es sagte:-

LIEBER HUGHIE , heute Abend hat mich Mr. Haliburton beim Tanz gebeten, ihn zu heiraten. Da ich vor allem ein pflichtbewusster Mündel bin, habe ich ihn an Sie verwiesen. Er kommt morgen Nachmittag zu Ihnen, wenn Sie zurück sind. Ich hoffe, Sie hatten eine schöne Zeit in der Stadt. J.

Kapitel XVIII

EX MASCHINE

MISS JOAN GAYMER , angenehm müde nach der Ausschweifung der letzten Nacht, lehnte sich in einem Segeltuchstuhl auf dem Rasen von Manors zurück. Sie hatte gerade einen Brief zu Ende gelesen, der mit der Nachmittagspost angekommen war. Es war von ihrem Bruder Lance und brachte, wahrscheinlich viel ausführlicher als Hughie selbst es getan hätte, die Gründe für Hughies Abwesenheit am Abend zuvor zum Ausdruck. Joan runzelte nachdenklich die Stirn, und sie betrachtete die Spitzen ihrer kleinen Schuhe, die in undamenhafter Höhe auf einem Hocker vor ihr standen, mit einer Tiefe jungfräulicher Meditation, die vielleicht damit zu erklären war, dass sie einen Heiratsantrag erhalten hatte Ich hatte am Abend zuvor den Antrag auf Heirat gestellt und erwartete, dass der Heiratsantrag jederzeit kommen und seinen eigenen Antrag unterstützen würde.

Zu ihr trat plötzlich Jno ein . Alex. Goble.

„Yon Kumpel!" deutete er streng an.

„Mr. Haliburton, meinen Sie, John?" fragte Miss Gaymer und ließ hastig ihre Füße sinken.

„Aye. Soll ich ihn hier loslassen ?"

„Ja, bitte. Nein – ich meine –"

Aber Amors Bote war verschwunden. Bald darauf kehrte er zurück und verkündete Herrn Haliburton mit der Miene, als würde er den Gerichtsmediziner dem Vorarbeiter der Jury vorstellen.

Dieser glühende Verehrer schritt galant über den Rasen, ergriff mit einer Miene respektvollen Entzückens Joans Hand und versuchte , seinen Besitzer in den Schatten der Blutbuche zu locken. Joan kam seinen Absichten zuvor , indem sie sofort sagte:

„Kommen Sie mit in die Bibliothek, Mr. Haliburton, und wir werden sehen, was mein Vormund Ihnen zu sagen hat."

Herr Haliburton deutete an, dass es keine Eile gäbe, und bezog sich ausdrücklich auf Amaryllis und den Schatten; aber seine unsentimentale Nymphe führte ihn zügig über den Rasen, um die Ecke des Hauses und zur Vordertür hinein.

Sie durchquerten den kühlen, dunklen Flur und Joan klopfte an die Eichentür der Bibliothek.

„Kommen Sie herein", sagte eine Stimme.

Die Liebenden traten ein.

„Ich habe Mr. Haliburton zu Ihnen gebracht, Hughie", bemerkte Miss Gaymer, so als würde man die Ankunft einer Person ankündigen, die den Gaszähler überprüfen soll.

Mr. Haliburton, der nicht der Mann war, der sich verlegen zeigte, ob er es nun spürte oder nicht, betrat mühelos den Raum. Joan betrachtete seinen geraden Rücken und seine kantigen Schultern, als er an ihr vorbeiging, und ihre Mundwinkel zuckten ganz leicht.

Dann sah sie Hughie an. Es war ihr erstes Treffen mit ihm seit seiner Rückkehr nach Hause an diesem Morgen. Er hatte auf ihren Brief mit einem anderen geantwortet und gesagt, dass er um fünf Uhr in der Bibliothek sein würde. Es gab kein Zucken um seinen Mund. Es war verschlossen wie eine Stahlfalle; und er stand mit dem Rücken zum Holzfeuer, das im Kamin glühte – es war schon September und kalt von der Sonne – mit absoluter Gleichgültigkeit. Joan erkannte auf den ersten Blick, dass die Handlungslinie ihres Vormunds, wie schwierig die Lage auch sein mochte, nun feststand und er sich entschieden hatte – in die eine oder andere Richtung.

Sie ließ sich in einen Sessel fallen.

„Jetzt, ihr zwei", bemerkte sie ermutigend, „machen Sie sich an die Arbeit! Ich möchte hören, was jeder von Ihnen über meine Zukunft zu sagen hat. Es wird ziemlich aufregend sein – als würde ich zu einem Handlesekünstler gehen!"

Die beiden Männer drehten sich um und betrachteten sie mit unverstellter Überraschung. Damit hatten sie nicht gerechnet. Haliburton begann schnell zu überlegen, ob Joans Anwesenheit ihm helfen würde oder nicht. Aber Hughie sagte sofort: –

„Du musst uns bitte in Ruhe lassen, Joan! Ich kann unmöglich zulassen, dass du bleibst."

Joan lehnte sich in ihrem Stuhl zurück und lächelte ihn ehrlich gesagt rebellisch an . Sie hatte es noch nie versäumt, einen Mann zu „managen", wenn sie es so sehr wünschte. Hughie betrachtete sie mit steinernem Blick; aber zwei Minuten, so rechnete sie, würden ihn ausreichend geschmeidig machen.

Sie lag falsch. Am Ende dieser Zeit wartete Hughie immer noch sehnsüchtig darauf, dass sie den Raum verließ. Joan, ein wenig überrascht über seine Hartnäckigkeit, bemerkte:

„Wenn Sie Einwände gegen – gegen Mr. Haliburtons Vorschläge haben, Hughie, denke ich, dass ich mir anhören sollte, was die Einwände sind."

„Bevor Sie gehen", sagte Hughie in ruhigem Tonfall, „werde ich Ihnen eines sagen – und das sollte genügen. Es ist das. Es besteht nicht die geringste Aussicht darauf, dass diese Verlobung zustande kommt. Meine Gründe dafür: Ich bin bereit, es Herrn Haliburton zu geben, und wenn er es für richtig hält, kann er es Ihnen später mitteilen. Aber ich glaube nicht, dass er es tun wird. Wollen Sie uns jetzt bitte verlassen?"

Joan war wirklich erstaunt. Aber sie beherrschte sich. Sie war entschlossen, die Sache jetzt zu klären. Die ganze Frau in ihr – und sie war ganz Frau – reagierte auf die Herausforderung, die in Hughies diktatorischer Haltung lag. Außerdem war sie furchtbar neugierig.

Sie stieß einen traurigen kleinen Seufzer aus und machte ein gewisses schamloses Spiel mit ihren Augen, von dem sie wusste, dass es den armen Hughie bis zur Verzweiflung rührte, und betrachtete das Ergebnis mit einiger Befriedigung durch die herabhängenden Wimpern . Hughies Mund war fest geschlossen und er atmete durch die Nase; und Joan konnte einen kleinen Puls in seiner rechten Schläfe schlagen sehen. (Im Moment hatten beide den glühenden Verehrer am Fenster vergessen.) Sie würde sich in Kürze durchsetzen.

Aber leider! Sie hatte eine männliche Waffe vergessen, gegen die alle Frauenstimmen der Welt im Notfall nichts nützen werden.

Hughie lockerte plötzlich seine Haltung und ging zur Tür, die er ihr offen hielt.

„ *Sofort* , bitte!" sagte er mit einer Stimme, die Joan noch nie zuvor gehört hatte, obwohl viele Männer sie gehört hatten.

Ohne genau zu wissen, warum, erhob sich Miss Gaymer sanftmütig von ihrem Stuhl und verließ den Raum. Die Tür schloss sich hinter ihr.

Als Joan sich wieder auf dem Rasen befand , keuchte sie ein wenig.

"Oh!" sagte sie atemlos. „Ich – ich fühle mich gerade, als hätte mich eine große Welle ins Gesicht getroffen! Dieses Spiel verläuft nicht ganz so, wie du es erwartet hast, Joey, mein Kind: Der Mann, Hughie, hat einen Vorsprung! Trotzdem nehme ich an es ein anderes Mal aus ihm heraus. Aber – Himmel!" – Sie starrte, wie Rotkäppchen bei einem historischen Anlass, auf eine liegende Gestalt in ihrem Segeltuchstuhl unter der Blutbuche – „Wer zum *Teufel* ist das auf meinem Stuhl?" Es ist – es ist – oh! Joey Gaymer, du

bist hysterisch! Es ist – es ist – Onkel Jimmy! *Onkel Jimmy! ... Mein Onkel –*
Jimmy!"

Im nächsten Moment ruhte sie bequem, ein zerstreutes Bündel aus
Tränen und Gelächter, in den Armen von Jimmy Marrable .

„Ein bisschen plötzlich – was, junge Dame?" fragte dieser Herr
schließlich. „Ich hätte wohl schreiben sollen. Aber ich habe ganz vergessen,
dass ihr alle denken würdet, ich sei tot. Egal – das bin ich nicht!"

Er putzte sich lautstark die Nase, um seine Aussage zu untermauern.

Joan, die endlich davon überzeugt war, dass er real war, und sehr
erleichtert, als sie feststellte, dass sie nicht unter hysterischen
Wahnvorstellungen litt, die auf Hughies brutale Behandlung ihr gegenüber
zurückzuführen waren, erkundigte sich eindringlich bei dem
Schulschwänzer, wo er die letzten fünf Jahre gewesen sei.

Jimmy Marrable hat es ihr erzählt. Es war eine lange Geschichte, und
der Schatten der Blutbuche war merklich länger geworden, als der Erzähler
sich in Sansibar zum Hafen von Leith eingeschifft hatte. Sie hatten den
Garten für sich allein, denn die Leroys waren draußen.

„Ich möchte keine Abenteuer mehr hören, weil ich einfach vor Fragen
platze", sagte Miss Gaymer ganz offen. „Erstens: Warum bist du
weggegangen? Du bist so in Eile davongeeilt, dass du keine Zeit hattest, es
zu erklären. Ich war damals kaum achtzehn."

„Es war das alte Versagen – die Marrable- Wanderneigung", antwortete
ihr Onkel. „Ich hatte es fast fünfzehn Jahre lang ganz leicht in Schach
gehalten, aber ungefähr zu dieser Zeit kam es sehr hart und plötzlich zurück."

"Warum?"

„Teilweise glaube ich, weil das Einzige, was mich all die Jahre zu Hause
gehalten hatte, mir zu entgleiten schien."

„ *Das war ich nicht* !" erklärte Miss Gaymer energisch. Dann dachte sie
nach. „Meinst du – all diese dummen Jungs? Waren es sie?"

„Das war es", sagte Jimmy Marrable . „Sie haben mir nicht nur die Nase
verdreht, sondern mich auch zu Tode gelangweilt."

„Alles in allem waren Sie es immer wert, Liebes", sagte Miss Gaymer
liebevoll.

„Das wusste ich", antwortete Jimmy Marrable bescheiden, „aber ich
war mir nicht ganz sicher, ob Sie es wussten. Ich sah, dass Sie in den nächsten
zwei oder drei Jahren gesund und unschuldig damit beschäftigt sein würden,
junge Männer zum Narren zu halten, und das könnten Sie auch." Ich kann

es mir gut leisten, auf den alten Wrack eines Orkels zu verzichten. Der ernste Teil würde erst kommen, wenn man im heiratsfähigen Alter wäre. Also habe ich in der Zwischenzeit beschlossen, mir noch eine letzte Töpferreise um den Globus zu gönnen , und dann Kommen Sie in ein paar Jahren oder so nach Hause und übernehmen Sie die lästigen Pflichten des Ausflüchtens.

„Warum bist du dann so lange weggeblieben?" fragte Miss Gaymer.

„Weil ich gehört habe, dass Hughie nach Hause gekommen ist", sagte Jimmy Marrable schlicht.

Joan zuckte schuldbewusst zusammen und ihre Hand, die in der des alten Herrn ruhte, lockerte für einen Moment ihren Griff. Jimmy Marrable bemerkte nichts und fuhr fort:

„Ich habe die Nachricht von ihm von einem Mann in Kapstadt bekommen. Sein Name war Allerton. Er schien ein bisschen wie ein rollender Stein zu sein, hatte aber kürzlich die Besitzerin eines kleinen Wirtshauses geheiratet, nach Wynberg-Art, und lebte sehr zufrieden und zufrieden Seine Frau betrachtete seine Gefangennahme als den krönenden Abschluss ihres Lebens, und insgesamt waren sie ein überaus hingebungsvolles Paar. Als er hörte, dass mein Name Marrable sei , sagte er, er sei sich sicher, dass ich Hughies Onkel sei, wie Hughie ihm gesagt hatte Die einzige Beziehung, die er hatte. Er war gewissermaßen ein Gentleman und schien Freund Hughie als eine Art Kreuzung zwischen der Vorsehung und dem Felsen von Gibraltar zu betrachten. Sie hatten einige ziemlich schwere Zeiten zusammen durchgemacht – an Bord der Orinoco, nehme ich an Hughie hat dir das schon oft erzählt?

Joan schüttelte den Kopf.

„Nein? Nun ja, es sah so aus, als würde er es nicht tun. Allerton sagte mir jedoch mit Gewissheit, dass Hughie nun endgültig zu Hause sei; also wusste ich, dass meine Pläne doch aufgegangen waren und dass ich mich nicht beeilen musste. Mein kleines Mädchen war in Sicherheit.

Er seufzte zufrieden und tätschelte Joans Hand.

„Ich bin ein glückliches altes Fossil, Joey", sagte er. „Ich habe immer auf ungeschickte Weise geplant, dies herbeizuführen, und jetzt ist es passiert. ,Es gibt eine Göttlichkeit, die unsere Ziele bestimmt', wissen Sie. Und jetzt, nehme ich an, sind Sie die Herrin dieses alten Hauses. Wie lange warst du mal verheiratet?"

„Das sind wir nicht", sagte Joan mit sehr leiser Stimme.

"Nicht was?"

"Verheiratet."

Sie hob zur Bestätigung ihre ringlose Hand. Jimmy Marrable hat es inspiziert.

„Wo ist dein Verlobungsring?" er forderte an.

Joan hatte das Gefühl, dass eine schlimme Zeit bevorstand – besonders für Onkel Jimmy.

„Wir – wir sind nicht verlobt", stockte sie. Dann fuhr sie schnell fort, denn auf Jimmy Marrables braunem und faltigem Gesicht lag ein Ausdruck, der ihr Angst machte, und sie wollte die Erklärung hinter sich bringen: „Hughie und ich haben uns nicht wirklich umeinander gekümmert – in dieser Hinsicht. Nein, ich" „Ich bin ein Lügner. Hughie war *mir* in dieser Hinsicht egal."

„Dann hat er dich gefragt?"

"Ja."

„Und du – würdest – nicht?"

Joan nickte. Sie kam sich plötzlich unverhältnismäßig gemein und verabscheuungswürdig vor. Sie hatte es in gutem Glauben abgelehnt, Hughie zu heiraten, wozu sie vollkommen berechtigt war, und zwar aus dem völlig ausreichenden Grund, dass sie ihn – oder seine Art, die Dinge auszudrücken – nicht gut genug mochte; und sie hatte zu diesem Zeitpunkt keine besonderen Bedenken gehabt, den Schlag auszuführen. Aber keiner dieser Gründe schien eine Entschuldigung dafür zu sein, Onkel Jimmy zu verletzen.

Seitdem hatten sich auch ihre Gefühle gegenüber Hughie selbst in einem Ausmaß verändert, das ihr gerade erst klar wurde . In letzter Zeit hatte sie ein ganz besonderes Interesse an Hughies Bewegungen entwickelt. Warum, wusste sie kaum. Er schenkte ihr wenig Aufmerksamkeit; er war stets kompromisslos bei der Erfüllung seiner Pflichten; und er hatte ein schockierendes Durcheinander in ihren Angelegenheiten angerichtet. Aber – er war in Schwierigkeiten; die Leute waren auf ihn herab; und er war ihr Freund gewesen, seit sie denken konnte.

Nun war Joan Gaymer, wenn sie nichts anderes war, loyal; und die Loyalität einer Frau lebt eher von Widrigkeiten als von anderen. Und die Loyalität einer Frau gegenüber einem Mann, der ihr Freund ist, wird sich, wenn man versucht, sie zu überfordern oder in die Enge zu treiben, in neun von zehn Fällen wie Proteus schützen, indem sie sich in etwas völlig anderes verwandelt, in etwas , das ist völlig unempfindlich gegenüber Angriffen von außen und kann nur von einer Person bis zum Zerreißen beansprucht werden – dem Mann selbst; Und das nicht immer, wie unzählige unwürdige Ehemänner wissen. Joans Loyalität gegenüber Hughie befand sich in einem solchen Übergangsprozess. Sie dachte viel an ihn, hatte sich aber noch nie mit der Frage beschäftigt, welche Beziehung sie letztendlich zu ihm haben würde. Das moderne Mädchen neigt nicht dazu, seine eigenen Gefühle gegenüber Angehörigen des anderen Geschlechts offen zu analysieren – sie betrachtet diese Übungen als „frühviktorianisch", „sentimental" oder „weiblich"; und folglich hatte Joan sich nie ehrlich gefragt, was sie wirklich über Hughie Marrable dachte . Manchmal, etwa wenn sie hörte, wie Leute hinter seinem Rücken schlecht über ihren Stellvertreter redeten, war ihr bewusst gewesen, dass sie heiß und wütend war; ein anderes Mal, wenn etwas geschah, das ihr die Schwierigkeiten, die Hughie durchlitt, mit besonderer Eindringlichkeit vor Augen führte, war sie sich einer großen und schwachen Entschlossenheit bewusst, „es wieder gut zu machen", auf irgendeine noch undefinierte Weise und irgendwann noch nicht spezifiziert. Kurz gesagt, wie viele Töchter Evas vor ihr hatte sie ihren eigenen Verstand nicht gekannt. Sie wusste es jetzt. Ihr Herz schlug sie.

unterbrach Jimmy Marrables Stimme die eher unerwartete, aber nicht ganz unvernünftige Frage:

„Wenn Sie dann weder mit Hughie verlobt noch mit ihm verheiratet sind , darf ich Sie dann fragen, was zum Teufel Sie in seinem Haus machen?"

„Es ist nicht sein Haus", antwortete Joan und erinnerte sich an ihre flüchtige Aufmerksamkeit auf die ziemlich jähzornige Gestalt an ihrer Seite. „Er hat es den Leroys vermietet , und er und ich wohnen gerade beide als Gäste hier."

„Warum zum Teufel wollte der Junge das Haus vermieten? Warum konnten Sie und die Leroys nicht als *seine* Gäste hier übernachten ?"

„Ich denke", sagte Miss Gaymer vorsichtig, „dass es Hughie ziemlich schwer geht."

„Schwierig? So was! Er hat achthundert im Jahr und so viel Geld, dass er sich selbst finanzieren kann, ohne dass ihm dafür Kosten entstehen. Wie viel mehr will er?"

„Ich glaube nicht, dass Hughie ein sehr guter Geschäftsmann ist", sagte Joan.

Mit dieser Bemerkung verteidigte sie Hughie aufrichtig , so wie eine Mutter sagen würde: „Ah, aber er *hatte schon immer* eine schwache Brust!" als ihr Nachwuchs im Halbmeilen-Handicap den letzten Platz belegt. Aber Jimmy Marrable , ein Mann, empfand den Vorschlag als Vorwurf.

"Unsinn!" sagte er gereizt. „Hughie hat einen ebenso harten Kopf wie jeder andere Mann, den ich kenne. Was meinst du damit, ihn niederzumachen? Kannst du dich über die Art und Weise, wie er *deine* Angelegenheiten gehandhabt hat, beschweren?"

„Überhaupt nichts", sagte Joan prompt.

„Aber – segne meine Seele!" rief Jimmy Marrable ; „Ich habe es vergessen! Du hast nicht – " Er hielt inne und schien in seinem Kopf an einem schwer verständlichen Problem zu arbeiten. „Schau her, Joey", fuhr er sofort fort, „wovon lebst du, wenn du nicht mit Hughie verheiratet bist?"

Joan starrte ihn erstaunt an.

„Auf das Geld, das du für mich hinterlassen hast", sagte sie. "Was sonst?"

Der alte Herr betrachtete sie einen Moment lang aufmerksam und sagte dann:

„Natürlich: Ich habe es vergessen. Ich nehme an, Hughie zahlt es dir vierteljährlich."

„Ja – auf mein Bankkonto", antwortete Miss Gaymer mit einem Anflug von Stolz.

"Wie viel?"

„Ist das *ganz* fair zu sagen?" fragte Joan und beschützte instinktiv ihren betrügerischen Treuhänder.

„Natürlich. Es war zunächst mein Geld. Sagen Sie mal – wie viel?"

„Vierhundert pro Jahr", sagte Joan. „Zuerst waren es dreihundert. Hughie sagte mir, du hättest nicht so viel zurückgelassen, wie er erwartet hatte, und dass ich vorsichtig sein müsste. Aber Ursula Harbord – sie ist das Mädchen, mit dem ich eine Wohnung teile: Sie ist furchtbar schlau, was das angeht Geld und Geschäft – sagte mir, ich solle Hughie fragen, welche Zinsen ich auf mein Kapital bekomme oder so. Ich fand es für sie heraus – vier Prozent, glaube ich – und sie sagte, das sei nicht der Fall *fast* genug. Es gab so genannte Vorzugsaktien oder so etwas, die zehn oder zwölf Prozent zahlten; und Hughie muss sofort ausverkauft sein und stattdessen diese kaufen. Was ist los?"

Jimmy Marrable war plötzlich erstickt.

„Nichts! Nichts!" sagte er etwas verwirrt. „Ein kluges Mädchen, diese Freundin von dir! Nimmt in Stiefeln und Handschuhen eine große Größe an, würde ich sagen, und fungiert als ehrenamtliche Schatzmeisterin verschiedener Wohltätigkeitsorganisationen ! Zwölf Prozent! Aha!" Er gab sich eine schwache Ohrfeige. „Und was hat Meister Hughie dazu gesagt *?* "

„Ich konnte sehen, dass es ihm nicht halb gefiel", fuhr Joan fort; „Aber Ursula hatte erklärt, wenn ich ihr nicht erlauben würde, mit ihm zu sprechen, würde sie eine verantwortliche Person konsultieren, da sie *sicher war* , dass

Hughie die Dinge schändlich schlecht verwaltete. Um sie zum Schweigen zu bringen, ließ ich sie. Ich glaube, Hughie sah, dass es so war." Aber etwas an dem, was sie sagte, denn er stimmte sofort zu, mir künftig vierhundert statt drei pro Jahr zu geben. *Ist* das genug, Onkel Jimmy, oder hat der arme Hughie wirklich ein Chaos angerichtet, wie die Leute sagen? *Sagen Sie* , es ist genug , Onkel Jimmy! Ich *weiß*, dass er sein Bestes gegeben hat, und ich würde lieber darauf verzichten –"

"Genug?"

Jimmy Marrable drehte sich um und musterte sein Mündel genau, als wollte er ihren genauen Wert abschätzen. Auf jeden Fall war sie sehr nett. Er pfiff leise und nickte rätselhaft.

„Ich hätte es selbst getan", murmelte er düster. "Genug?" wiederholte er laut. „Mein kleines Mädchen, weißt du, wie viel Kapital ein Einkommen von vierhundert im Jahr darstellt?"

Joan schüttelte den Kopf. Ihre Finanzerfahrung beschränkte sich auf die Unterzeichnung eines Schecks in der richtigen Ecke.

„Nun, ungefähr zehntausend Pfund."

„ Huu !" sagte Miss Gaymer angenehm aufgeregt. „Habe ich das alles?"

"NEIN."

„Oh! Wie viel denn?"

Jimmy Marrable hat es ihr erzählt.

KAPITEL XIX

IN DEM DIE LIEBE AUS DEM FENSTER FLIEGT

HUGHIE schloss die Tür hinter Joan und atmete erleichtert auf. Er war kampflustig und hatte sozusagen gerade erst die Hände frei. Eine kurze, aber vollkommene Befriedigung lag vor ihm.

Er nahm seine Position vor dem Feuer wieder ein. Mr. Haliburton saß auf einem Eichentisch und schwang seine Beine.

„Nun, Marrable –", begann dieser munter.

Hughie unterbrach ihn.

„Mr. Haliburton", sagte er, „haben Sie gerade meine Andeutung an Miss Gaymer gehört?"

„Das habe ich", sagte Herr Haliburton.

„Nun, ich möchte es Ihnen gerne wiederholen. Die von Ihnen arrangierte Ehe wird nicht zustande kommen. Das ist alles."

„Das", antwortete Mr. Haliburton leichthin, „ist Sache von Joan und mir –"

„Für den Rest dieses Interviews werden wir mein Mündel Miss Gaymer nennen", sagte Hughie steif.

„Sicher. Um es noch einmal zusammenzufassen. Sie sehen, Marrable , obwohl Sie von dem exzentrischen alten Herrn, der denselben Namen wie Sie trägt, zum Vormund von Miss Gaymer ernannt wurden, währt Ihre Autorität nicht ewig . Ich verstehe, dass die Dame in Kürze ihre eigene Geliebte werden wird ."

"Sie wird."

„In diesem Fall wird sie die Kontrolle über ihr eigenes Eigentum haben."

"Das ist so."

„Nun", – Herr. Haliburton hielt inne und schnippte die Asche von seiner Zigarette. „Finden Sie diese Zurschaustellung Ihrer Autorität nicht ziemlich lächerlich, wenn man bedenkt, dass sie einer zeitlichen Begrenzung unterliegt?"

„Dazu muss ich nur eine Bemerkung machen", sagte Hughie kühl, „und zwar, dass ich keinerlei Autorität zur Schau gestellt habe."

„Mein lieber Herr", sagte Mr. Haliburton und zog seine theatralischen Augenbrauen hoch, „verbieten Sie die Aufgebote nicht?"

„Ich habe nie etwas verboten. Ich habe lediglich erklärt, dass das Spiel nicht zustande kommen wird."

„Lass uns nicht streiten, Mann!" sagte Haliburton ungeduldig. Er stieg vom Tisch. „Sehen Sie, Marrable , es ist nicht nötig, dass Sie und ich uns in dieser Angelegenheit schlecht verhalten. Seien wir ehrlich. Sie wollen dieses Mädchen, ich auch . Sie kann uns nicht beide heiraten, also muss sie sich für eines entscheiden . Sie hat mich ausgewählt: Ich habe ihr Wort dafür. Sie sagt, dass sie sich mehr um mich kümmert als um jeden anderen Mann auf der Welt, und dass sie mit mir durch die Straßen gehen würde. Und ich mit ihr! Warum, Mann —"

Als er diese edlen Worte aussprach, nahm Herr Haliburton eine Haltung an, die viele junge Frauen in der ersten Reihe des Grabens für höchst dramatisch gehalten hätten, die dem voreingenommenen und unsympathischen Mann vor ihm jedoch lediglich als äußerst theatralisch vorkam.

"Lass es fallen!" sagte Hughie. „Du machst mich ziemlich krank."

Er hat die Wahrheit gesagt. Er wusste nicht, ob Haliburtons Rhapsodie auf einer gesicherten Grundlage beruhte oder nicht. Aber auf jeden Fall war Joans frische und unschuldige Jugend eine sehr heilige Sache, und selbst die Andeutung, dass sie etwas mit diesem verherrlichten Vorgesetzten gemeinsam haben könnte, löste in ihm ein körperliches Unwohlsein aus.

Mr. Haliburton brach ab und lächelte.

„ Herrlich ", sagte er fast freundlich, „wir verstehen uns! Ich sehe, dass Sie einfaches Englisch wollen Ihr kleines bisschen Zeug – was? Soweit ich weiß, haben Sie sich nun schon seit achtzehn Monaten um die Dibs gekümmert. Nach allem, was ich gehört habe, haben Sie Ihr Nest ziemlich bequem gefiedert . Seien Sie kein Hund in der Krippe! Lass auch deine Freunde in eine gute Sache!"

Die Maske wurde mit aller Macht abgenommen. Hughie schluckte etwas und dankte Gott dafür, dass seine Wanderungen unter den Menschen ihn zwar nichts anderes gelehrt hatten , aber sie hatten ihn gelehrt, sich zurückzuhalten, bis die Zeit gekommen war. Er sagte:-

„Haliburton, ich habe Ihnen mehrmals gesagt, dass ich diese Verlobung nicht verbiete; denn, wie Sie sehr deutlich betont haben, mein *Veto* gilt nicht für immer ; aber das Match wird trotzdem nicht zustande kommen. Bevor Sie gehen Ich werde erklären, was ich meine. Das möchte ich nicht, denn die Konsequenzen könnten schwerwiegend sein, sowohl für

Miss Gaymer als auch für mich selbst; aber es wird Ihnen zeigen, wie absolut entschlossen ich bin, Sie reinzuwaschen.

„Zuerst möchte ich sagen, dass ich niemals zwischen Miss Gaymer und *irgendeinem* Mann hätte stehen sollen, solange ich ehrlich glaubte, er könnte sie glücklich machen – nicht einmal einem Mann, den ich persönlich als Arsch oder Außenseiter betrachten würde.“ . Aber alles hat seine Grenzen, und Sie scheinen mir in diesem Fall die Grenze zu sein. Ich habe Nachforschungen über Sie angestellt und kenne jetzt Ihre Vorgeschichte ziemlich gut. Sie sind anscheinend eine Art Schauspieler, obwohl alle Schauspieler von Mein Bekannter scheint sich deutlich unwohl zu fühlen, wenn Ihr Name erwähnt wird. Wie auch immer Sie sind, es würde mir leid tun, wenn eine Frau, für die ich mich interessiere, gezwungen wäre, auch nur eine halbe Stunde in Ihrer Gesellschaft zu verbringen. Tatsächlich, wenn Sie es nicht ursprünglich getan hätten „ Kommen Sie als Freund von Lance Gaymer hierher, über den Sie übrigens, wie ich finde, einstmals Einfluss hatten. Ich hätte Kapitän Leroy vor einiger Zeit um Erlaubnis bitten sollen, Sie aus dem Haus zu werfen!“

Mr. Haliburton sah ein wenig unbehaglich aus. Er hatte eine gute Hand, aber Hughie bluffte offensichtlich nicht. Er hatte das ungute Gefühl, dass es irgendwo eine unerwartete Karte geben musste.

„Um zum Kernpunkt zu kommen“, fuhr Hughie fort: „Ich möchte, dass diese Verlobung von *Ihnen für aufgelöst erklärt wird* , nicht von mir. Wie hoch ist Ihr Preis?“

Mr. Haliburton atmete wieder auf. Bestechung? War das alles? Er antwortete knapp: —

"Wie viel hast du denn?"

„Sind tausend Pfund von Nutzen?“ fragte Hughie.

„Zwanzig könnten es sein“, antwortete der Liebhaber.

„Mein Limit“, sagte Hughie, der kein Mann war, der um das feilschte, was Mr. Mantalini einst als „ Vernichtungsmünzen “ bezeichnete , „liegt bei fünftausend Pfund.“

„Sprechen Sie vernünftig!“ sagte Herr Haliburton kurz.

„Das Angebot“, fuhr Hughie ruhig fort, „ist für fünf Minuten offen. Wenn Sie es annehmen , werde ich Ihnen jetzt einen Scheck ausstellen, und Sie werden sich hinsetzen und einen Brief schreiben, in dem Sie auf eigene Initiative jede Verpflichtung oder jedes Verständnis förmlich auflösen.“ Vielleicht sind Sie mit Miss Gaymer einen Vertrag eingegangen und haben sich verpflichtet, nie wieder in ihre Nähe zu kommen, und ich werde dafür

sorgen, dass sie es bekommt. Wenn nicht – nun, dann werden Sie es bereuen
, denn mit niemand anderem werden Sie einen so guten Handel machen
bedeutet."

Haliburton musterte ihn neugierig.

„Ist das Ihr eigenes Geld, das Sie mir anbieten?" er sagte.

„Das ist es", sagte Hughie und blickte auf seine Uhr. „Noch drei
Minuten."

„Wird dadurch nicht eher ein Loch in Ihrem Kapitalkonto entstehen?"

„Das wird es. Eigentlich ist Loch nicht das richtige Wort dafür! Aber
es wird sich lohnen."

Der Geheimdienst dämmerte Mr. Haliburton.

„Ich verstehe", sagte er langsam. „Sie gehen davon aus, dass Sie sich
später wieder erholen, wenn – wenn die Ehevereinbarungen ausgearbeitet
sind, nicht wahr? Oder vielleicht", fügte er sarkastisch hinzu, „haben Sie
achtzehn Monate sorgfältiger Treuhandschaft in die Lage versetzt, sich diese
Extravaganz leisten zu können!"

Hughie war überrascht über seine eigene Selbstbeherrschung. Nur der
kleine Puls, den Joan bemerkt hatte, schlug eifrig in seiner rechten Schläfe.

„Fünfzehn Sekunden!" er sagte. „Nehmen Sie dieses Angebot an, Mr.
Haliburton?"

"NEIN."

"Rechts!" Hughie steckte seine Uhr wieder in die Tasche und
betrachtete den fehlgeleiteten Erpresser vor sich eher wie ein gütiger Polizist,
der mit einer Zigarette über einem kleinen Jungen steht.

„Ihre letzten paar Bemerkungen", sagte er, „waren so beleidigend, dass
ich weiß, dass Sie nicht den Mut gehabt hätten, sie zu machen, wenn Sie nicht
geglaubt hätten, Sie hätten mich vollständig unter Ihrer Kontrolle. Aber ich
kann genauso gut zu meinem letzten Schritt übergehen: und beenden Sie
dieses Interview. Ich bin sehr abgeneigt, diesen besonderen Schritt zu
unternehmen, da er, wie gesagt, für Miss Gaymer unangenehme Folgen
haben könnte. Deshalb habe ich Ihnen praktisch das gesamte verfügbare
Geld angeboten, um den Deal abzublasen. Aber Ich sehe, ich kann nicht
anders. Nun, Haliburton – ich habe übrigens vergessen zu erwähnen, dass
Ihr richtiger Name Spratt ist: Sie scheinen ein großer Fisch geworden zu sein,
seit Sie sich der Glücksjagd verschrieben haben – das werde ich tun Lassen
Sie Ihre Verlobung auflösen. Ich werde Ihnen ein großes Kompliment
machen. Ich werde Ihnen eine Information geben, die nur ich und Miss

Gaymers Bankier kennen und für die Sie letztendlich sehr dankbar sein werden, und die Kenntnis davon Das wird dazu führen, dass du, wenn du rauskommst (was jetzt sehr bald sein wird), dich für einen beschimpften Idioten schimpfst, weil du mein erstes Angebot nicht angenommen hast."

Mr. Haliburton-Spratt scharrte ein wenig unruhig mit den Füßen, und Hughie fuhr fort:

„Sie scheinen unter einem verschärften Anfall des vorherrschenden Eindrucks zu leiden, dass Miss Gaymer eine Erbin sei. Ihr Vermögen wurde von Teetisch-Experten unterschiedlich auf 40 bis 100.000 Pfund geschätzt. Ich werde Ihnen jetzt sagen, was es wirklich ist. " ist. Runter vom Tisch: Ich möchte diesen Versandkasten öffnen.

Mr. Haliburton spürte ein leichtes Einsinken direkt unter dem zweiten Knopf seiner Weste und bewegte sich wie gewünscht, und Hughie holte ein Sparbuch und einen dicken Brief aus dem Kasten.

„Als ich aus dem Ausland nach Hause kam", sagte er, „fand dieser Brief vor, der auf mich wartete. Er stammte von meinem Onkel. Die folgende Passage wird Sie interessieren: „... Ich habe praktisch meinen gesamten persönlichen Nachlass verwertet und den … Bargeld auf Ihr Guthaben in Joeys Namen' – Joey ist der Name", erklärte er pedantisch, „unter dem Miss Gaymer bei ihren intimen Freunden bekannt ist – ‚bei der Law Courts Branch der Home Counties Bank … Der Rest von mir Das Eigentum ist in meinem Testament niedergelegt und ordnungsgemäß veräußert und kann nicht berührt werden, bis mein Tod beglaubigt ist.'"

„Ich hoffe, es war eine ansehnliche Summe auf der Bank", sagte Mr. Haliburton und seine Stimmung verbesserte sich wieder.

Hughie öffnete das Sparbuch.

„Als ich zur betreffenden Bank ging", sagte er, „und darum bat, die Höhe meines Guthabens sehen zu dürfen, wurde mir dieses Sparbuch ausgehändigt. Daraus können Sie den genauen Wert von Miss Gaymers Vermögen bei der Bank ersehen." Moment, als ich die Leitung ihrer Angelegenheiten übernahm.

Er reichte Mr. Haliburton das Buch. Dieser gläubige Liebhaber warf einen gespannten Blick auf die auf der Waage angezeigte Summe – und wurde zartgrün.

„ Siehst du?" sagte Hughie ruhig und nahm das Buch zurück. „Einhundert Pfund Sterling! Ein schlechter Tausch für fünftausend, Mr. Haliburton!"

"Wo ist das Geld?" sagte Haliburton mit belegter Stimme.

„Das kann ich Ihnen nicht sagen. Aber Sie werden anhand des Buchs und dieses ordnungsgemäß bestätigten Schecks sehen", – er nahm einen rosa Zettel aus dem Versandkarton – „dass die Summe neununddreißigtausendneunhundert Pfund beträgt." – der Betrag, den er ein paar Tage zuvor eingezahlt hatte, abzüglich hundert –, wurde von meinem Onkel am Tag vor seiner Abreise in einem großen Betrag von der Bank abgehoben. Warum er das tat, kann ich mir nicht vorstellen. Er muss „Ich habe seine Pläne plötzlich geändert. Ich weiß nur, dass er mich als Treuhänder in eine sehr schwierige Lage gebracht hat und Sie als Bewerber in eine viel schwierigere Lage, Mr. Haliburton!"

Er nahm den Scheck aus den Händen des demoralisierten Haliburton und schloss den Briefkasten.

Es herrschte langes Schweigen. Schließlich sagte Hughie:

„Ich gehe davon aus, dass Sie sich jetzt von dieser Verlobung zurückziehen möchten?"

"Sie können!" sagte Herr Haliburton mit Nachdruck. Er war zu tief verärgert, um seine Rolle noch länger spielen zu können.

Hughie beäugte ihn kritisch.

„Du bist ein echter Schlingel, Spratt", sagte er; „Du bist nicht heuchlerischer als nötig. Aber trotzdem bist du ein Schlingel. Nun, ich werde dich nicht behalten. Guten Tag!"

Aber Mr. Haliburtons flinkes Gehirn hatte die veränderte Situation mit ihren Stärken und Schwächen, soweit es ihn selbst betraf, berücksichtigt. Er hatte nicht umsonst zwanzig Jahre lang von seinem Verstand gelebt.

„Ich nehme an", bemerkte er, während er sich wieder auf die Ecke des Schreibtisches setzte, „es wäre indiskret, nachzufragen, aus welcher Quelle die junge Dame mit einem Kapital von einhundert Pfund Sterling derzeit offenbar ein Einkommen von 100 Pfund Sterling bezieht." drei- oder vierhundert pro Jahr?"

„Nicht nur indiskret, sondern geradezu ungesund", sagte Hughie und wurde dunkelrot. Seine Finger kräuselten und entkräuselten sich.

Mr. Haliburton richtete etwas auf ihn, was man nur als Raubtierauge bezeichnen kann.

„Glauben Sie nicht, Mr. Marrable ", sagte er, „dass es eine gute Sache wäre, mich *auszugleichen* ? Ich könnte diese fünftausend gebrauchen. Das ist eine zensierte Welt, wissen Sie, und skandalöse kleine Geschichten sind das auch." neigt dazu, herumzulaufen, wenn eine junge Dame akzeptiert – *Hrrrumph !"*

Es war der letzte Tropfen, der das Fass zum Überlaufen brachte. Endlich brach Hughies eiserne Fessel. Sowohl seine als auch Mr. Haliburtons Eindrücke von den nächsten Augenblicken waren deutlich verschwommen, aber am Ende dieser Zeit stand Hughie, schwer atmend und mit dem Gefühl, gerade einen wertvollen Preis in einem Trostrennen gewonnen zu haben, Jimmy Marrable gegenüber hatte gerade die Tür betreten, als Love (dargestellt durch Mr. Haliburton) aus dem Fenster flog.

„Hallo, Hughie!"

„Hallo, Onkel Jimmy! Ein halber Monat !"

Mr. Haliburton, der benommen in einem Rosenbeet im Garten saß, hörte, wie Hughie mit seinen Schritten zum französischen Fenster über seinem Kopf zurückkehrte. Plötzlich bohrte sich neben ihm ein Spazierstock in die Erde, und ein Paar Handschuhe und ein Homburghut fielen sanft auf sein nach oben gerichtetes Gesicht; während Hughies Stimme andeutete, dass um halb sechs ein schneller und gut gepolsterter Zug zurück in die Stadt fuhr.

Dann schloss Hughie das Fenster und überließ es Mr. Haliburton, sich zärtlich aus seinem Rosenbeet zu befreien, während er schwach fluchte und bitter über die Unzuverlässigkeit sprichwörtlicher Ausdrücke grübelte, und wandte sich wieder dem Zimmer zu. Ihm war gerade in den Sinn gekommen, dass er im Eifer des Gefechts einen Verwandten, den er seit zehn Jahren nicht mehr gesehen hatte und von dem er annahm, dass er schon seit vier Jahren tot war, ein wenig rücksichtslos empfing.

Eine halbe Stunde später Jimmy Marrable nachgefragt:—

„Wäre es zu viel zu fragen, wen Sie aus dem Fenster geworfen haben, als ich hereinkam?"

„Freund von Joey", sagte Hughie kurz. „Und jetzt, Onkel Jimmy", fügte er mit getrübter Stirn hinzu – die Freude am Kampf war verflogen , und der Horizont war dunkel von den Flügeln aller möglichen Hühner, die zum Schlafen nach Hause kamen – „ das möchte ich Ihnen gerne mitteilen. " Sie und Ihre finanziellen Methoden haben mich in ein teuflisches Loch gebracht. Ich möchte eine Erklärung.

„Richtig. Feuer los!"

„Nun, als ich die mir von Ihnen hinterlassene Aufgabe annahm, Joans Angelegenheiten zu verwalten, stellte ich fest, dass das Kind praktisch mittellos war, anstatt eine Erbin zu sein. Aus irgendeinem idiotischen Grund, den Sie selbst am besten kennen, haben Sie nicht so schnell Geld hineingesteckt Dann habe ich noch einmal alles in die Länge gezogen. So erfuhr ich, dass ich damit beauftragt war, die Angelegenheiten eines

Mädchens zu regeln, von dem alle dachten, es besitze jede Menge Geld, das aber über das gesamte Kapital verfügte" – er nahm das Sparbuch – „Belief sich in Wirklichkeit auf einhundert Pfund Sterling."

"Richtig!" sagte Jimmy Marrable . "Fortfahren!"

„Wenn", fuhr Hughie in ruhigem und sachlichem Ton fort, „Joan bereit gewesen wäre, mich zu heiraten , wäre das Geld egal gewesen, da sie meins hätte haben können. Leider ist dieses Ereignis nicht eingetreten."

„Wusste sie, dass sie kein Geld hatte, als du sie gebeten hast, dich zu heiraten?" fragte Jimmy Marrable .

"NEIN."

„Und hat sie dich weiterhin abgelehnt, nachdem du ihr gesagt hattest , dass sie arm ist?"

Hughie hatte diese Frage schon von weitem gesehen. Er verwandelte sich in ein zartes Karminrot. Sein Onkel musterte ihn und nickte verständnisvoll.

„Ganz recht!" er sagte. „Ganz richtig! Du hast es ihr nie gesagt."

„Nein", sagte Hughie, „ich hatte es nicht übers Herz. Es kam mir so vor, als ob ich sie dazu zwingen wollte, mich zu heiraten. Nein, ich ließ sie sich einfach vorstellen, dass sie ein hübsches kleines Vermögen investiert hatte und davon leben konnte." die Zinsen – dreihundert im Jahr. Ich – ich habe diesen Betrag für sie gefunden, und sie hat ihn gut angenommen. Schließlich war sie eine Frau, und Frauen schlucken fast alles, was man ihnen über Geldangelegenheiten erzählt. Wenn sie überhaupt scherzen , alles, was Sie tun müssen, ist, sich mit einer Wolke von technischen Details zu umgeben, und sie brechen sofort zusammen. Ich glaube, Joey war ein *wenig* überrascht, dass sie nicht mehr bekam, denn sie hatte sich für eine Art Erbin gehalten; aber sie sagte es nie Ein Wort. Tatsächlich war sie so freundlich, dass ich sah, dass sie davon überzeugt war, dass ich irgendwo ein Durcheinander angerichtet hatte und entsprechend geschützt werden musste. Sie führte das alles auf meine übliche Inkompetenz zurück, nehme ich an – soweit Ich sehe, sie hält mich für einen geborenen Narren – und hat die Situation loyal akzeptiert."

„Das würde sie tun", sagte Jimmy Marrable .

„Nun", fuhr Hughie fort, „Joan war in Ordnung, aber alle anderen waren der Teufel. Eine schreckliche Freundin von ihr, namens Harbord –"

„Ich weiß – zwölf Prozent!" gurgelte Jimmy Marrable .

„Ja. Nun, sie kam und gab mir zunächst Bohnen. Dann begann der junge Lance, mich zu verdächtigen – er konnte mich um keinen Preis ertragen – und eines Tages kam er und zog Cain auf einer Mittagsparty, die ich gab, groß. Aber übrigens, das ist jetzt in Ordnung; Lance ist völlig zu sich gekommen. Sogar die Leroys konnten ihre Überzeugung nicht verbergen, dass ich irgendwo einen Fehler begangen hatte – natürlich einen ehrlichen Fehler, aber einen Fehler. Und schließlich einen unaussprechlichen Fehler namens Haliburton kam vorbei. Ich wusste etwas über ihn – so viel sogar, dass mir gar nicht in den Sinn kam, dass ich irgendetwas von ihm zu befürchten hatte. Aber er hatte die Herrschaft über mich in der Hand, als alle anderen versagt hatten. Joey – unser Joey – verliebte sich in ihn und versprach, ihn zu heiraten!“

„Davon habe ich noch nichts gehört. Was ist das denn für ein Kerl?“ fragte Jimmy Marrable .

„Im Großen und Ganzen derselbe Typ, würde ich sagen, wie der verstorbene Gaymer Senior.“

„Bist du sicher, dass sie sich verliebt?“ fuhr Jimmy Marrable mit verwirrter Stimme fort.

„Sieht so aus“, sagte Hughie. „Ich war gestern weg und bin heute Morgen früh zurückgekommen. Auf meinem Frisiertisch fand ich eine Notiz von Joey, in der stand, dass Haliburton ihr einen Heiratsantrag gemacht hatte und dass sie ihn zu mir schicken würde, um mich um meine Zustimmung zu bitten. Sie würde es tun „Ich wäre nicht so weit gegangen, wenn sie es nicht getan hätte – wenn sie es nicht getan hätte“ – Seine Stimme zitterte. „Es war eine Pille für mich, Onkel Jimmy!“

"Was hast du gemacht?" sagte Jimmy Marrable .

„Das habe ich getan. Ich wusste ganz genau, wenn Joey ihn liebte“, kamen die Worte zwischen seinen zusammengebissenen Zähnen hervor, „würde sie ihm treu bleiben, ob Schurke oder nicht. Sie ist so eine Sorte.“

"Sie ist gut?"

„Ich bin zu dem Schluss gekommen, dass ein Bruch der Verlobung von ihm ausgehen muss.“

„Du hast ihn dazu gebracht, es abzubrechen?“

"Ja."

„Wie? Indem wir ihn aus dem Fenster werfen?“

„Nein. Das wäre nicht gut gewesen, wenn er wirklich hinter ihrem Geld her gewesen wäre. Ich habe ihm einfach die Wahrheit gesagt – die ganze

Wahrheit – über ihren Kontostand und so weiter. Das hat es geschafft. Er hat einen Rückzieher gemacht."

Jimmy Marrable rieb sich die Hände.

"Und dann?"

„Und dann kamen ihm Ideen –"

„Genau. Er fing an, Fragen zu stellen – Anspielungen zu machen –"

„Ja. Ich habe ihn dann aus dem Fenster geworfen. Das war ein Trost. Das ist die Geschichte."

Hughie wandte sich ab und blickte niedergeschlagen in den Kotflügel. Derzeit Jimmy Marrable bemerkte:—

„Und inzwischen ist das Fett im Feuer?"

„Das ist es", sagte Hughie bitter. „Onkel Jimmy, was *wird* sie denken? Jetzt wird bestimmt alles ans Licht kommen – dieser Kerl wird herumlaufen und es allen erzählen – und wenn sie von der grausamen Lage erfährt, in die ich sie gebracht habe, wird sie nie wieder mit mir sprechen. Wir werden jetzt nicht einmal gewöhnliche gute Freunde sein. Armes kleines Mädchen! Ich habe ihr das Schlimmste angetan, was ein Mann einer Frau antun kann; und ich wäre für sie *gestorben – voller Freude!*"

Hughie lehnte sich gegen den hohen Kaminsims und ließ den Kopf auf die Arme sinken. „Joey! Joey!" murmelte er ganz leise vor sich hin.

Jimmy Marrable zog sich in eine abgelegene Ecke des Raumes zurück, wo er einige Zeit damit verbrachte, eine Zigarre aus Jack Leroys privatem Schließfach auszuwählen. Bald darauf kehrte er zurück. Als er bemerkte, dass sein Neffe offenbar noch nicht ganz bereit war, das Gespräch fortzusetzen, verbrachte er einige Zeit damit, die Zigarre anzuzünden und überbrückte die Stille mit einem grollenden Monolog.

„Es ist ein Segen, wieder an Land zu sein", bemerkte er, „wo Zigarren in gutem Zustand bleiben. Kein grünes Unkraut mehr für mich! Was ich mag, ist eine gute, knackige Havanna, die aufplatzt, wenn man auf das Ende drückt." anstatt-"

Hughie stand wieder aufrecht auf dem Kaminvorleger. Der Anfall war vorüber.

Jimmy Marrable beäugte ihn neugierig.

„Hughie, Junge", sagte er, „es war ein verrückter, verrückter Plan. Warum hast du das getan?"

Hughie drehte sich zu ihm um und flammte plötzlich auf.

"Warum?" er weinte. „Weil es nichts anderes zu tun gab! Glaubst du, ich würde unseren Joey – nein, verdammt! *Mein* Joey – als Gouvernante oder als Chorsängerin ausgehen lassen – ja, *das hat sie tatsächlich vorgeschlagen !* – , wenn ich sie behalten könnte Glücklich und zufrieden, wenn ich eine kleine Notlüge erzähle? Es mag verrückt gewesen sein, aber es war eine Entscheidung des Übels, und ich würde es wieder tun! Also stopf das in deine Zigarre und rauche sie!“

„Dumme junge Eule!“ bemerkte Jimmy Marrable . Mit großer Sorgfalt zündete er seine Zigarre an und fuhr fort:

jetzt eine Erklärung von *mir ?*“

"Ja."

„Nun, die Abhebung dieses Geldes war eine Idee in letzter Minute. Plötzlich kam mir der Gedanke, dass Sie mit Ihren dämlichen Vorstellungen von Ehre , schmutzigem Profit und so weiter vielleicht zimperlich wären, wenn Sie mit einem Mädchen mit einer fetten Bank Liebe machen würden Also zog ich kurz vor meiner Abreise das Geld ab, in der Vorstellung, dass ich damit das einzige Hindernis für eine glückliche Verbindung zwischen dir und Joey aus dem Weg räumen würde. Die ganze Angelegenheit sollte für dich ein Kinderspiel sein. Unter uns , wir scheinen ein ziemliches Durcheinander angerichtet zu haben. Hughie, wir Marrables sind nicht für weibliche Fantasie geschaffen.“

„Was ist jetzt zu tun?“ sagte Hughie düster.

„Darüber habe ich nachgedacht“, sagte Jimmy Marrable . „Wenn ein Mann in eine hoffnungslose Lage gerät, ist es sein bester Plan, eine Frau um Hilfe zu bitten. Das müssen wir tun. Warten Sie hier ein paar Minuten.“

Er drehte sich zur Tür um.

„Mildred Leroy wird erst in einer halben Stunde da sein“, rief Hughie ihm nach, „also ist es sinnlos, nach ihr zu suchen.“

"In Ordnung!" antwortete Jimmy Marrables Stimme weit oben auf der Treppe.

KAPITEL XX

SÜNDIGE VERSCHWENDUNG EINER PENNY-STEMPEL

ZEHN Minuten vergingen. Hughie lehnte schwer gegen den Rahmen der Fenstertür und blickte lustlos auf ein Eichhörnchen hinaus, das ihn von der anderen Seite eines Baumstamms aus zu einem Versteckspiel einlud.

„Eines", überlegte er, „ich werde jetzt wieder ins Ausland gehen können. Nichts mehr davon –"

Hinter ihm war ein kaum wahrnehmbares Rascheln zu hören. Joan muss sehr leise hereingekommen sein, denn die Tür war geschlossen und sie saß auf der Ecke des Schreibtisches – genau dort, wo der kürzlich verstorbene Haliburton posiert hatte –, schwang ihre Füße und betrachtete den Rücken ihres verstorbenen Vormunds. In ihrer Hand hielt sie einen rosa Zettel.

Hughie vergaß nie das Bild, das sie in diesem Moment präsentierte. Sie war in Weiß gekleidet – etwas fachmännisches und unbelastendes – und hatte einen silbernen Filigrangürtel um ihre Taille. Sie trug einen abgenutzten Panamahut – die Art Kopfbedeckung, die von den „Waschbären" der Music-Hall-Tradition beeinflusst wurde – und um die ein Streifen blassblauer Seide geschlungen war. Die Abendsonne, die durch das westlichste Fenster fiel, glitzerte auf ihrem Haar, ihrem Gürtel und den silbernen Schnallen ihrer Schuhe. Hughie hielt den Atem an.

Joan sprach zuerst.

„Hier ist etwas für dich, Hughie", sagte sie.

Hughie nahm den angebotenen Zettel entgegen. Es war ein Scheck, ausgestellt auf ihn selbst und unterschrieben von Jimmy Marrable .

„Ich denke, das deckt alle Kosten ab, die mir während Onkel Jimmys Abwesenheit entstanden sind", sagte Joan. Ihre Stimme klang schroff und sachlich.

Hughie untersuchte den Scheck. „Ja", sagte er, „das tut es."

„Es war sehr nett von dir", sagte Joan förmlich, „mir so viel Geld vorzuschießen. Ich hatte keine Ahnung, dass du das tust. Anscheinend hättest du es vielleicht nie wieder zurückbekommen."

Hughie blickte sie neugierig an. Er begann die Situation zu begreifen. Er sollte beschönigt werden: Die kompromittierende Vergangenheit sollte anständig begraben werden, und „Vorübergehender Kredit" sollte ihr Epitaph sein.

„Macht nichts", sagte er unbeholfen. „Alles in der Arbeit des Tages, wissen Sie! Ich fürchte, ich wäre ein mieser Treuhänder."

Plötzlich änderte sich Joans Verhalten .

„Und jetzt, mein Mann", sagte sie energisch, „werden Sie so freundlich sein, zu erklären, was Sie meinen, wenn Sie eine Dame auf diese Weise kompromittieren?"

Hughie sah sie einen Moment lang bestürzt an. Dann sah er, dass ihre Augen funkelten, und seufzte plötzlich ungläubig und erleichtert. Ihm wurde vergeben!

„Joey!" Er sagte: „Joey, willst du etwa sagen, dass du nicht wütend bist?"

"Wütend!" antwortete Miss Gaymer und lächelte auf ihre alte freundliche Art.

"Gott sei Dank!" sagte Hughie.

Miss Gaymer wechselte ziemlich hastig das Thema.

„Ich möchte dich noch etwas fragen", sagte sie. „Würden Sie mir freundlicherweise mitteilen, was aus meinem – ähm! – jungen Mann geworden ist ?"

"WHO?" sagte Hughie. „Oh, *dieser* Kerl? Er ist weg."

„Weg? Wo?"

„London, sollte ich denken."

"Warum?"

„Erstens, weil ich ihm von deinem – ich meine – erzählt habe, würde ich dir nicht raten, mich zu fragen, Joey. Du siehst – ich sollte es hassen –"

„Sie würden es hassen", sagte Miss Gaymer, die ihm zu Hilfe kam, „zu sagen: ‚Ich habe es Ihnen gesagt!' Ich weiß, Hughie. Es ist wie du und ich liebe dich dafür.

Hughie zuckte zusammen. Diese umgangssprachlichen Zärtlichkeitsbegriffe sind manchmal ziemlich verlockend . Dennoch dürfte ihm das nichts ausmachen. Auch das Mädchen hatte ihre Enttäuschung erlebt und zeigte sich tapfer. Mindestens-

„Joey", sagte er plötzlich, „hat dir dieser Kerl *wirklich gelegen?*"

Die Dame auf dem Tisch versteifte sich plötzlich.

„Was – diese giftige Grenze?" Sie verdrehte die Augen. „Mein Kind !"

„Aber du hast zugelassen, dass er mit dir Liebe macht."

„ *Habe* ich? Ich nehme an, Sie waren dort", bemerkte Miss Gaymer vernichtend, „als chinesische Laterne verkleidet!"

„Na, was *hast* du dann gemacht?"

Ballsaal zurückkehren. und er könnte morgen früh mit Mr. Marrable sprechen . Wenn das Ihre Vorstellung davon ist, Menschen zu erlauben, *Liebe zu machen* , lieber Freund –"

„Aber du – du – hast versprochen, ihn zu heiraten!" sagte der arme Hughie.

Joan starrte ihn an.

„Willst du mir sagen, Hughie", sagte sie langsam, „dass er dir *das erzählt hat* ?"

„Ja – mit ein oder zwei bestätigenden Details. Deshalb musste ich ihm alles erzählen, wissen Sie. Das war die einzige Möglichkeit, dachte ich, ihn abzuwürgen."

„O-o-oh!" Miss Gaymer zappelte empört. „Die Kreatur! Und als er hörte, dass ich kein Geld hatte, weinte er?"

Hughie senkte den Kopf. Joan lachte leise und gurgelnd.

„Daran kommt man nicht vorbei, Hughie!" Sie sagte. „Er hat getroffen. Eine böse Ohrfeige für mein kleines Ich! Aber ich habe es verdient, weil ich versucht habe, mit seinen jungen Zuneigungen zu spielen. Nun, Sie haben mir einen Grund für seinen Weggang genannt. Was war der andere?"

Hughie musterte sie etwas verlegen. Dann sagte er,-

„Er begann auf eine Weise über dich zu reden, Joey, die mir nicht gefiel, also ..."

Sein Blick glitt zum Fenster und dann nach unten in Richtung seines rechten Fußes. Ein Lächeln schlich sich über sein besorgtes Gesicht und er warf einen Blick auf Joan.

„Oh, Hughie, *hast* du?" rief sie begeistert aus.

„Ja. Er ist in diesem Rosenbeet gelandet. Schau!"

Joey schlurfte vom Tisch und gesellte sich zu ihm ans Fenster. Ein paar Meter unter ihnen, auf dem Rosenbeet, lagen die unverkennbaren Spuren des Aufpralls eines Körpers, der mit einer Beschleunigung, die auf mehr als die Schwerkraft zurückzuführen war, aus der Ruhe fiel.

Joan gurrte leise, offensichtlich sehr zufrieden. Hughie drehte sich um und betrachtete sie verwirrt. Noch nie hat ein Mann die Funktionsweise des weiblichen Geistes ergründet, aber er gibt nie ganz auf, es zu versuchen.

„Bist du froh, dass er rausgeworfen wurde?" er hat gefragt.

Joan überlegte.

„Genau das ist es nicht", sagte sie. „Ich bin nicht froh, dass er rausgeworfen wurde: Es muss ihm wehgetan haben, armer Schatz! Aber ich bin froh, dass du ihn rausgeworfen hast, wenn du den Unterschied verstehst."

Hughie war sich überhaupt nicht sicher, ob das der Fall war, aber er nickte verständnisvoll. Dann fuhr er fort:

„Sag mir, Joey, wenn du dich nicht um ihn gekümmert hast, warum hast du ihn dann zu mir geschickt, anstatt ihn direkt anzuklopfen?"

Joey musterte ihren pensionierten „Wärter" mit halb geschlossenen Augen.

„Nun", sagte sie nachdenklich, „es gab eine Menge Gründe, aber du bist ein Mann und würdest keinen davon verstehen. Aber grob gesagt lag es daran, dass ich sehen wollte, wie du mit ihm umgehen würdest. Ich kannte dich." Ich wollte natürlich nicht zulassen, dass er mich heiratet, aber ich wollte sehen, wie du deine Karten ausspielst. (Du weißt einfach nicht, *wie* faszinierend es ist, diese Dinge zu beobachten.) Außerdem dachte ich, es wäre gut für ihn „Ich werde einem *Mann* von Angesicht zu Angesicht gegenüberstehen ", fügte sie fast leise hinzu.

„Ich habe nur das Beste aus ihm herausgeholt", sagte Hughie bescheiden , „indem ich alle meine Karten auf den Tisch gelegt habe. Für ein Spiel wie dieses ist nicht viel *Fingerspitzengefühl erforderlich.* "

„Trotzdem hast du gewonnen", sagte Joan.

Hughie seufzte.

„Haliburton hat verloren, wenn Sie so wollen", sagte er; „Ich verstehe nicht ganz, was *ich* —"

„Nein – du hast *gewonnen* !" sagte eine sehr leise, aber sehr eindringliche Stimme an seiner Seite.

Hughie drehte sich scharf um. Miss Gaymer atmete ausgiebig auf das Fensterglas und kritzelte eifrig mit dem Finger ein Muster darauf – eine infantile und undamenhafte Angewohnheit, von der ihre Kinderfrau meinte, sie hätte sie im Alter von acht Jahren geheilt. Auch ihre Wangen strahlten, und das in einer Fülle von Farben , die ausreichten, um sogar im Gehirn des stumpfsinnigen jungen Mannes neben ihr einen Funken Intelligenz zu vermitteln. Hughie spürte plötzlich, wie etwas in seinem Kopf zu summen begann. Seine riesige rechte Hand (in der noch immer Jimmy Marrables Scheck zwischen zwei Fingern steckte) schloss sich vorsichtig, aber umfassend um Joans linke Hand, die auf dem Fensterrahmen ruhte, so wie das Netz eines jungen Entomologen auf einen unvorsichtigen Schmetterling herabfällt.

„Joey", sagte er unsicher, „Joey, was meinst du?"

Miss Gaymer seufzte auf die resignierte, aber beharrliche Art einer geduldigen Sonntagsschullehrerin. Dann zog sie ihre Hand unter Hughies hervor und zog dabei den gefalteten Scheck zwischen seinen Fingern hervor. Hughie beobachtete sie stumm.

Joan faltete den Scheck auseinander und las ihn auf eine Art Abschiedsrede durch. Dann küsste sie es sanft. Dann riss sie es ganz langsam in kleine Stücke.

Sie seufzte erneut nachdenklich und sagte: –

„Da ist mein Lösegeld! Das ist eine schreckliche Verschwendung eines Scheckstempels! Jetzt", fügte sie fröhlich hinzu, „bin ich noch schlimmer gefährdet als je zuvor. Hughie, mein Lieber, ich glaube *wirklich* , dass du danach – Ough ! Hughie! *Hughie!* "

Für den blinden, tastenden Hughie waren endlich die Augen geöffnet. Mit einem jubelnden, lauten Brüllen leitete er eine plötzliche, einhüllende Bewegung ein; und dann wandte er sich von dem grellen Licht ab, das auf Handlungen fällt, die an einem Fenster ausgeführt werden, und schritt majestätisch (wenn auch eher kopflastig) auf ein großes Ledersofa in einer abgeschiedenen Ecke hinter dem Kamin zu. Die empörte Miss Gaymer begleitete ihn, weil sie keine Kontrolle über die Umstände hatte.

9 789359 253695